SHUANG YI LIU JIAN SHE QING JING XIA
SHANG HAI GAO XIAO JIAO YU ZHI YUAN
GUAN LI CHUANG XIN

"双一流"建设情境下上海高校教育职员管理创新

陈志军　著

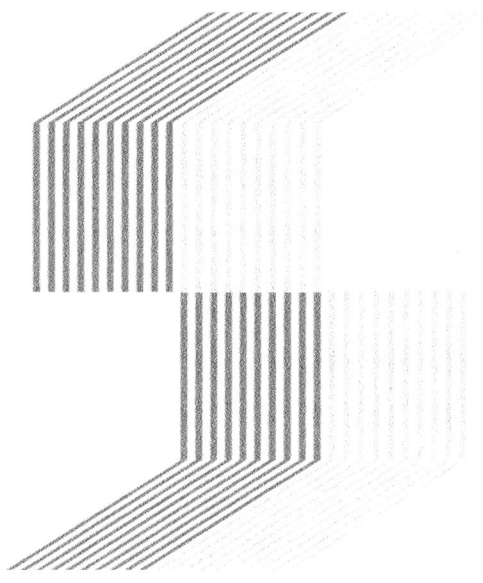

U0753740

立信会计出版社
LIXIN ACCOUNTING PUBLISHING HOUSE

图书在版编目(CIP)数据

"双一流"建设情境下上海高校教育职员管理创新 /
陈志军著. —上海：立信会计出版社，2022.2
ISBN 978 - 7 - 5429 - 7056 - 5

Ⅰ.①双… Ⅱ.①陈… Ⅲ.①高等学校—教育工作者
—管理—研究—中国 Ⅳ.①G647

中国版本图书馆 CIP 数据核字(2022)第 030654 号

策划编辑　　　陈　旻
责任编辑　　　陈　旻

"双一流"建设情境下上海高校教育职员管理创新
SHUANGYILIU JIANSHE QINGJINGXIA SHANGHAI GAOXIAO JIAOYU ZHIYUAN GUANLI CHUANGXIN

出版发行	立信会计出版社	
地　　址	上海市中山西路 2230 号	邮政编码　　200235
电　　话	(021)64411389	传　　真　　(021)64411325
网　　址	www.lixinaph.com	电子邮箱　　lixinaph2019@126.com
网上书店	http://lixin.jd.com	http://lxkjcbs.tmall.com
经　　销	各地新华书店	

印　　刷	江苏凤凰数码印务有限公司
开　　本	710 毫米×1000 毫米　　1/16
印　　张	13.75
字　　数	255 千字
版　　次	2022 年 2 月 第 1 版
印　　次	2022 年 2 月 第 1 次
书　　号	ISBN 978 - 7 - 5429 - 7056 - 5/G
定　　价	68.00 元

如有印订差错，请与本社联系调换

前　言

世界一流大学的数量及其质量是一个国家能否实现经济社会持续和快速发展的重要影响因素,基于这一点共识,世界各国都纷纷出台政策措施,鼓励本国大学增强教育竞争力、提升大学国际排名。当前,各国政府主导的世界一流大学的创建已经成为高等教育领域中的世界性潮流①。相对于中国经济在世界经济中的地位和影响力,提升我国大学在世界顶尖大学群体中的教育竞争力已经变得刻不容缓。在由高等教育大国迈向高等教育强国的关键阶段,我国迫切需要站在国际视野下,对标主流世界大学排名指标体系和发达国家一流大学的办学治学经验,基于我国的国情制定高等教育强国建设的战略决策,建设有中国特色的世界一流的大学和学科。自20世纪90年代中期以来,我国一直在努力建设本国内的好大学,同时,鼓励国内好大学积极参与世界一流大学的竞争。经过20余年的努力,我国的高等教育在一些方面取得了显著的成绩。

建设"双一流"大学,教育职员和教师作为学校教育事业发展的两个主要力量处于同等重要的地位,正如很多学者所强调的,高素质、高水平的师资队伍建设固然重要,管理队伍的建设同样不可忽视,没有高水平的教育职员队伍,要办好高等学校是不可能的。我们对高校教育职员的重要地位和加强其建设的迫切性、必要性要有更深刻的认识,建设一支德才兼备、懂教育、善管理、结构合理、相对稳定的高校教育职员队伍是高校建设的重要课题。特别是在我国高校试行教育职员制的背景下,重新审视教育职员的职业特点和个体需求,在科学的基础上探索教育职员的管理创新,调动其工作的积极性和主动性,使优秀的教育职员能够脱颖而出,充分地发挥他们的智慧和潜能,显得尤为重要。对教育职员管理创新的研究,对于促进高校教育管理工作更上一个台阶、丰富教育职员激励理论、探索在教育职员制实施过程中面临的问题和解决的办法有积极的现实意义。

本书共分六章。第一章高校教育职员管理的研究和发展,介绍了当前高校

---

① 刘宝存,张伟.国际比较视野下的创建世界一流大学政策研究[J].比较教育研究,2016(6):1.

教育职员管理的意义、国外教育职员管理的概况和值得借鉴的教育职员管理机制，国内教育职员管理研究的动态以及教育职员管理创新的框架。第二章教育职员管理创新的理论基础，界定了教育职员和教育职员管理的概念，提出了教育职员"公共人"和"经济人"的二元人性假设，并在介绍相关行为科学理论的基础上，分析了教育职员管理创新的理论依据。第三章教育职员管理现状调查和需求分析，以调查研究为基础，分析了教育职员管理的现状和需求特征。为加强实证研究，本书对上海市 12 所高校的教育职员和非教育职员通过随机抽样的方法，开展了问卷调查和访谈，从培训、薪酬满意度、岗位流动和岗位聘任等方面对教育职员管理现状进行了调查。通过统计问卷的数据和总结访谈的情况，分析高校教育职员管理中存在的问题，归纳教育职员的需求特征。当前高校教育职员管理中主要存在教育职员的人际环境满意度不高、学校缺乏系统的教育职员发展规划、学校对教育职员培训的重视不够、教育职员薪酬不合理和教育职员竞争公正有待保证等问题。通过调查和分析，本书将教育职员的主要需求归纳为自我发展需求、社交需求、物质需求和公平需求等四个方面。本书围绕教育职员的需求作了具体分析，为探索教育职员管理机制创新提供了方向。第四章教育职员管理的内在机制创新，提出了构建教育职员管理内在机制的几点设想。基于教育职员的需求特征，从营造高校和谐的人际环境、加强教育职员职业生涯开发管理、建立教育职员培训机制、完善教育职员薪酬激励体系和规范教育职员竞争机制五个方面探索了教育职员管理的内在机制创新。第五章教育职员管理的配套措施创新，讨论了如何保障教育职员管理机制有效地运作，主要从促进教育职员管理的法制化进程、实施战略性人力资源管理、强化教育职员的绩效考核和建立教育职员职务晋升制度化的保障机制等四个方面提出了配套措施创新。第六章高校教育职员管理创新的展望，从当前高校治理和权力运行新趋势的角度，对今后高校教育职员的管理创新作了探讨。

　　"双一流"建设作为影响中国未来高等教育发展的重大国家战略，不断推进我国迈向教育强国的步伐。在有限的办学资源下，最大限度地发挥各类资源的效益和作用，实现学科水平快速发展，高校的管理大有作为，教育职员重任在肩。

陈志军

目　　录

第 1 章　高校教育职员管理的研究和发展

1.1　当前高校教育职员管理创新的意义

　　为加快我国世界一流大学建设,国务院于 2015 年 10 月发布了《统筹推进世界一流大学和一流学科建设总体方案》,提出了"以中国特色、世界一流为核心,以立德树人为根本,以支撑创新驱动发展战略、服务经济社会发展为导向,加快建成一批世界一流大学和一流学科(以下简称'双一流'),提升我国高等教育综合实力和国际竞争力"。方案以"学科水平""人才培养水平""国家战略""行业区域需求"等多元维度为分类标准,从"世界一流大学建设高校"和"世界一流学科建设高校"两个层次评选建设高校。教育部等部委于 2017 年 1 月发布《统筹推进世界一流大学和一流学科建设实施办法(暂行)》,细化了"双一流"的建设重点、遴选条件、遴选程序、支持方式、管理方式和组织实施等。实施办法明确世界一流大学建设高校着力于一流学科基础上的学校重点和整体建设,全方位提升人才培养水平和创新能力;而世界一流学科建设高校则重在建设优势学科,实现特色发展。同年 9 月,教育部等部委发布了《关于公布世界一流大学和一流学科建设高校及建设学科名单的通知》,正式对外公布了国家世界一流大学和一流学科建设高校名单。

　　"双一流"建设不再由教育部来设置学科发展的目标,而是由学校来设置目标,把发展的权力下放到院系,经费由学校统筹,可以灵活选择用于重点建设学科、引进人才等。"双一流"建设引导资源进行重新分配,有助于中国高校格局调整和分类发展。要建设"双一流",政府就要进一步转变管理理念和模式,落实高校分类管理,优化资源配置,发挥政策导向作用,引导高校根据各自的办学理念和风格,进行合理定位,在不同层次、不同领域办出特色,形成核心竞争力。高校如何建设一流师资,开展一流本科教育,培养一流人才;如何建设一流学科,开展一流学术研究,产出一流成果。这些是建设"双一流"的应有之义。而在笔者看来,要实现这些一流,一流管理至关重要。① 高校的改革与发展进入了一个关键时刻,高校的管理水平需要进一步提高,我们应建设一支什么样的高校教育职员队伍以适应 21 世纪高教发展的需要? 我们有没有对高校教育职员的重要地位和现状及加强其建设的迫切性、必要性有一个清醒的认识? 高等教育如何才能面向现代化、面向世界、面向未来? 这是摆在广大高等教育工作者面前的一个极其重要的课题。

1.1.1　高校教育职员队伍建设进入新阶段

加强高校教育职员队伍建设是高等学校在市场经济条件下谋求发展的需要。随着高校自主管理内容的扩大,高校的管理活动日益复杂化、专门化,而且对高校的发展将起着举足轻重的作用。目前,高等教育办学经费不充裕,而社会对高等专业人才的需求在不断增长,要解决这一矛盾,只有向科学管理的广度与深度进军,让管理出效益。学校办学效益提高了,教育与科研水平上了档次,才更有优势吸引更多的办学资金,保障高等教育发展的需要。根据上海市教育工作年报,截至 2020 年 12 月,上海高校非专任教师(主体为教育职员)的规模为3 万余人(表 1-1),从 2018—2020 年的数据看,非专任教师人数呈逐年增长趋势。

表 1-1　　　　　　　2018—2020 年上海高校管理人员数量

年份	普通高等学校数	普通高校教职工总数	专任教师	非专任教师
2018 年	64 所	7.51 万人	4.46 万人	3.05 万人
2019 年	64 所	7.72 万人	4.63 万人	3.09 万人
2020 年	63 所	7.90 万人	4.77 万人	3.13 万人

教育外部环境的变化也要求我们加强教育职员队伍建设。近几年,国际国内形势有了很大变化,高等教育在这种态势下也必然要顺应这种变化。我国高等教育面临的新形势大致有四个方面:①随着世界经济一体化的程度不断加深,我国在国际事务中扮演的角色越来越重要。我国不仅在经济上要融入国际大家庭,在教育上也要走向世界。办学理念、办学体制、办学模式和办学规格等都要有新的变化,适应国际社会发展的潮流。②近些年,高校连续扩大招生数量,使得学校的规模有了很大发展,加之高等教育体制改革,合并重组了一批综合性大

---

① 熊丙奇."双一流"需要一流管理[J].中国高等教育,2016(7):1.

学。规模较小的办学机构与大规模的办学机构的管理理念、管理方式和管理手段有着许多不同之处,高校的教育职员要适应这种变化。③许多新学科甚至边缘学科、交叉学科、多学科背景下的交叉专业的出现,打破了原来学科、专业设置的框架,如何建设这些新学科、新专业,给我们的管理工作带来了新的课题。④"双一流"建设需要高校积极、主动、全方面地改革,一流的管理队伍的支撑与服务是高校改革的重要基础与粘合剂,很有必要建设一支科学合理、架构稳定的教育职员队伍。

管理职能的拓展和高等教育内部环境的变化要求我们加强教育职员队伍建设。在市场经济条件下,教育已经走向市场,高校的管理工作从封闭的、单纯的教育管理功能向开放的引导、教育、咨询、管理和服务等多功能转变,从垂直、单向的管理体制向复杂的网络化方向发展。高校内部体制的各项改革和内涵的发展,如人事制度改革、分配制度改革等越来越深入,高校与社会上的联系越来越紧密,如产学研结合、毕业生走向市场"双选"等;培养目标也由主要培养高级专门人才向发展科学技术文化、服务社会等方向发展,高校要讲求数量、质量、规模、结构和效益的统一等,都对教育职员队伍提出了新的更高的要求。没有一支相应的高质量、高水平、作风优良的教育职员队伍,要完成这些改革和转变是困难的。

1.1.2　高校教育职员制改革不断深入

在国家人事制度改革的同时,我国高校内部管理体制改革也全面展开。随着高等学校规模的扩大及高校内部结构的日益复杂,高校内部管理的专业化建设提上了日程。西方发达国家自 20 世纪 60 年代步入高等教育大众化进程始,即推行高校管理队伍的专业化。马丁·特罗认为,在高等教育的不同发展阶段,高校管理模式各不相同。精英阶段,高校实行资深教授主导型管理模式,即所谓"教授治校"。大众化阶段,高校的管理活动由职员承担,即由"教授治校"转变为"教授治学"。普及化阶段,各类管理专家成为高校管理的主要力量,即基本实现高校管理的专业化。2002 年,我国高等教育毛入学率超过 15%,进入大众化阶段。我国高校在校生的平均规模也超过了处于高等教育普及化阶段的西方国家。高等教育的迅猛发展在客观上要求高校推行教育职员制,走专业化管理道路。

我国高校实行教育职员制是在国家人事制度改革与高校内部管理体制改革的大背景下展开的。20 世纪 80 年代末 90 年代初,我国开始进行国家干部人事制度改革。1993 年国务院颁布《国家公务员暂行条例》,建立国家公务员制度,高校教育职员没有被纳入公务员序列。事业单位人事制度改革是在国有企业劳动制度和政府机构公务员制度改革之后的一项重大的战略性改革,改革的目标是建立科学合理的人事分类管理体系。公立高校是事业单位的重要组成部分,积极推行教育职员制度改革正是在这一背景下展开的。改革总的方向是淡化高校的行政色彩,纠正高校教育职员行政化、业余化的倾向,探索高校管理队伍的专业化、职业化道路,最终实现公立高校与教育职员关系的平等化与契约化。实行高校教育职员制后,高校教育职员不再是党政干部,而是职员;高校管理岗位不再是官职,而是一种职业,教育职员由拥有行政级别向拥有职员级别转变。公立高校对教育职员的管理由身份管理向岗位管理转变,遵循"按需设岗、公开招聘、平等竞争、择优聘任、严格考核、聘约管理"的原则,选择和聘任高校教育职员。

对高等学校的管理人员实行教育职员制,是根据学校教育职员的特点作出的规定,包括职员的职级设计、岗位设计、聘任、考核与培训、待遇等内容。教育部从 2000 年起在武汉大学、厦门大学、华中科技大学、华中师范大学和东北师范大学五所高校进行教育职员制试点工作,2003 年增加了中国农业大学。经 20 余年的实践,教育职员制的运行目前已经取得了明显成效,实践证明在我国高校建立和推行教育职员制具有重要的现实意义,推进了高校人事管理民主化、法制化进程。国家以高等教育法及有关的政策规定为依据,提出了建立并推行高校教育职员制,促进了教育职员选拔、培养、聘用、考核、奖惩和培训科学化、制度化、规范化。高校教育职员制既是建设一支高素质教育职员队伍的一项重要制度措施,也是高校人事管理体制改革的重要组成部分,有利于推进高校人事管理民主化、法制化的进程。由于教育职员制是根据高校管理部门的工作性质和职业特点以及教育职员的成长规律,在科学的基础上建立起来的,具有健全的考核和奖励制度,从而能够为教育职员提供一个公开、平等、竞争的环境,使优秀的教育职员能够脱颖而出,使他们的智慧和潜能得到充分的发挥,调动其工作的积极性和主动性。

1.1.3　教育职员管理创新的研究意义

(1) 对教育职员管理创新的研究可以促进高校教育管理工作更上一个台阶。高校管理作为一门科学,是在改革开放以后才提出来的,它包括党务管理、行政管理、人事管理、师资管理、干部管理、教学管理、科研管理、财务管理和后勤管理等。高校管理工作是办好学校、发展高等教育事业、培养高级专门人才工作中不可缺少的重要组成部分。教学和科研活动需要有领导、有计划决策、有组织指挥、有控制协调,需要各部门的密切配合、各方面的供给保障和科学有效的管理。只有这样,高校才能形成学生培养和科学研究的整体效果,多出人才,多出成果。管理工作的根本目的就是提高效率、增加效益、保证质量,以最小的代价获取最佳的效益。管理工作对学校建设的重要性决定了教育职员队伍在高校中的重要地位和作用。一支好的教育职员队伍是做好学校一切工作的基本前提。随着高等教育和高校改革的进一步深化,高校管理工作由"经验管理"向"科学管理"转变,必须有一支与之相适应的高素质的教育职员队伍,为加快实现学校的发展目标提供强有力的组织保证。

(2) 对教育职员管理创新的研究可以丰富教育职员行为管理理论。我国高校教育职员的任用、管理、薪酬福利等大多参照公务员管理办法,因此在薪酬、考核、晋升和竞争等激励方式上往往不能结合高校管理的特点,形成相对独立的理论体系。在教育职员制下,教育职员的身份发生了转变,相应的也要形成一套更加有效的管理机制。对教育职员行为管理问题的研究有助于在职员竞聘、培训、薪酬和岗位流动等方面提出积极的措施建议。

(3) 对教育职员管理创新的研究可以帮助我们探索在教育职员制实施过程中面临的问题和解决的办法。在高校推进教育职员制有着重要的意义,它有利于推进高校人事管理民主化、法制化进程,发挥教育职员的积极性和创造性,精简机构、裁减冗员。同时,高校在教育职员制实施过程中也面临着许多问题,如"官本位"思想仍有一定的影响,高校教育职员队伍建设不合理,职务与职级混同,年功与业绩难以权衡,配套改革不完善,保障制度不健全等。对教育职员管理创新的研究,有助于我们发现问题,分析对策,完善教育职员制。

1.2　国外教育职员管理概况

传统上,国外一般公立高校教育职员均属于公务员,其权利义务由公务员法明确规定,其录用、考核、晋升依公务员相关管理办法进行,随着各国公务员制度和教育体制的变革,情况也各不相同,这里以德国、英国、美国、法国和日本等国家为例,介绍一下国外高校教育职员的管理情况。

1.2.1　德国公立高校教育职员管理情况

根据德国公务员的分类,国家公务人员分为两大类:一类是以民选方式任用的特别职务的公务员,如联邦政府总理、联邦政府各部部长和国务秘书等。另一类是一般职位公务员,即适用《联邦公务员法》的普通官员。根据《联邦公务员法》的规定,在教育部门工作的文职人员、在学校工作的教育职员属于一般职位公务员。作为国家公务员,高校教育职员一般是通过考试任用的。根据《联邦公务员法》规定,高校教育职员具有下列权利:①依法取得报酬和享受待遇的权利。②查阅本人人事档案的权利。高校教育职员有权查阅本人及与他有关的档案。③结社的权利。高校教育职员享有组织工会或职业联合会的权利。④辞职的权利。⑤获得公务员服务证书的权利。高校教育职员在结束公务关系后,经本人申请,应由他最后服务的学校领导发给他关于他所担任职务的性质和时间的服务证书。与此同时,高校教育职员有四个方面的义务:①保持政治中立的义务。②忠诚职务的义务。③支持和服从上级的义务。④严守职务机密的义务。对于公立高校教育职员的失职行为,主要有四种惩戒处分,即警告处分,罚款处分,削减薪金处分,降职、开除公职、削减和剥夺退休金处分。第四种惩戒处分属于司法性惩戒,须由联邦纪律法院通过诉讼程序以判决形式决定,当事人不服,可以诉至联邦行政法院。

德国是现代大学的发源地,教授治校、学术自由等现代大学理念在德国高校中根深蒂固,行政管理部门服务学术人员也就是自然而然的事,在教育职员的录用和管理中贯彻服务的理念。德国大学各级行政部门根据本部门行政权力的特点,选择适合本部门行政权力行使的教育职员。在录用教育职员时,高校需要进行多次笔试和面试方可录用。在日常工作中,对于教育职员行使行政权力的执行能力和行政事务的快速处理能力要求很高,根据工作内容的不同,有针对性地对教育职员提出要求。德国大学内部的行政权力更多地体现在日常的管理与服务中,"管理即服务"的理念贯穿于德国大学内部行政权力的实施过程中,教育职员以为师生服务、让师生满意为基本原则。几乎每一所大学都强调行政权力要为教学、科研服务,从根本上消除了以教育职员为代表的行政权力高高在上的情况。

尽管如此,在日常行政事务的管理中,德国高校还是强调行政权力与学术权力的相互制衡。在德国高校的校级层面,校长通过各种专门委员会来对学校内部事务进行日常管理,这些委员会由专职的教育职员构成,而不是由学术人员来兼任。委员会规模较小,教育职员少而精,既提高了管理效率,又节省了运行经费。在德国高校系级层面,教育职员的人数占比也很低,一般仅占总人数的10%,这在德国高校的系中是很普遍的现象。德国高校在决策机构的构成上注重学术人员与教育职员的均衡,使决策的权力方呈现多元化的特点。在管理过程中,高校注重学术权力与行政权力相结合,吸纳学术人员的参与决策,使决策更为民主和高效。行政权力和学术权力两个体系互相制约,避免了行政权力过大而产生个人独裁,做到相互配合而互不越位,实现高校的民主管理。①

1.2.2　英国公立高校教育职员管理情况

英国高等教育以公立为主导,采用中央集权和地方分权相结合的管理体制,政府财政拨款是支撑大学正常运行的主体,学费收入、社会捐助是公立教育的辅助力量。大学作为独立的法人,英国中央教育行政机构"教育与技能部"(DFES)不直接管理大学,不参与聘用教育职员,倡导高校拥有更大自主权。英国政府教育部门主要是提出教育规划等进行宏观的管理和引导,在薪酬方面,参照英国长期形成的行业收入基准线,每年发布详细的教师待遇和工作条件报告,利用大数据作出统计分析,规范全国范围内各地区的工资标准,提高教育职员待遇。高校依据实际情况,以自己的方式处理事务。除非高校与上级政策有明显出入,否则政府教育部门不会予以干涉。②

早期英国的传统大学强调学术权力占绝对的主导地位,进而忽视了高校本身行政权力的地位,更有别于其他国家的是学生为加强实践能力而参与到学校的管理中来。同时,学术权力占主导地位使得教授在学校管理中占很重要的位置,但他们的主要精力又放在科学研究之上,导致大学的行政管理部门因缺乏专门的人才而管理效率低下。在这种单纯地追求学术的管理体系中,缺乏专业背景的行政管理人员对于外部社会经济发展更是漠不关心,导致了大学本身与社会的脱节,不能更好地实现为社会培养适应性人才的职能。因此,英国大学内部管理理念的转变势在必行,商业价值理念植入学术理念的模式也是在这一趋势下产生的。③ 1982 年,英国政府制定了"技术教育与职业教育议案",对于大学管理理念的问题进行了一定的改革,这在政策上支持了高校管理理念由传统向商业价值理念的转变。这一理念强调在高等教育中培养学生的企业精神,使得英国大学由最开始的学术至上慢慢地转变为追求效率的理念至上。这种模式不仅解决了大学人才培养与社会适应程度的问题,同时也使得高校内部行政管理系

---

① 李旭.论德国大学内部行政权力与学术权力的关系及启示[J].中国成人教育,2017(14):121-124.
② 任慧.国外高等教育管理体制对我国高校管理的启示[J].内蒙古教育,2018(02):15-16.
③ 张强.美英日与我国高校行政管理模式之比较分析[D].西安:西安工业大学,2012.

统得到应有的重视,使得学校内部的管理效率得到大大的提升,更好地发挥了高校行政权力的辅助作用,间接地促进了高校学术事务的发展。①

英国高校教育职员的管理严格遵循大学章程和相关职业法规,设计教育职员的招聘、薪资待遇和绩效考核等方面的政策、程序及行动方案,并在职位分析与评估、面试考察、职员培训与发展、绩效与薪资管理上积累了丰富的经验。①实行科学统一的职位分析与评估制度。职位分析是对于高校的教育职员的职位职能提出的标准要求,英国高校实施的是由非营利性联合团体教育联合有限公司协同英国高等院校联合会开发设计的统一工作录用评价方案,以公平一致性为原则,确定和评估高校教育职员的岗位职责,形成量化的分值。这套统一的职位分析与职位评估量表与教育职员的引进、绩效考核、任务分配和员工薪资核算存在密切的关联,有利于高校的规范管理和内部公平。②执行公平公正的教育职员遴选与面试机制。英国高校看重招聘工作流程的公平性和择优性,绝对不允许涉及裙带关系或者特殊利益照顾。③非常重视教育职员的培训工作。英国高校普遍设置了教育职员发展中心,强化业务能力培训,协助教育职员突破个人职业发展的"瓶颈",促进教育职员提高工作绩效,以实现更好的自我发展,增强教育职员的满意度。对教育职员的培训注重实用性和操作性,如英国西北教育管理中心的培训内容包括法律、人际关系、学校工作重点次序以及长期未来计划、当今学校和社会的研究、学校课程及其评价的检测、对于面临生源减少的学校收缩计划的实质性练习、时间管理技巧、教职工挑选、训练和评价、学校组织和决策等。英国拥有众多的由教育职员组成的专业协会,它们在英国高校教育职员专业化、职业化发展过程中起到了非常大的推动作用。比如,成立于 1991 年的英国科研管理者协会是英国科研管理者与行政人员的专业协会。该组织涉及一系列机构,包括大学、资助机构、独立研究机构以及为科研支持办公室提供服务的机构。大学是其主体,来自大学的成员超过 90%。该协会的使命是,通过鉴别和确定成功经验来促进科研活动的卓越水平。其核心活动有三个方面:对科研管理者和行政人员提供专业培训;在成员之间提供最佳实践与知识之间的共享与协作;提升科研管理与行政作为一种职业的地位与形象。②④采用约束性与自主性相结合的绩效管理模式。即在强调传统绩效管理在规章条文对教育职员的约束作用时,也增设了很多体现专业技能发展的弹性指标和专业创新指标,这

---

① 张梅芬.美国大学生参与高校管理的启示[J].中国成人教育,2010(14):122-123.
② 何淑通.高校管理人员专业发展研究[D].南京:南京师范大学,2017.

样才能确保教育职员工作的积极性。⑤通过互联网大数据平台实现了教育职员精细化管理。教育职员通过平台可以清楚地了解学校对教育职员的薪资福利方案、岗位绩效考核方案和职称评审制度,广泛参加在线专业课程培训,实现校内的良性竞争和有序互动。①

1.2.3　美国公立高校教育职员管理情况

美国公立高校的教育职员属于政府雇员。事实上,美国政府认为教育职员同所有政府工作人员一样都是一种雇佣关系。公立高校的教育职员与政府机构中的文武官员一样均为政府雇员(公务员)。美国公立高校的教育职员遵循《文官制度法》(1883 年),即《彭德尔顿法》。公立高校的教育职员必须:第一,经过公开竞争考试进行选拔。第二,具有相对的职业保障,凡是通过考试而被录用的人员,不得随意被解职。第三,在政治上保持中立,不得参与党派活动。1978 年的《文官制度改革法》则对包括公立高校教育职员在内的政府雇员设定了新的权利与义务。其内容包括:①应从合适的来源、合格的个人中招聘人员,且应通过公开考试,根据能力、知识和技能来决定录用和提升。②所有的雇员和求职者,在人事管理的各个方面,均应受到公正合理的对待,并要注意他们的宪法基本权利。③所有的雇员均应保持高标准的正直、高标准的行为和对公共利益的关怀。④为雇员提供有效率的教育和培训。⑤保护雇员免受专横行动和个人好恶之害,或被迫为政党的政治目的从事活动;同时禁止雇员使用其权力影响和干预政治。⑥雇员应受到保护,不得因进行合法揭发而遭到打击报复。

美国高等教育处于世界领先地位,其教育机构的管理理念也能够更加适应社会政治经济的发展步伐。根据学者的研究与总结,美国大学的管理理念可以总结为以教师以及学生为本,强调大学行政管理要为学术管理服务,以及依法办学与治校。② 为了保障高校教育职员的专业素质,美国高校建立了有效的教育职员管理制度。

(1)完善的任职资格制度、选聘标准和选聘机制。①实施高校教育职员的任职资格制度。在美国从事高校管理工作的人员,需要持有高校教育职员资格证书,而要获得高校教育职员职业资格证书,一般需要满足三个条件:一是参加管

①　张凯.英国高校人力资源管理的创新经验及对我国的启示[J].南昌师范学院学报,2021,42(03):100-103.

②　彭永宏,徐丽萍.美国多校区大学管理模式对我国高校管理模式的启示[J].惠州学院学报(社会科学版),2010,30(01):95-98+116.

理培训之前,作为一名教师,其工作令人满意;二是有学士学位并至少完成了高校学生管理专业研究生计划中的一门课程;三是在一所学校或者学区机关出色地完成了见习实习工作。同时,高校教育职员的职业资格证书并不是终身有效的,每隔几年就要重新认证一次,以保证教育职员可以不断完善自己的知识体系。教育职员由一般管理者向更高一级的管理者晋升的时候,需要重新进行培训学习,只有获得了更高一级的证书才可以晋升。当然,除了资格证书以外,具体的管理岗位还是会有一些附加条件。美国高校教育职员被普遍要求是面向高校发展规划、教学、科研、财务、人力资源、设施和公共关系等方面进行管理的专家。②有完善的选聘标准。美国高校往往会对具体的管理岗位制定明确的选聘标准。高校若想聘到合适的管理人才,先要明确选聘标准。其中,全职员工由人力资源部负责刊登招聘启事,具体招聘过程则由各二级单位按照人力资源部规定的程序和要求独立进行。在招聘过程中,需要列出详尽的职位说明书。美国高校对于教育职员的选聘有严格的标准。招聘什么样的人到什么样的管理岗位工作,都在招聘之先进行充分的调查和研究,以保证招聘到的行政教育职员能够适应岗位的需求。③有完善的选聘机制。为了保证选聘到合适的管理人才,美国高校在选聘形式上也积极进行改革。美国高校教育职员的选聘形式多样。美国高校在选聘中层和基层教育职员时,大多实行内部选聘机制。一般由相应部门的行政主管执行遴选,由校长聘任。而对于学院的教育职员的选拔来说,往往先由本系教授在本校内部推举候选人,由院长确定,最后经学校董事会通过并聘用。美国高校在选聘大部分高层管理岗位时,往往采用以外部选聘为主,辅之以内部选聘相结合的形式。外部选聘的好处是从外部聘请的教育职员,由于其以前在其他高校或者组织工作时会形成不同的管理理念和管理风格,通常能给高校管理带来创新思路。在选聘程序上,美国高校教育职员选聘制度都是由各个高校依据有关法律制度自行设计,体现了高校自治的准则。近年来,美国高校还积极通过社会"猎头公司"结合选聘委员会来进行选聘。

(2) 具有稳定多样的专业组织。结社是美国的传统,美国高校教育职员也不例外。美国高校教育职员拥有自己的专业团体。譬如,以美国教育协会(ACE)为代表的高校间的合作组织,地区的协会、高校、民间团体等,以高校职工为对象,提供了各种各样的培训活动。美国各类专业团体为高校教育职员提供了多层次的培养计划,构筑了高校教育职员素质开发机制,通过提升高校教育职员的专业素质,从而提升了高校管理效能。美国高校教育职员专业团体为了保证自己能够获得社会信任,还专门制订了自身的质量保障计划。它具体包括高校内部的培训进修活动和事业保障计划,专职团体和高校间合作组织等规章制度、研究活动等质量保障活动等。此外,专业协会所制定的各项标准涵盖了高校教育职员的多个业务领域,高校教育职员的专业性能够为高校管理活动提供有效的支持。

(3) 完善的教育职员教育培训制度。美国教育职员的培养,一般在研究生教育阶段实施。美国很多高校的研究生院都设有教育行政或其他相关的专业,负责培养教育职员。从总体上看,美国对高校教育职员的培训工作,由不同的举办单位各自运作,通过市场竞争机制来调控培训质量和培训规模。举办主体既有著名高校,如哈佛大学教育研究生院、卡内基-梅隆大学、宾夕法尼亚大学沃顿学院等,也有学术团体和社团组织,如全美教育协会、美国公立大学及学院协会、美国高等教育协会、创意领袖中心等。一些公立大学系统也在为系统内部的各个高校提供此类培训服务。总之,高校、专业组织等都为教育职员提供相应的教育培训课程,形成了非常完备的教育培训体系。除了专业组织,美国高校也针对教育职员开展协作能力、领导艺术、沟通技巧等方面的校本培训。尤其值得注意的是,培训还注重对于高校管理者经营能力和科研写作能力的培养。培训采用一种菜单式的专题培训模式,既能适应并促进高校管理者队伍职业发展的需要,又能适应并促进个人发展的需要。美国的教育界通过各种研究,制定出更加符合教育职员工作特点的职业伦理准则,以"保护公众利益"和"职业集团利益"。[①] 通过教育职员专业伦理建设,体现教育职员的专业化身份。

1.2.4　法国公立高校教育职员管理情况

法国的公立学校作为从事公益活动的社会机构,具有独立的法律人格,独立享有行政法上的权利和义务,公立高校的教育职员属于国家公务员。法国现代公务员制度的核心是职位分类,规定公务员属于不同的职类;每个职类包含几个职系;每个职系包含一个或几个职级。所谓职类,是根据公务员的文化和技术水平所应达到的资格而确定的分类,从高到低分为 A、B、C、D 四类。所谓职系,是按公务性质不同进行的分类,每个职类包含若干个职系。法国高校教育职员就职类而言,属于 A 职类;就职系而言,属于教育科研职系。法国高校教育职员适用《公务员总章程》(1984 年),具有五个方面的权利:①信仰自由的权利。②参加政治活动的权利。这是英、美、德、日等国高校教育职员所没有的权利。③组织

---

① 何淑通.高校管理人员专业发展研究[D].南京:南京师范大学,2017.

和参加工会的权利。④组织和参与罢工的权利。⑤人身特别保护和获得救济的权利。高校教育职员的个人权益受到行政机关的不法侵害,可获得行政和司法上的救济。高校教育职员在享有公务员权利的同时,承担相应的义务。例如,忠于职守,服从命令,遵纪守法,禁止兼职,严守职业秘密及克制与保留等。法国高校教育职员的纪律制裁有四种:①警告与申诫;②从晋升人员名单上除名、降级、不超过15天的休职、调职;③降职、休职3个月到2年;④强制退休、撤职。《公务员总章程》同时规定,对高校教育职员实施处分要遵循严格的程序。一般来说,要经过四个必要的环节,即交阅档案材料与本人答辩,咨询纪律处分委员会意见,宣布结论并说明理由,不服纪律处分的救济。

随着教育大众化时代的到来,高校教授对学术自由、教授治校的呼声,学生对参与学校管理的要求,以及校外力量对学校决策的影响,驱使法国从高度集权的高教管理体制向自主管理、民主管理的高教管理体制转变。校外力量的主体包括:①国家和政府。它们通过立法、政策、拨款、督导和评估等手段对学校进行监控。②社会企业。它们通过进入学校领导机构、资助办学、联合办学、舆论监督和导向等发挥作用。③教育评估和鉴定机构。它们通过对大学办学水平和教育质量的审核、评价施加影响。④劳动力市场。市场机制对学校招收学生、选聘人员以及毕业生就业等重要环节的巨大影响,是学校决策时的重要依据之一。内部和外部力量的共同参与形成了法国高校管理的重要特征。① 法国大学的管理主要由三个委员会来实施。其中,行政委员会负责批准预算和编制,授权校长根据法律处理有关事宜,以及按法令规定批准借贷、投资、创建分支机构等;科学委员会主要负责科研政策和提出经费分配的建议,保证教学与科研之间的联系;教学与大学生活委员会,负责教育及继续教育向行政委员会提建议,审查设立新专业的申请及计划,制定和落实对学生进行方向指导措施,为学生就业提供帮助,支持学生各种文化、体育、社会活动,改善学习条件,检查学生学习、食宿、社会和医疗服务、图书资料等有关措施的落实情况。法国高校在教育职员管理方面有比较完整的立法和细则规定,强调按制度管理,靠分工运转。② 法国高校都较重视教育职员的配备和机构设置的合理性与科学性,避免出现管理机构重叠、部门界限不清、管理人员冗余的现象。管理机构极少,每个机构功能很多。师生

---

① 白晓宁.法国高校行政管理公共参与对我国高校的启示[J].科学咨询(科技·管理),2010(12):58-59.

② 骆峤嵊.国外高校管理机构设置的启示[J].哈尔滨学院学报,2005(01):111-113.

员工代表和校外人士代表参与机构管理,强调广泛的参与性。教育职员职责分明,法制观念强,办事程序明确,工作效率高。各有关部门的负责人通常与普通职员在一个大的空间里集体办公,这样既有利于及时处理问题,又能起到相互监督的作用,现代化办公技术手段的应用也比较普遍,大大地提高了管理水平和工作效率。[①]

1.2.5　日本公立高校教育职员管理情况

20 世纪 90 年代末,日本人事制度改革前,公立高校的教育职员属于国家公务员或地方公务员。凡在国立高校任职的教育职员均属于国家公务员,在地方公立高校任职的教育职员属于地方公务员。前者由《国家公务员法》调整,由中央机关主持考试、录取及晋升;后者由《地方公务员法》调整,由地方自治团体主持考试、录取及晋升。作为公务员,日本公立高校的教育职员地位比较稳定。公立高校的教育职员享有公务员的一切权利,同时要履行一定的义务,如保守秘密和政治中立,不得兼任以营利为目的的私人企业的干部、顾问和评议员等职务,新职员必须向录用机关提交就职宣誓书等。公立高校的教育职员受到降职、降薪或免职处分,如认为处理不公,可亲自或委托代理人向人事院提出书面申诉,人事院必须立即成立 3～5 人组成的公平委员会进行审理。审理过程中,必须认真听取当事双方的意见,并进行证据调查。公平委员会要向人事院递交调查报告,并提出处理意见,人事院则据此作出判决,如一方不服,可以要求重新审理。

日本政府于 1997 年 6 月颁布了《关于大学教师等的任期制的法案律》,任期制开始成为日本高校新的人事管理制度。其主要做法是引入了市场的竞争机制,以期通过竞争来激发并增强教师队伍的活力,弥补终身雇佣制带来的缺陷,从而提高教师的教学水平和科研能力,增强大学的综合竞争力。日本公立高校法人化改革以后,教育职员身份变为与普通企业的职员类似的独立职业身份,适用于日本劳动基准法。社会人员想要进入公立高校工作,直接参加各所高校实施的录用考试,合格后直接录用。高校根据自身发展需要和岗位特点确定选拔录用职员的标准,从而由原来统一的公务员标准走向专业化的高校标准。任期制是指日本高校与教育职员签订聘用合同,在聘任期结束之前通过评价考核的方式来决定是否续聘,并在竞争机制的制约下,优胜劣汰,从而提高高校教育职员的管理水平。该制度相比终身雇佣制来说,具有高度的自主性、灵活性以及科

---

① 胡兴.法国高校的内部管理及其特点[J].学校党建与思想教育,2000(11):46-48.

学性。一方面,日本高校可以根据本校的实际情况来选择是否实行任期制,在对高校教育职员的评价考核方面,高校自身可以拥有较大的自主决定权,可以使高校在对教育职员的管理和安排上做到效率最大化和最优化。另一方面,有选择的任期制弥补了终身雇佣制带来的部分教育职员工作安于现状的缺陷。通过教育职员内部的竞争保证教育职员队伍的高质量化,提高管理水平,从而对发展本国的高等教育起到一定的促进作用。任期制从设计之初,便受到了日本国内的关注和讨论,之后通过法律形式得以确认并在实践中得以推行。经过 20 多年的发展,任期制由于适应了日本社会发展的现实而显现功效,并在实践中逐步走向优化和成熟。①

　　日本高校的内部管理理念更大程度上地趋近于美国的内部管理理念,因为日本高等教育第二次变革是在第二次世界大战后期,这一阶段,美国对日本的控制以及变革的影响很大,日本高校的管理理念同样是以教师以及学生为本,尽可能地提供对于教师科研工作以及学生学习生活所需要的服务,依照教育部门制定的相关法令依法治校、依法办学。这一管理理念使得高校内部行政管理系统能够更好地发挥自己本身的服务职能,促进高校内部学术事务的发展、科学技术研究的进步以及学生培养的进行,进而更好地发挥学校服务于社会这一基本职能,促进社会政治经济的进步。②

　　在日本高校的管理部门中,行政职能和教学、科研机构截然分开,进行专业化的管理。教育职员的功能定位就是提供服务,辅助学校的教学和科研工作,在工作安排、日常事务处理上均以服从教学、科研为原则,虽然教育职员编制较少,但却能提供优质、高效的服务。③ 各所高校的教育职员选拔标准虽然有所不同,但基本的原则就是具有能够完成职务的、充分的文化程度和心理素质。与其他国家相比,日本高校在选拔教育职员时更强调适合高校管理岗位专才标准,不需要很强的创造能力,而应有很强的执行决议、高效的处理事务的能力,具体有如下能力要求:①忠实执行各项决议。②高效处理各项事务。③条理清晰。④耐心负责。⑤书写工整。⑥态度随和。⑦善于沟通。在教育职员的发展上,日本高校主要有以下特色:①重视校本培训。在高校内部重视教育职员的培训,整合面向全体教育职员的经营管理手法和培养教导能力的培训进修活动。部分高校

　　① 张文静,杨诗嘉.从"终身"走向"任期"——日本高校人事管理制度的思考[J].国家教育行政学院学报,2017(10):90-95.
　　② 张强.美英日与我国高校行政管理模式之比较分析[D].西安:西安工业大学,2012.
　　③ 刘菊青.日本高校行政管理特点与执行力分析[J].玉溪师范学院学报,2011(12):51-52.

还开展语言表达、写作和电脑操作等方面的培训。②推进高校间的合作开发活动。积极组织实施国家和地方公共团体、高校合作组织的开发活动。例如，面向所有高校的培训活动，如高校认证评价制度解读、重构高校内的人事制度、高校危机管理等内容的培训班等。③关于教育职员的专业组织得到发展。伴随着日本社会雇用环境的流动化，高校教育职员的流动化逐渐增大，不仅是私立高校，部分国立高校也有一部分职位开始进行公开招募。在流动中，教育职员的专业化意识大为提升，教育职员不仅归属于高校，也在逐渐向各种专业团体转移。教育职员所组成的专业团体的发展成了高校管理专业化和教育职员专业发展良好的外部环境。比如，日本国际教育交流协会先后发起成立了私立高校行政管理学会和国立高校经营管理研究会，在日本高校教育职员专业发展中起到促进作用。④日本不少高校开设专门培养教育职员的教育管理专业，普及教育职员研究生教育，为高校教育职员提供最必要的知识和技能。[①]

1.3　值得借鉴的国外教育职员管理机制

1.3.1　坚持以人为本的教育职员职业能力发展机制

高等教育进入大众化阶段以后，高校的规模持续扩大、职能不断分化，教育职员在横向上开始分为教学管理、科研管理、学生事务和社会服务等不同工作领域，在纵向上分为校级领导、部门领导和一般职员等。教育职员经历了从"业余人"到"职业人"，再到"专业人"的发展，在"专业人"阶段对于教育职员必须按照一定的程序和标准进行培养。美英等西方发达国家认识到制定标准的必要性，形成了政府、大学和专业协会等组织共同承担培训高校教育职员的任务。与此同时，高校教育职员也有职业能力发展的意愿，以求达到"标准"，从而做好本职工作。任何一个职业都需要一定独特的知识，如果这种知识能够形成一个体系，那么，这个职业就有利于形成专业。大学为适应管理运营方式的转变，迫使其职员的培训由过去的重一般管理能力的培训向提高专业职业能力的培训转移。[②] 大学作为生产、传播高深知识的专门机构，其对于教育职员职业能力发展起到了积极作用。美、英、日等国家都形成了培训教育职员的专业组织，从运行效果来看起到了如下作用：①为教育职员提供专业沟通和交流的平台，鼓励他们就共同关心的

①　何淑通.高校管理人员专业发展研究［D］.南京师范大学,2017.
②　刘建瑛.日本大学职员能力开发的特征、趋势和启示［J］.黑龙江高教研究,2011(10):31-33.

问题交换意见并相互理解,从而提升高校教育职员的共同体意识。②通过组织教育培训,提高高校教育职员的知识水平,从而获得社会的信任。③加强高等教育管理研究,为高校教育职员的职业能力发展扩大知识基础,从而为高校教育职员带来良好的发展空间,再进一步推动培训组织的发展,提升高校教育职员职业能力发展的支持度。④通过发布一系列文件、一系列的宣言来为高校教育职员的专业发展提供发声平台,引发社会关注。①

1.3.2 基于公平原则的行业间收入对等的薪酬机制

大多数西方国家通过设立公共部门人员薪酬法对公共人员的报酬和提薪办法作出了具体规定,如英国的《吏制澄清法》、美国的《联邦文官法》、法国的《公务员总章程》和日本的《国家公务员法》等;有的还专门制定了工资法,个别国家还制定了单项法规和条例。这些法律法规在确定公共部门人员的薪酬时大多考虑到了公平原则,其中外部公平最具特色,法规规定公共部门的薪酬水平应当与部门外其他行业,尤其与私营企业中从事相似工作、相近职位、同等年龄、同等学历人员的工资水平进行比较;公共部门人员的薪酬不但应当依据其工作的价值和贡献来保持组织的内部公平,还要参照私营企业同类人员工资的增长幅度,以稍高于从事社会中类似工作、类似职位的社会平均水平,来调整公共部门人员的工资水平,以保证外部公平,从而避免优秀人才流向其他行业。例如,英国1955年就提出:"文官报酬制度的首要原则,是在与从事基本上类似工作的外部人员现时报酬数额相比较时,应当公平合理"。美国于1970年正式通过了《联邦工资比较法》,通过对私人企业相应人员工资的调查,找出联邦雇员与私人企业的工资差,从而确定联邦雇员综合工资表的合理调整率,以弥补公共部门人员工资与私营企业中同类人员的工资差距。德国亦颁布了相应的法规来保障公共部门薪酬的外部公平。

1.3.3 打破"常任"束缚的相对稳定的教育职员流动机制

西方国家的人员选拔、任用机制是资本主义的产物,经由中国的"科举制"转化而来,经过上百年的发展,正在发展中逐步形成自身的特色。例如,"文官常任"制度是现代西方公共部门人员制度的基础之一,其目的是保障公共部门人员的职业稳定。公务人员一经考试录用,只要无重大过失,不受免职处分就将长期

---

① 何淑通.高校管理人员专业发展研究[D].南京:南京师范大学,2017.

任用,公务人员的录用和晋升除了考试外,主要根据本人的工作能力和实绩进行,从而有效排除了政治因素和裙带关系的影响,确保公务人员的素质和能力,使其有动力去积累经验、增长才干,从而更好地为公共部门服务。但需指出的是,随着"新公共管理"理论的不断深入,同过去相比,人员选拔制度目前正逐渐发生着微妙的转变,"文官常任"制度也悄然发生着松动。人们开始发现,"文官常任"制度在促进文官队伍稳定性的同时,也压抑了创新,保护了低效,因此,近年来一些西方国家作出了一些新的探索。例如新西兰,新体制下政府的执行主管的任期为 5 年,并没有自动续补任期的权利,即使是那些成绩优异者也只能再任职 1 年或去申请其他公共部门的职位,如果年度的业绩评估令部长感到不满,部长有权中止合同的执行。

1.3.4 注重工作实绩的教育职员分等考核和晋升机制

西方国家公共部门人员晋级的期限基本上是按任职年限划定的。这样,结合任职年限的定期升级,既可以鼓励公共部门人员积极上进、努力工作,又可以增进公共部门人员队伍的稳定和团结。和公共部门提薪一样,国外许多国家公共部门人员职位提升也是依据公开性考核来进行的。各国较为普遍性的规定是,对于考核成绩不合格,不能胜任本职工作者,当年不予提升。这其中以韩国政府在全体公共部门人员中引入以目标管理为基础的"勤务成绩评定制度"最为典型。所谓勤务成绩评定制度,就是通过对公共部门人员工作政绩、能力水平和工作态度等方面进行测评来对公共部门人员的年度工作情况进行综合性的考核、评价,对其中的优秀者予以奖励,对后进者给予鞭策。按照不同的评分要求和评定比例,提出了"秀""优""良""可"四个等次考核评定等级,其比例掌握分别为秀 20%、优 40%、良 30%、可 10%。考核时间每年分为两次,这样保证了考核的连续性和真实性。对因有空缺公共部门人员需要晋升补缺的,则规定要考核其最近 3 年的政绩表现,而且对各年度的政绩提出不同的得分比例,最后计算总得分情况,以决定是否晋升。3 年中有"可"级档次的则不能晋升职务。为了最大限度地激励组织人员,在常规年度考核合格者有机会获得职位提升外,西方国家还规定优秀者可以提前升级或越级提升,通过不拘一格地迅速提拔人才来鼓励组织人员的敬业行为。例如,美国规定,对工作成绩特别突出的公共部门人员除正常升级外,还可以增加一次等内升级,来拓展部门人员的提升通道。

综上可知,西方国家高校对教育职员的行为管理引入了企业的激励思路,倾向于从实用性、效能性和持续性三方面相结合的角度来规划激励方案。在培训激励方面,西方国家高校为教育职员提供职业能力发展路径。在薪酬激励机制方面,西方国家高校一方面贯彻了保障组织人员薪酬内、外部公平的思想,使组织内部人员在与外部人员相比的过程中能够获得社会平均薪酬水平的薪金,以保障组织内部人员的稳定性,同时也引入了功绩制薪酬激励方式促进了组织人员间的竞争性;与薪酬激励相比,晋升激励也是基于充分考核基础下的激励机制,考核与晋升激励的发展是一种协同的过程,随着国外高校管理水平的提高,考核内容、指标、过程的逐步完善。这些对我国高校教育职员的行为管理有着积极的借鉴意义。

1.4　国内教育职员管理研究的动态

20 世纪 90 年代以后,随着政府与高校关系的重构,高校的法人地位被正式确立,高等学校的办学自主权也逐步得到落实。我国《高等教育法》第 30 条规定:"高等学校自设立之日起取得法人资格。高等学校的校长为高等学校的法定代表人。"高校法人地位的确立,意味着高校在法律人格上与政府发生了分离,高校不再是政府的附属机构,而是拥有内部自主管理权的法人实体。高等学校拥有了包括自主设置内部组织机构与配备教育职员等在内的自治行政权力。与此同时,由于一些历史原因,20 世纪 90 年代初,高校的干部出现了同步老化、青黄不接的现象,各高校把一大批教学、科研一线人员选拔为教育职员,从而产生了所谓"双肩挑"干部队伍。尽管高校已确立了法人地位,其教育职员的构成也发生了变化,但这并没有改变高校与教育职员之间的关系。事实上,我国高校的教育职员还在沿用行政机关的干部管理模式,教育职员享有的待遇仍与行政职务直接挂钩,职位升迁仍是其谋求个人发展的主要途径,"官本位"的色彩依然很浓。高校与教育职员之间的关系依然类似于内部行政关系。在这样一个大背景下,国内的学者在教育职员队伍的建设和行为管理上作了大量的研究,这里主要从三个层面作了一些介绍。

1.4.1　关于教育职员管理的政策法规层面的研究

高校与管理人员的法律关系,在内容上体现为高校与管理人员之间基于一定的法律规范所形成的权利和义务关系。自中华人民共和国成立以来,随着我国教育法治建设的不断深化,高校与管理人员之间的法律关系始终处在不断地生成和变化过程中。中华人民共和国成立初期,我国实行的是高度集中的计划经济体制,国家对教育事业实行统一领导,采取集中管理的方式,在管理体制上,高等学校主要由国务院和各部委直接管理。1963 年颁布的《中共中央、国务院关于加强高等学校统一领导、分级管理的决定》强调对高等教育事业的统一领导和集中管理,明确规定对高等学校实行中央统一领导,中央和省、市、自治区两级管理的制度。在这种教育行政体制下,高校被赋予了一定的行政级别,高校党政权力逐渐成为高校权力的核心,高校也成为享有政府教育行政权力的政府机构,完全听命于上级政府部门的领导,服从政府相关职能部门的管理和工作安排。高校作为政府的附属机构,其党政管理人员均被视为国家干部,在身份定位上属于国家工作人员。这个时期的高校行政人员管理有以下特征:①高校用人自成体系,人员任用主要采用直接任命和调任的方式,人员使用属于内循环封闭式的运行模式,队伍的对外流动性很弱。②管理人员的职务属于行政职务,依据相关政策沿着固定的职业阶梯、论资排辈地获得晋升,以内部晋升方式为主,职务只能上不能下,待遇只能升不能降,具有终身性。③管理人员按照所属行政级别和国家干部政策确定福利待遇,执行国家统一的工资标准,实行供给制。④管理人员对学校具有依附性,国家和单位要负责解决管理人员的住房、医疗等工作和生活问题,排除自然减员或违法乱纪,学校不能随意辞退、解聘职工。[①]

随着我国社会主义市场经济体制的逐步完善,市场因素对教育领域的影响日益增强。市场机制的竞争性要求高校在办学过程中能够自主参与市场竞争,这种现实情况要求高校必须要有独立的法人资格,享有自主的办学权力,以适应市场经济对高等教育发展的要求。在此背景下,为了促进我国高等教育事业的发展,1985 年中共中央、国务院发布了《关于教育体制改革的决定》,首次提出要赋予高等学校“办学自主权”,1993 年中共中央、国务院发布了《中国教育改革和发展纲要》,再次明确要赋予高等学校“办学自主权”。自此,高等学校的身份定位开始出现了质的变化。同期,随着我国依法治国方略的逐步落实,依法治教取得了很大的成就,在教育领域相继出台了一系列法律,初步形成了我国的教育法律体系。1995 年 9 月施行的《中华人民共和国教育法》规定,学校及其他教育机构中的管理人员,实行教育职员制度。这是国家首次提出教育职员制度,明确指出:①教育职员制度立足国家战略高度;②教育职员是指学校及其他教育机构中的管理人员;③学校及其他教育机构中的管理人员不再具有国家干部的身份。

---

① 田虎.建国以来高校与管理人员法律关系的回顾与展望[J].现代教育管理,2012(02):96-100.

自 1999 年 1 月起施行的《中华人民共和国高等教育法》将高等学校教育工作者分成四类：高等学校教师、高等学校管理人员、高等学校教学辅助人员、高等学校其他专业技术人员，规定高等学校的管理人员，实行教育职员制度。1999 年 9月，教育部发布《普通高等学校编制管理规程》，进一步明晰了高等学校教师、教学辅助人员和职员的编制区别，职员编制指学校中专职从事党务、行政管理、行政事务工作的人员编制，对高等学校教育职员范围有了更明确、更详细的划定。1999 年 12 月，教育部发布《高等学校职员制度暂行规定》，指出高等学校职员是指在高等学校从事管理和服务工作的人员；并对高等学校教育职员的职责、聘任提出规定，首次对高等学校教育职员队伍建设提出指导性意见。2000 年 6 月，中共中央组织部、人事部、教育部《关于深化高等学校人事制度改革的实施意见》指出，高等学校的管理人员实行教育职员制度，教育职员实行聘任制。教育职员制度是我国高等学校深化体制机制改革、促进人事管理创新的一项伟大工程。[1]

目前，我国政治体制、经济体制等方面的改革都在不断深化，高校内部人事制度改革实质上是各类体制改革的影响在高校领域的具体表现。在政治体制方面，伴随着政府的政事分开和简政放权，高校组织的行政化色彩将日渐暗淡，高校的自主管理权将逐步得到完善；伴随着教育法制建设的持续进展，我国高校的法人地位将受到更多的尊重，学校的法人治理结构必将日益完善。在经济体制方面，伴随着我国社会主义市场经济体制的建立和不断深化，市场经济的竞争性要求作为办学者的高等学校能够作为独立的市场主体，享有一定的办学自主权，获得自身发展应有的活力；要求高校能够通过市场实现内部人力资源的配置，实现人才的自由流动，彻底打破目前高校人力资源的配置方式。而高校与管理人员法律地位的变化必然导致高校与管理人员法律关系的变化。这一规律为我们分析我国高校与管理人员法律关系的未来变化趋势提供了理论上的依据。[2]

教育法、高等教育法规定了高校实行职员制，教育部颁布了《高等学校职员制度暂行规定》，但这只是一个指导意见。一些学者认为，为了确保学校教育职员的权益，提高专业化水平，制定《中华人民共和国教育职员法》才是根本出路、长远之策。教育法、高等教育法为制定教育职员法提供了思想基础和理论、法律依据。教育职员法的内容可以借鉴国外的教育行政法律、法规方面的经验。通过制定教育职员法，保障学校或者其他教育机构教育职员的合法权益，建设具有

---

① 洪家芬.高等学校教育职员制度发展述评[J].湖南科技学院学报,2016,37(12):129-130.

② 田虎.建国以来高校与管理人员法律关系的回顾与展望[J].现代教育管理,2012(02):96-100.

良好思想道德修养和业务素质的管理队伍,促进社会主义教育事业发展。对制定教育职员法的内容研究主要集中在教育职员的权利和义务、职务和级别、调动和调任、教育和培训、工资福利和保险等方面。教育职员法的建立对教育职员队伍建设具有里程碑的意义,它标志着教育职员作为一个独立群体被社会认知和认同程度的提升,更保障了教育职员的合法权益,激励教育职员安心投入工作,献身教育事业。

1.4.2　关于教育职员管理的行为机制层面的研究

一些学者从教育职员激励机制的角度进行研究,结合西方激励理论和我国高校教育工作的特点,探索教育职员行为管理方法。

1. 物质层面的激励

物质的需要是人类生活的基本需要,物质利益是人类最基本的利益。在社会生活中,每个人都离不开一定的物质需要和物质利益,这不仅是维持生存的基本条件,也是个人在各方面发展的重要前提。物质激励是高校在正确评价高校教育职员工作成果的基础上,给予高校教育职员合理的报酬,从而激发他们工作积极性的一种重要的激励形式。高校对教育职员的物质激励做得好,他们就可以据此对自己的工作作出客观评价,就会鼓励广大教育职员不断反省自己、鞭策自己、提高自己,以正确的观念和主人翁的态度去努力实现人生目标与工作目标。

对高校教育职员的物质激励的研究,主要表现为探索科学有效的薪酬机制。按照现行的绩效工资标准,专业技术人员工资普遍高于教育职员的工资,教育职员制的实施是以并轨为前提,也就是管理人员的绩效工资应该全面体现教育职员的职位、级别、责任和绩效等因素,向专业技术人员靠拢。除了绩效工资外,还要制定奖励性绩效制度,有学者提出奖励性绩效工资的分配应遵循如下原则:一是实行岗位问责制和满负荷工作制,增加岗位任务和责任,减少教育职员人数,提高奖励性绩效工资;二是奖励性绩效工资的系数要体现教育职员级别高低,岗位责任轻重;三是年度考核系数设置成一个浮动区间,根据教育职员年度考核结果动态调整,从而加强考核的激励作用。在设计教育职员的薪酬制度时,高校还应该考虑建立正常的教育职员考核及晋升制度,比如在教育职员连续多年考核合格的前提下,给予申请职务晋升的机会,保持教育职员畅通的晋升渠道,工作业绩突出者或连续多年考核优秀者可晋升一级工资。通过探索有效的薪酬增长机制,激励职员爱岗敬业、钻研业务,不断提高业务水平和工作效率。①

2. 文化层面的激励

(1) 环境文化的激励。高校环境文化是指导和约束高校整体行为和教育职员行为的价值理念,它属于思想道德范畴的内容,其目标是塑造教育职员的校园归属感和主人翁精神,在校园内部创造一种和谐的工作气氛和人际关系,使教育职员在这种文化的影响下努力工作,并在工作中感受到自我价值的实现。因此,一种良好的高校人际环境文化,会对所有的教育职员产生一种内在的激励作用,使其按学校的目标行事。除了和谐的人际环境,高校还要建立有序竞争的工作环境。心理学实验表明,竞争可以增加50%甚至更多的创造力。因为每个人都有上进心、自尊心,都耻于落后,而竞争则是刺激他们上进心的最有效的方法,自然也是激励高校教育职员的有效手段。有序竞争可以使每个人表现得越来越好,可以强烈地刺激每位教育职员的进取心,使他们力争上游,发挥最大的潜能。高校要依据教育职员的工作质量建立优胜劣汰的竞争机制,提高职工的危机意识。②

(2) 教育培训的激励。美国著名的管理学大师史蒂芬·罗宾斯认为,胜任的员工不会永远胜任,员工的技能则会老化或过时。美国高等教育专家菲利普·阿特巴赫认为,大学的管理正在变得日益复杂,随着大学规模的不断扩大和日趋复杂,对大学进行更有效的管理已成必然。没有接受过管理培训或者对管理工作没有兴趣的人员将不再胜任管理一所现代化大学的工作。一个人要跟上时代的潮流,必须不断地学习知识和技术,学习终身不可离。只有不断接受教育,才能始终充满活力。接受教育、了解信息、不断提高自身素质和能力也是高校教育职员高层次需要之一。根据这一需要,高校应加强对教育职员教育培训的力度,使他们不断更新知识、提高素质、能力和工作效益。给教育职员更多的受教育的机会,既可以起到激励作用,又可达到增长进取心和拼搏欲的长期激励效果。教育的激励是多方面的,它可以满足教育职员特别是青年人求知进取的需要。①培训是教育职员自身发展的需要。高校教育职员是大学中的一个重要组成部分,他们承担着大学行政管理链条中一个或多个环节的工作。高校教育职员不仅有保证自身生活需求,也同样有着群体归属和自我价值实现等多方面的需求。

① 屠瑞旭.结合组织工作谈高校改革工作中的重点、难点——以高等教育综合改革试点为契机,加快建立具有长效激励机制的职员薪酬制度[J].现代职业教育,2016(07):96-97.

② 张岩.试论激励机制在高校人力资源管理中的实践运用[J].辽宁省交通高等专科学校学报,2021,23(01):67-70.

教育职员培训旨在通过贯彻终身学习,更新知识,促进思想观念的转变和能力素质的提升,改善工作绩效,提高管理服务水平,建设一支高水平的职员队伍。同时,在学校发展目标指导下,为职员个人的提高和发展提供服务。教育职员培训应建立在为职员提供一种福利的基础上,如每年为教育职员创造规定学时的免费在职学习的机会,逐步建立高、中、初级职员岗位培训的课程体系,根据学校发展的实际需要,分别按照公共课程和业务系统组织培训等。加强对高校教育职员的培训可以提高教育职员的专业技能与综合素质,极大地开发教育职员的潜能,最大限度地调动基层教育职员工作的积极性和主动性,不断提高教育职员的工作效率和工作质量,使职员准确地理解工作意图、完成复杂任务。同时,加强对基层教育职员的培训,还可以从人才数量、人才质量和人才结构上为高校的运作与发展提供人员保障和人才储备,使高校形成人力资源优势,确保高校的可持续发展。高校应该通过举办系统的、专业的培训来加强不同院系之间、不同部门之间基层教育职员的深入沟通和了解,进而提高教育职员对学校工作及时、全面、准确地掌握,并不断提高自身的业务能力和素质,保持教育职员对工作的热情,满足教育职员自身的归属等需求,提高工作效率和工作质量,为职务晋升打好基础,满足教育职员自我价值实现的需求。②培训是对教育职员的重要激励。培训是一项重要的人力资源投资,是人力资源开发的重要组成部分,培训更是对职员一种有效的激励方式。通过培训,必将会有越来越多的职员认识到培训的重要性,他们会克服种种学习阻力,源源不断地加入培训中来,不断充实自己,继而形成企业的一种学习文化,促进学习型组织的构建。高校作为社会中的一个组织,开展大众性的公共培训、专项职能部门的专业培训、带有奖励性的外派培训以及报销学费的业余时间培训等培训活动,可以激发高校教育职员工作的积极性和主动性,不断改进工作、提高服务质量和工作效率。①

3. 价值层面的激励

(1)尊重的激励。尊重是使人进步的前提,尊重是使教育职员增值的基础,渴望尊重永远是我们生活的主题。尊重激励,就是通过尊重高校教育职员的自尊心,达到激发他们工作热情的目的。教育职员的自尊心得到满足,工作就有了劲头。著名心理学家马斯洛的需要层次理论告诉我们:尊重的需要是在生理需要、安全需要、归属需要和爱的需要得到满足之后的一种需要,它是人的一种高

---

① 王进才.高校基层教育职员培训研究[D].北京:北京交通大学,2011.

层次需要。需要产生动机,动机产生行为。尊重教育职员的需要,是增强高校凝聚力、向心力,稳定高校教育职员的重要条件,也是调动积极性,激发创造性的重要措施。尊重的需要得到满足,教育职员就会自尊、自信、自励,反之就会沮丧和自卑。

(2) 荣誉的激励。从理论上讲,人们的需要是从生理需要、社会需要、精神需要不断由低级向高级发展的,当个人的物质利益得到满足后,社会需要和精神需要就占据主要地位。显然,高校教师有受到信任,获得表扬、肯定和接受荣誉、提高知名度的需要。对高校教育职员合理运用荣誉激励,往往能够取得物质激励所不能达到的激励效果。

(3) 共同目标的激励。目标是人的一种期望,没有了目标,人就不会有努力奋发的动力,目标是一个重要的激励方式。高校的重要任务之一就是要努力达成高校教育职员目标与高校目标的一致。从这个意义上讲,目标既是高校要实现的目的,又是高校激励高校教育职员的一种重要手段。

(4) 成就的激励。从某种意义上说,成就感、认同感的满足来自人们的成就,成就需要是高校教育职员的高层次需要。高校教育职员一定希望在业绩上获得成功,为了成功,肯定会积极付出努力,达成工作目标取得成就,从而获得对责任、成就感、认同感、成长以及自尊等需要的满足。高校教育职员成就的取得和工作目标有关,不同的工作目标对不同对象的激励效果不同。

1.4.3　关于教育职员管理的制度建设层面的研究

一些学者从教育职员制的角度,对于教育职员行为管理的相关制度进行了研究,主要包括以下几个方面:

(1) 职级的设计。在相当长的时期内,教育职员具有国家干部身份,实行行政职务任命制。高校教育职员,尤其是具有较高职务的教育职员,多由政治权力主导,自政权组织内抽调党政干部加以委任,职务晋升路径单一,职业发展空间受限。2013 年 11 月颁布的《中共中央关于全面深化改革若干重大问题的决定》提出,推动公办事业单位与主管部门理顺关系和去行政化,创造条件,逐步取消学校、科研院所、医院等单位的行政级别。去行政化彻底破除了高等学校教育职员的干部身份与行政级别,消除了高校与教育职员之间的行政依附关系。在高校与教育职员之间建立了平等的契约关系,这是高等学校在取得大学自治权利道路上的一项突破性进展。高校教育职员制度设置职级层次,将职级与岗位类别、工作属性以及教育职员的工作能力、专业水平正相关联,为教育职员释放了较大的职业发展空间,能有效调动教育职员的工作积极性,为教育职员队伍建设起到积极的调节和激励作用。[①] 有学者提出按照双梯并行的设计思路,实施职务制度和职级制度相结合的制度。职务制度是指现有的党政职务,按照中组部关于干部任免的有关规定进行任命,主要体现职责,是责、权、利的统一。职级制度的设计应转变思路,淡化"官本位",向专业技术系列靠近,体现岗位、职责和待遇,反映业绩和水平。按照这种思路,设计了以下模式:一种模式是其职务等级与专业技术职务等级可以完全对应,名称上可以称为正高级职员、副高级职员、中级职员、初级职员、办事员,共五级。另一种模式是在专业技术职务系列的基础上,增加高、中级职务的档次。例如,高级职务设置三级,中级职务设置一级,初级职务设置两级,共六级,名称上可以称为正高级主任、副高级主任、行政主管、事务主管、行政助理、事务助理。还可以设计七级、八级或更多级别的模式。在职级与晋升年限方面,教育职员制度中的职级与专业技术职务系列相比,五级模式的设计年限可以与专业技术职务的晋升年限完全一致。六级模式中,各级职员职务聘任的年限应与专业技术职务聘任的年限相当,在增加职级的同时,缩短申请各职级的年限,保证职员职务的聘任年限和待遇,基本与原专业技术职务聘任年限一致。教育职员的职级可参照岗位职责和任职条件逐级晋升,意味着教育职员能突破职务限制取得个人发展与职业成功,为教育职员开展职业生涯规划、完善职业生涯管理创造了条件。

(2)薪酬体系的设计。薪酬是人力资源管理重要的激励因素,在相当长的一个时期内,高校的工资制度保留了供给制的一些特点,如注重平均分配,执行统一津补贴,无法体现个体能力素质差异,无法充分发挥薪酬的调节和激励功能,挫伤了部分教育职员的工作积极性。在政校分开、管办分离后,高校教育职员薪酬逐步突破行政化管理模式,日趋人性化、科学化,积极推行以岗定薪、按劳分配、优劳优酬,建立更加科学、自主、灵活的工资制度。这样既能体现绩效导向,衡量教育职员的工作强度、难度、影响与贡献,充分调动教职员工的积极性和创造性,又能兼顾公平,维护和谐的高校发展环境。[②] 针对目前教育职员待遇偏低的问题,根据教育职员和专业技术人员能力要求和工作贡献相当的原则,并对照市场相关岗位薪酬标准,合理设计教育职员与专业技术职务工资标准的对应关系,使得教育职员享受与绩效产出相应的回报。一般认为,高校教育职员绩效薪

①　洪家芬.高等学校教育职员制度发展述评[J].湖南科技学院学报,2016,37(12):129-130.
②　洪家芬.高等学校教育职员制度发展述评[J].湖南科技学院学报,2016,37(12):129-130.

酬结构包括基础性薪酬和奖励性薪酬,前者是教育职员完成基本岗位工作得到的薪酬,具备持久性、低浮动性的特点;后者反映教育职员完成基本工作任务以外取得的突破性或重大成绩,或者根据学校规定在完成某个特殊业绩之后得到的薪酬,具有临时性、高浮动性的特点,如教育职员凭借在教学和科研领域的不同业绩得到的补贴或津贴。不少高校将基础性薪酬和奖励性薪酬的比例确定为7∶3,前者主要包括岗位津贴,后者主要包括绩效津贴、教学科研补贴,各高校需要根据激励性薪酬结构科学处理绩效津贴、教学科研补贴之间的关系,按照本校实际情况设置两者的关系比例和发放标准、发放办法。①

(3) 考核与流动制度的设计。教育职员考核制度一般结合岗位聘任制开展,分为年度考核和聘期考核。按照岗位职责建立教育职员考核评价体系,包括对教育职员的德、能、勤、绩进行全面考核。考核坚持客观、公正、公开的原则,注重工作实绩,考核结果应反馈本人并作为职员晋升工资、聘任、奖惩的依据。在设计教育职员制度时,配合考核工作,同时设计奖励制度,将考核结果运用到奖励制度中,发挥对教育职员正面的激励作用。在教育职员队伍中设立专项奖,表彰在管理服务工作中作出突出贡献的先进集体和个人。教育职员的流动制度也是促进教育职员专业化,提高管理工作成效与教育职员队伍素质的重要路径。随着教育职员聘任制改革持续深化,高校基本实现了按需设岗、竞聘上岗,建立了教育职员岗位的职业准入制度,推动了对教育职员的契约化、规范化、科学化管理。社会的发展是一个不断变化的过程,高校人员的合理流动能够为高校带来更多的活力,通过人才流动能够充分展现人才存在的价值。要想改变员工单位终身制的管理模式,高校就必须完善开放式的人才管理体系,只有这样才能使高校教育职员管理满足社会发展要求,为高校注入更多新鲜的血液,增强高校的活力,从而保证高校持续稳定发展。②

1.4.4 对国内研究的简要评价

国内研究主要有两个特点:①形成了多层次、多角度的研究。②较好地借鉴和运用了企业行为管理理论和国外公共部门行为管理经验。同时,在研究中也有两点不足:①以理论研究为主,实证研究不够。②还未形成较为系统的我国高校教育职员行为管理机制。基于以上看法,本书希望在高校推行教育职员制改

① 王泽琦.论普通高校薪酬体系的构建与完善[J].经济研究导刊,2021(28):125-127.
② 姚为.事业单位人才管理机制的创新策略分析[J].科技视界,2015(36):260-283.

革的背景下,通过对高校教育职员现状的调查,归纳教育职员的需求特征,研究教育职员的行为管理问题。

1.5　教育职员管理创新的框架

1.5.1　关于教育职员管理的内在机制创新

1. 探讨权力在高校管理中的分布和运行,提高教育职员参与管理程度

心理学家勒温(Kurt Lewin)在实验研究的基础上,把领导者的领导方式划分为三种基本类型,即放任式、专制式和民主式。

（1）放任式领导方式。所谓放任式领导方式,就是领导放手不干预,下属可以为所欲为,是一种完全自由的领导方式。放任型领导表现出以下特点:①决策大多是下属自己做的,领导不参与、不干预工作方针政策的制定,允许群体或个人自行决定。②当下属向他请示或与他讨论问题时,领导只给出一个简短的回答,而不给予指示和具体安排,也不予任何奖励或处罚。

（2）专制式领导方式。专制式领导方式是指领导者亲自决定一切,然后指派下属执行,领导个人对所有管理权利负责的领导方式。专制领导组织的决策权完全掌握在领导者手中,各种决策都是领导单方面作出的,不征求或吸收下属的意见,以命令的方式强迫下属执行指令。员工的积极性被压制,组织内部没有活力。

（3）民主式领导方式。民主式领导方式是指领导者带领下属一起讨论、一起商量、集思广益,然后作出决策的领导方式。民主领导尊重被领导者的人格和权益,鼓励下属参与集体讨论,参与相关政策的制定,实行双向沟通,自上而下分享决策权,讨论后下达指令,上下级心理上是相容的。

领导方式的划分体现的是权力在管理层级里的分布。权力趋于分散还是集中取决于领导者的风格,也受到员工的主动性和能力的影响。

罗伯特·豪斯(Robert J. House)在"途径—目标理论"中提出,领导者的工作是在确保员工的目标同组织目标相一致的条件下,帮助员工去实现他们的目标,指明他们达到目标的途径,消除途径上的各种障碍和危险。该理论将领导行为分为四种类型,即指导型领导行为、参与型领导行为、支持型领导行为和成就导向型领导行为。领导行为方式的选择需要考虑两方面因素:①环境因素,包括工作任务规定的适宜度和明确度、权力关系、工作群体化等。②下属素质,包括知识、能力、有无独立工作的愿望和要求等。一般来说,任务不明或复杂多变,员

工素质较低,则宜于采用指导型领导行为;任务明确且稳定,或员工素质较高、经验丰富,则宜于采取支持型领导行为;任务复杂,员工素质较高,则可采用参与型领导行为;如果外部环境变化快,任务变化大,需大力鼓励创新精神,而下属素质又比较低时,则应采用成就导向型领导行为。在高校教育职员管理工作中,高校要结合事业单位的特性、学校的具体环境,探索权力的分布和应用。

现代高校的管理应具有开放性、平等性和多元性,高校应贯彻管理民主化的发展思路,鼓励教职工和学生充分参与学校事务的决策与管理。高校要有计划地培养教育职员的民主素养,推进民主参与和民主决策;赋予教育职员岗位职责范围内的自主决策权,体现责权一致,从而充分发挥教育职员的积极性和创造性。①

2. 探讨教育职员管理的二元价值统一,推动个人在组织发展中实现自我

价值取向表现为主体对客体的价值选取和追求,在日趋开放与多元化的社会中,客体往往要承载更多的价值选取和追求。从这个角度而言,价值取向是由多个价值所形成的体系,是一些具有相互关联性的标准,个人或社会基于这些价值标准决定自身的行为模式或解决问题的倾向。价值取向因其为多个价值的组合,势必会存在部分占据优势的价值、部分处于劣势的价值,也可能会衍生为文化冲突或者价值冲突,协调不同的价值之间的关系,优化整体效益是值得关注的。高校教育职员管理既要符合学校发展的需求,又要满足个人发展的需要,如何统一两者的关系对提高高校管理水平有重要影响。教育职员管理要服务于高校的整体发展,通过合理的岗位设置和政策导向,形成有利于高校整体发展目标实现的教育职员队伍结构,为学校发展提供人力资源保障。另外,教育职员的个人发展也不可忽视,个人的发展目标既有与组织目标一致的方面,又存在不一致的方面,协调好不一致的方面是工作重点。研究发现,教育职员对自己的职业发展有明确的规划,希望学校能为自己的职业发展提供平台和机会,当学校管理满足了教育职员个人发展需求时,会在教育职员队伍建设上形成良性互动,有助于学校整体发展目标的实现。如果不能协调好两者关系,则会影响教育职员的积极性和教育职员队伍的稳定性。协调两者关系可以从两方面着手:一是加强组织文化建设,形成组织的凝聚力和向心力。在进行高校教育职员管理机制创新过程中,高校必须认真贯彻落实"以人为本"的管理理念,让每一位教育职员都能在工作中实现自身的价值。随着社会的不断发展,高校要发扬自身的文化品牌,

---

① 傅红涛.高校教育管理体制改革的探讨[J].发展论坛,2003(08):72-73.

继承和传播自身的组织文化以及团队合作精神,确保教育职员思想、信念及追求的统一。在培养团队合作精神和传播组织文化过程中,保证团队发展目标和个人发展目标的一致性,为教育职员提供一个发展的平台,从而保障教育职员的发展满足单位发展的需求。二是切实关注教育职员的发展需求,服务教育职员能力提升和职业发展。高校要为教育职员创造良好的工作环境,注重教育职员能力开发和培养,开展教育职员基础科学理论、人文科学理论和岗位技能的学习,建立科学化、系统化和规范化的教育职员管理体系。①

3. 探讨教育职员工作激励和约束机制,形成有效的行为引导

受到传统人才管理观念和思想的影响,目前高校"单位人"的思想还普遍存在,教育职员的单位终身制管理模式还没有完全突破,阻碍了高校竞争力的提升。不断完善高校的激励机制,能够提高教育职员的创造性和积极性,让高校教育职员充分展现其主观能动性。高校激励机制主要包括职务激励措施和职称激励措施两个方面。职务激励措施是对表现优秀的教育职员授予职务称号,尽管某些职务没有较大的职权,但是职务的授予代表着领导及群众对人员的认可,在精神上以及政治上都能够给予高校教育职员一定的鼓励。职称激励措施本质上是物质激励,通过增加薪资,在经济和物质上给予教育职员鼓励。同时,高校要完善绩效考评机制,实施绩效考评机制考评教育职员的水平,根据水平划分绩效等级,从而确定教育职员的收入水平。高校要逐步实现教育职员岗位能进能出、职务能上能下、待遇能高能低的动态调整机制,激发高校教育职员管理活力。另外,教育职员要加强依法治校的观念,将自己的管理行为纳入法律的轨道,严格依法行政、依法治教,减少教育决策在执行过程中的随意性。高校应逐步精简管理机构和管理人员,建立一支优化、精干、高效的职业化的高校教育管理队伍。②

1.5.2　关于教育职员管理的配套措施创新

1. 完善教育职员管理法规

高校要积极培育高校教育职员的制度精神,形成专业性、服务性和竞争性的组织文化。1998 年颁布的《高等教育法》规定,高等学校的管理人员实行教育职员制,逐步取消干部身份管理制,纠正官员化和学术化的职业评价目标和职业定位偏差,教育职员管理逐步回归到教育管理和服务上,最终实现专业化和职业化

---

① 姚为.事业单位人才管理机制的创新策略分析[J].科技视界,2015(36):260-283.
② 傅红涛.高校教育管理体制改革的探讨[J].发展论坛,2003(08):72-73.

发展目标。目前,职员制改革工作取得的主要成绩在于逐步落实了各级各类管理人员的职务系列和工资系列,明确了岗位职责,拟定了评价考核体系。这些改革措施体现了对工作绩效的重视,考虑到了将教育职员的工作表现纳入人事管理的核心,从规章制度上保障了高校教育职员管理的改革创新。

高校教育职员制度改革是一项系统工程,单靠学校的力量是无法完成的,需要政府从国家的角度加强宏观调控,进一步完善政策和法律环境。政府作为教育体制改革的主导力量,要加快转变管理职能,重塑与高校之间的关系,在法律或政策上为教育职员制度的改革提供保障。政府要在培养专门的管理人才、提供必需的配套设施、发动全社会积极参与等方面为教育职员制度的推广实施创造平台。①进一步明确我国高校教育职员的身份地位。我国高校教育职员的身份模糊一直制约着我国高校的管理。在传统计划经济体制影响下,高校教育职员的身份与党政机关人员类似,与教师在责任、权利等关系上模糊不清,进而导致身份、职能的扭曲错位。政府应以法律的形式区别我国教育职员与国家公务员、大学教师等的身份和职能,减少教育职员制度实施的阻力,为教育职员专业化管理提供支撑。政府根据教育职员的专业化的方向,为我国高等教育事业发展提出总体目标,各高校根据国家目标设计适合本校发展的具体措施,做到分类管理。②完善社会保障制度。国外完善的社会保障制度一直都是高校教育职员放心工作、毫无后顾之忧的关键。我国高校教育职员实施聘任制度,在教育职员流动过程中,社会保障制度、户籍制度、福利制度等政策都直接关系到高校教育职员的发展,良好的社会保障制度能在很大程度上减少教育职员制度改革的阻力。①

2. 开展教育职员人力资源规划

现阶段,我国高校教育职员管理存在的普遍问题是战略性工作较少,事务性工作较多。大多高校的教育职员管理注重日常事务性工作的管理,把人力资源工作中工资晋级、人员进出、职称评审和业绩考核等事务性工作作为重点管理内容,对人力资源规划的重视程度不高,人力资源配置、人力资源培养和人力资源开发的体系不完善。缺乏人力资源规划的理念,造成高校管理仍停留在传统阶段,在高校管理工作中无法充分发挥人力资源的作用。② 当前大部分高校教育职员的选拔、考核、评价工作,基本沿用了传统人事管理的原则与

① 何苗.高校教育职员发展研究[D].武汉:武汉理工大学,2015.
② 姚为.事业单位人才管理机制的创新策略分析[J].科技视界,2015(36):260-283.

内容,福利待遇与行政级别或专业技术职称挂钩,并由人事部门和组织部门负责选聘、升迁、奖惩和离任辞退的工作,基本停留在对人事关系的管理水平上。传统人事管理的弊病突出表现在,人事晋升与考核对具体工作任务和岗位职责的要求反映不明确,工作行为表现及能力优劣与人事变迁和福利待遇脱钩,导致实践中的人浮于事、效率低下,服从执行等行政色彩突出。这从深层次上反映了高校从计划经济时代遗留下来的普遍缺乏自主性、严重依附于政府、人事管理滞后的问题。①

实施人力资源规划对高校教育职员的管理有重要作用。①有利于高校实施人力资源战略管理。首先,有利于高校适应外部环境的变化。在决策者制定人力资源战略时,人力资源规划部门能够向他们提供有关组织外部机遇和面临威胁方面的情报。例如,人才市场情况、同类高校的薪酬制度、对教育职员聘用产生影响的政府法律和规章因素等。其次,有利于分析高校内部的优势和不足。在高校最高管理者制定组织战略时,人力资源管理部门能向他们提供有关高校内部的优势和劣势的信息,把人力资源管理与高校的使命、目标、机会、威胁、优势和劣势等联系起来,找出战略制定前所有与人有关的问题。最后,对战略管理工作具有指导作用。人力资源规划可以帮助组织根据市场环境变化与人力资源管理自身的发展,建立适合本校特点的人力资源管理方法。例如,根据高等教育发展,确定人力资源的长远供需计划;根据教育职员期望,建立与时代特征相适应的激励制度;用更合理、更先进的方法降低人力资源管理成本;根据科学技术的发展趋势,有针对性地对教育职员进行培训与开发,提高教育职员的适应能力,以适应未来科学技术发展的要求。②有利于高校获取持续发展优势。在"双一流"建设的过程中,高校管理水平要支撑学校的特色发展和定位,教育职员队伍的建设事关高校管理水平的提高。高校应通过人力资源规划活动,为打造高校的发展优势提供动力,这些活动包括人力资源规划、工作分析、员工招聘和培训、绩效考评激励、员工内部管理、薪酬与福利、人力资源保护、人力资源管理诊断等。一所高校教育职员在知识、技能、素质、文化、价值观等方面的差异,是其他高校难以模仿和超越的战略要素。③有利于高校实现发展目标。人力资源规划的一个重要目标就是把人力资源活动所产生的回报,尤其是人力资源投资的回报,作为组织的绩效成果。人力资源规划通过搭建有效的绩效管理平台,让教

　　① 于海琴,胡婷婷.高等教育职员管理的改革与发展趋势——基于胜任力的研究[J].青岛科技大学学报(社会科学版),2012,28(02):85-90.

育职员在工作中不断成长,从而促进高校战略的实现。高校战略绩效管理是将教育职员的努力与高校战略目标相连接的过程,它的核心目标是教育职员个人综合技能和个人绩效的提高,以及高校发展目标的实现。

3.改革教育职员绩效考核制度

近年来,绩效管理成为高校管理工作的重要方向,这是教育部对高校的要求,也是高校追求自身发展而开展精细化管理的重要组成部分。很多高校将绩效激励覆盖到每一位教育职员,制定考核指标体系,每年度对教育职员各方面的工作和成效进行考核,并给予奖励。这类业绩奖励一定程度上激发了教育职员的积极性,对高校管理水平的提高起到了促进作用,也使学校的资源分配有章可循。[1] 但同时,绩效考核存在的问题包括:①绩效考核的指标和标准缺乏科学依据。制定岗位职责与职位分析,是开展绩效考核的出发点,但目前的岗位职责基本是定性的描述,缺少量化考核指标。目前,高校职员岗位职责的制定过程主要是根据以往该部门或科室的工作经验、管辖范围、职责内容总结描述而成的,考核标准比较笼统,缺少细化的指标;考核的过程主要是述职和投票,主观随意性较大;考核结果往往区分为优秀、合格、不合格三档,绝大多数考核对象为合格,区分度比较低。②绩效考核的功能没有充分发挥。年度考核基本在年末进行,考核结果与下一年度的部门工作改进、组织人力资本储备、薪酬管理及个人发展等都没有直接关系,因而绩效考核有形式化的倾向,对教育职员的专业化、职业化促进作用不大。缺乏对绩效考核后的规划与管理,如与培训、晋升等制度的衔接,导致考核功能过于单一,缺少系统的应用。绩效评价是教育职员管理的中心环节,导致评定低效、失真的原因在于缺乏科学、有效的技术手段,对真正反映教育职员工作性质特征的职责、绩效无法落实,致使选、用、评、奖等一系列人力资源管理体系都停留在旧的管理思想下,导致教育职员制的专业化理念得不到实际推行。[2]

针对当前存在的问题,完善绩效考核制度,建立科学考评体制是当务之急。高校教育职员的考核不仅包括管理人员的工作实操、专业素质等基本方面,也要对他们的创新能力、解决问题的能力提出更高的要求。要摆脱以往的考核中考核成绩平均化的现象,必须引入内部考核与外部考核相结合的机制,

---

① 赵治乐,赵汉青.高校业绩奖励政策的局限和对策[J].教育现代化,2017,4(36):182-184.

② 于海琴,胡婷婷.高等教育职员管理的改革与发展趋势——基于胜任力的研究[J].青岛科技大学学报(社会科学版),2012,28(02):85-90.

合理分配内部考核与外部考核在考核成绩中的比重,要在外部考核的过程中充分考虑服务对象的意见,使得考核指标更加全面,考核结果更加真实。高校通过制度设计,可以将考核与物质奖励和教育职员的职业发展有机结合起来,促进教育职员的个人成长与进步,也能符合"双一流"大学建设对提升高校管理水平的要求。[①]

① 黄建."双一流"背景下普通地方高校行政管理队伍建设探讨[J].办公室业务,2021(18):104-105.

第 2 章　教育职员管理创新的理论基础

2.1　教育职员和教育职员管理的界定

教育部人事司颁发的《高等学校职员制度暂行规定(征求意见稿)》是高校教育职员范围界定的基本法律依据,明确了高等学校实行职员制度。高等学校教育职员是指高等学校从事管理和服务工作的人员。目前,各高校对教育职员的划分主要是"从事管理工作的人员",而教学、科研的辅助人员及后勤服务等工作人员是被划分在教育职员系列之外的。根据教育职员的定义,教育职员应包括:高校党委和行政职能部门的教育职员;校工会、共青团等系统的教育职员;院系从事教学、科研、党委行政管理的工作人员;高校直属和附属单位中从事行政管理的工作人员。

高等学校教育职员是一个内涵相当宽泛的职业群体,其范围包括负责非结构化决策的高层领导者、负责结构化决策的中层管理者和执行各类事务的基层工作者;其管理对象涉及人、财、物和信息等资源;其职责覆盖了学生事务、教务、党务、财务、法务、人事、外事、工会和纪检等各个职能组织的行政行为;其人员来源包括社会招聘、校内调配、毕业生留校、眷属安置以及其他形式;其学历结构包含大专生、本科生、硕士研究生和博士研究生;其职称结构既包含高校教师、工程、财务等系列的初级、中级、副高级、正高级人员,又包含未评专业技术职务人员。高校教育职员是高校实现可持续发展的重要力量。只有建设一支精干、高效的教育职员队伍,高校才能有序开展教育管理,积极实现发展目标,有效推动高等教育事业不断前行。高等学校教育职员的管理,归根结底是高等学校管理人员职业化、专业化的过程。①

---

① 洪家芬.高等学校教育职员制度发展述评[J].湖南科技学院学报,2016,37(12):129-130.

2.2　关于教育职员管理的行为科学理论

在分析教育职员管理的个人行为理论之前,先探讨一下教育职员的二元人性假设。教育职员作为高校从事管理工作的人员,属于公共管理者。传统观点认为,公共管理者是摒弃个人私利、以公共利益为行动动机的"公共人",公共部门是公共利益的实现者和捍卫者,公共性是公共部门存在的理由,作为公共部门行为主体的公共管理者应当保持全心全意为人民服务的良好品质。然而,"公共人"假设不能全面反映公共管理者的人性特征,恰好公共选择理论把"经济人"假设从经济领域扩展到政治领域。"经济人"假设认为,"经济人"是自私自利的,即追求自身利益是驱动人们行动的根本动机;"经济人"是精于理性计算的;只要有良好的制度保证,个人追求自身利益最大化的自由行动无意而有效地增进社会公众利益。

本书认为,教育职员的行为是利己和利他的结合。利己本质上就是追求个人利益,利他在于对高校和社会利益的追求,利益是人类行为的基础和内在动力,没有利益分配也就没有赖以生存的资源和条件。教育职员有追求高校和社会利益的义务,也应该有获取合理的个人利益的权利。人的理性也并不只是为了追求自利目标而存在的,它可以集合成一种公共理性,服务公众。制度可以有效平衡利己和利他的度。制度确立了教育职员的行为规范,为他们进行理性选择提供了约束性前提,激励教育职员尽可能实现高校管理总效用的最大化,既能最大化地增进高校和社会利益,又能尽可能地满足教育职员的利益需求,这是教育职员的最优选择,也是最大的理性。二元人性假设结构更能全面展示教育职员的人性特征。"公共人"为教育职员提供价值导向,它是处于第一位的;"经济人"有助于建立合理的利益激励机制,同时使教育职员受到公共理性的锻炼,它是处于第二位的。正是由于高校和社会利益的价值引导,教育职员才不至于陷入功利主义的困扰,也正是教育职员有了利益的激励机制和具备了理性决策的能力,才使得高校和社会利益最大化成为可能。

对教育职员人性假设的探讨是教育职员管理创新的重要基础,在此基础上再系统地梳理相关的行为科学理论,从中挖掘破解教育职员管理创新难题的路径。在行为科学理论中,对于个体行为的研究形成了丰富的理论体系,特别是对于个体需要、动机和激励的研究。以下从内容型激励理论、过程型激励理论和状态型激励理论三大类激励理论分析教育职员行为管理的相关理论基础。英文"激励"(motivate)一词源自拉丁文,意思是刺激、诱导、给予动机和引起动机。

"激励",在中文词典中释为鼓动、激发使之振奋或振作。两相对照可以发现中英文关于激励词意的注解基本一致,均指通过某种有效的操作激发或诱导他人,使其进入高动机状态,为某一目标的实现努力奋进。伴随激励理论的发展,中外学者对于"激励"一词,有着不同的解读。琼斯(M. R. Jones)认为,激励涉及"行为是怎样发端,怎样被赋予活力而激发,怎样延续,怎样导向,怎样终止,以及在所有一切进行过程中,该有机体是呈现出何种主观反应的"。弗鲁姆(V. B. Vroom)认为,激励是"一个过程,这过程主宰着人们……在多种自愿活动的备选形式中所作出的选择"。中国学者徐永森、戴尚理认为,激励分狭义和广义两种。狭义的激励就是激发、鼓励之义;广义的激励则是指运用各种有效手段激发人的热情,启动人的积极性、主动性,发挥人的创造精神和潜能,使其行为朝向组织所期望的目标而努力。周诚圭则从管理学的角度认为,管理行为学中的激励,主要是指启迪人的心灵,激发人的动机,挖掘人的潜力,使之充满内在的活力和动力,朝向所期望的目标前进的心理活动的过程。孙彤认为,在组织行为学中的激励含义,主要是指激发人的动机,使人有一股内在的动力,朝向所期望的目标前进的心理活动过程,激励也可以说是调动人的积极性的过程。综上所述,所谓激励,就是组织通过设计适当的外部奖酬形式和人际环境,以一定的行为规范和惩罚性措施,借助信息沟通,来激发、引导、保持和归化组织成员的行为,以有效地实现组织及其成员个人目标的系统活动。

激励机制是为了激励员工而采取的一系列方针政策、规章制度、行为准则、道德规范、文化理念以及相应的组织机构、激励措施的总和。通过这一机制所形成的推动力和吸引力,使员工萌发实现组织目标的动机,产生实现目标的动力,引起并维持实现组织目标的行为;并通过绩效评价,得到自豪感和响应的奖酬,强化自己的行为。国内外的实践证明,适当地运用激励机制并据此进一步研究改进生产环境、组织结构、管理方法、协调人际的关系,可以缓和劳资矛盾,形成"同舟共济"意识,齐心协力应付经济危机。从精神上、物质上引导员工充分发挥他们的劳动创造性和工作积极性,提高工作效率和工作效益,推进组织的可持续发展。

2.2.1　内容型激励理论

内容型激励理论或称需要型激励理论,是从人的需要出发,试图阐释引起、维持并指导某种行为去实现目标的人的种种内在因素的理论。这是动态研究中的静态分析。内容型激励理论主要包括梅奥的人际关系理论、马斯洛的需要层次理论、阿尔德弗的 ERG 理论和赫茨伯格的双因素理论。其中,尤以马斯洛和赫茨伯格的理论为代表。它们是当今人力资源管理领域中运用最为广泛的激励理论,不仅指导着个人激励手段的创新和实践,同时也涉及组织激励的多个方面;不仅包括物质激励,也涵盖了精神激励的层面。

(1) 梅奥的人际关系理论。梅奥(Myao)主持了著名的霍桑实验,试验的研究结果否定了传统管理理论对于人的假设,表明了工人不是被动的、孤立的个体,他们的行为不仅仅受工资的刺激,影响生产效率的最重要因素不是待遇和工作条件,而是工作中的人际关系。梅奥认为,工人是"社会人"而不是"经济人"。人们的行为并不单纯出自追求金钱的动机,还有社会方面的、心理方面的需要,即追求人与人之间的友情、安全感、归属感和受人尊敬等,而后者更为重要。因此,不能单纯从技术和物质条件着眼,而必须从社会心理方面考虑合理的组织与管理。发现非正式组织的存在是梅奥人际关系理论的重要贡献,作为企业的管理者,也应对此有所重视。员工不是作为一个孤立的个体而存在,而是生活在集体中的一员,他们的行为很大程度上是受到集体中其他个体的影响。怎样消除非正式组织施加于员工身上的负面影响也是当代管理者必须正视的一个问题。只有个人、集体、企业三方的利益保持均衡,才能最大限度地发挥个人的潜能。培养共同的价值观,创造积极向上的企业文化是协调好组织内部各利益群体关系、发挥组织协同效应和增加企业凝聚力的有效途径。管理不仅是对物质生产力的管理,更重要的是对有思想、有感情的人的管理,最大限度地开发人力资源将成为组织前进的主旋律,重视人、尊重人和理解人的管理思维模式才会实现对人的行为的有效引导和管理。

(2) 马斯洛的需要层次理论。马斯洛(Maslow)在 1943 年出版的《人类激励理论》一书中,首次提出需要层次理论,认为人类有五个层次的需要。这五个层次由低到高排列依次为:①生理上的需要。这是人类维持自身生存的最基本要求,包括饥、渴、衣、住、性等方面的要求。马斯洛认为,只有这些最基本的需要达到维持生存所必需的程度后,其他的需要才能成为新的激励因素,而到了此时,这些已相对满足的需要也就不再成为激励因素了。②安全上的需要。马斯洛认为,整个有机体是一个追求安全的机制,人的感受器官、效应器官、智能和其他能量主要是寻求安全的工具,甚至可以把科学和人生观都看成是满足安全需要的一部分。当然,这种需要一旦相对满足后,也就不再成为激励因素。③感情上的需要。这一层次的需要包括两个方面的内容。一是友爱的需要,二是归属的需要,即人都有一种归属于一个群体的感情,希望成为群体中的一员,并相互关心和照顾。感情上的需要比生理上的需要来得细致,它和一个人的生理特性、经历、教育、宗教信仰都有关系。④尊重的需要。尊重的需要又可分为内部尊重和外部尊重。内部尊重就是人的自尊。外部尊重是指一个人希望有地位、有威信,受到别人的尊重、信赖和高度评价。马斯洛认为,尊重需要得到满足,能使人对自己充满信心,对社会满腔热情,体验到自己活着的用处和价值。⑤自我实现的需要。这是最高层次的需要,它是指实现个人的理想、抱负,发挥个人的能力到最大程度,完成与自己的能力相称的一切事情的需要。自我实现的需要是在努力实现自己的潜力,使自己越来越成为自己所期望的人物。马斯洛认为,五种需要像阶梯一样从低到高,按层次逐级递升,但这种次序不是完全固定的,可以变化,也有种种例外情况。一般来说,某一层次的需要相对满足了,就会向高一层次发展,追求高一层次的需要就成为驱使行为的动力。相应地,获得基本满足的需要就不再是一股激励力量。五种需要可以分为高低两级,其中生理上的需要、安全上的需要和感情上的需要都属于低一级的需要,这些需要通过外部条件就可以满足;而尊重的需要和自我实现的需要是高级需要,它们是通过内部因素才能满足的,而且一个人对尊重和自我实现的需要是无止境的。同一时期,一个人可能有几种需要,但每一时期总有一种需要占支配地位,对行为起决定作用。任何一种需要都不会因为更高层次需要的发展而消失。各层次的需要相互依赖和重叠,高层次的需要发展后,低层次的需要仍然存在,只是对行为影响的程度大大减小。

(3) 阿尔德弗的 ERG 理论。克雷顿·阿尔德弗(Clayton. Alderfer)提出的 ERG 理论是一种与马斯洛需要层次理论密切相关但又有些不同的理论。他把人的需要分为三类,即存在(Existence)需要、关系(Relatedness)需要和成长(Growth)需要。ERG 理论认为,当一个人在某一更高等级的需要层次受挫时,那么作为替代,他的某一较低层次的需要可能会有所增加。例如,如果一个人社会交往需要得不到满足,可能会增强他对得到更多金钱或更好的工作条件的愿望。与马斯洛需要层次理论相类似的是,ERG 理论认为,较低层次的需要满足之后,会引发出对更高层次需要的愿望。不同于需要层次理论的是,ERG 理论认为,多种需要可以同时作为激励因素而起作用,并且当满足较高层次需要的企图受挫时,会导致人们向较低层次需要的回归。因此,管理措施应该随着人的需要结构的变化而作出相应的改变,并根据每个人不同的需要制定出相应的管理策略。①ERG 理论在

---

① 萧浩辉.决策科学辞典[M].北京:人民出版社,1995:73-74.

需要的分类上并不比马斯洛的理论更完善,对需要的解释也并未超出马斯洛需要理论的范围。如果认为马斯洛的需要层次理论带有普通意义的一般规律,那么,ERG 理论则偏重于带有特殊性的个体差异,这表现在 ERG 理论对不同需要之间联系的限制较少。

(4) 赫茨伯格的双因素理论。赫茨伯格(Herzberg)等人于 20 世纪 50 年代后期曾采用"关键事件法"对 200 名工程师和会计师进行调查访问,根据对调查所得大量资料分析,发现促使员工在工作中产生满意或良好感觉的因素与产生不满或厌恶感觉的因素是不同的。前者往往和工作内容本身联系在一起,后者则和人际环境或条件相联系。赫茨伯格称凡是与员工工作本身或工作内容有关的、能促使人们产生工作满意感的这一类因素为激励因素,凡是与人际环境或条件有关的、能防止人们产生不满意感的另一类因素为保健因素,这就是双因素理论的基本思想观点。赫茨伯格认为,作为管理者,首先要保证员工在保健因素方面的满足。要给员工提供适当的工资和安全,改善他们的人际环境与条件,对他们的监督要能为他们所接受,否则,就会引起他们的不满。但即使满足了保健因素,也不能产生直接激励的效果。因此,管理者必须充分重视利用激励方面的因素,为员工提供具有挑战性的工作,扩大其工作责任范围和独立自主性,不断地激励他们进步和发展。双因素理论对于薪酬激励的作用分析有现实指导意义。在使用薪酬激励时,必须与部门的效益或个人的绩效挂起钩来,如果薪酬不与部门及个人的绩效相联系,实行平均分配,长此以往,薪酬就会倾向于保健作用,发挥不了激励作用。双因素理论的科学价值为如何做好人的思想政治工作提供了有益的启示,既然在资本主义的管理理论和实践中,人们都没有单纯地追求物质刺激,那么在社会主义条件下,就更不应把调动员工积极性的希望过于依赖物质奖励;工作上的满足与精神上的鼓励更能有效地激发人的工作热情,在教育职员管理中,要特别注意处理好物质鼓励与精神鼓励的关系,充分发挥精神鼓励的作用。

2.2.2　过程型激励理论

过程型激励理论用动态的、系统的分析方法来研究激励机制。它着重研究从动机的产生到采取行动的心理过程,是一种以"外在的目标"去激励员工的理论。过程型激励理论主要包括弗洛姆的期望理论、洛克的目标设置理论和斯金纳的强化理论。

(1) 弗洛姆的期望理论。弗洛姆(Vroom)在其《工作与激励》一书中首先提出来的期望理论认为,人的固定要求决定了他的行为和行为方式。工人的劳动是建立在一定的期望基础上的,这样就可以在个人活动与其结果之间建立某种联系。期望理论可用下列公式表示:激励力量＝效价×期望值。效价是指个人对他所从事的工作或所要达到的目标的估价。这也可理解为,被激励对象对目标的价值看得多大。在现实生活中,对同一个目标,由于各人的需要不同,所处的环境不同,他们对该目标的效价也往往不同。比如,有人希望通过努力工作得到升迁的机会,这就表明,他的升迁欲望高,于是"升迁"在他的心目中的效价就高;如果一个人对升迁漠不关心,毫无要求,那么,升迁对他来说,其效价等于零。相反,如果一个人不但没有升迁的要求,甚至害怕升迁,这时,升迁对他来说,效价为负值。期望值是指个人对某项目标能够实现的概率的估计,也可理解为被激励对象对目标能够实现的可能性大小的估计。期望值又称期望概率,在日常生活中,一个人往往根据过去的经验来判断一定行为能够导致某种结果或满足某种需要的概率。对某个目标,如果个体估计完全可能实现,这时概率为最大($P=1$);反之,如果他估计完全不可能实现时,那么概率为最小($P=0$)。由此可见,对于一个一心想升迁的人来说,升迁对他的效价很高,如果他同时觉得升迁的可能性也很大(即期望值很高),那么用升迁对他进行激励,便能收到较好的效果。管理者应该同时注意提高期望概率和效价,仅仅重视激励是片面的,应该注意提高工作人员的素质,包括提高他们的思想素质和业务能力,通过提高他们对自身的期望概率去提高激励水平,创造较高的绩效目标。提高对绩效与报酬关联性的认识,将绩效与报酬紧密结合起来,绩效与报酬的联系越紧密,拟实现的目标能够满足受激励者需要的程度越高,目标对受激励者的吸引力就相对加大,激励的水平也就相对提高。将物质奖励与精神奖励结合起来。期望理论表明,目标的吸引力与个人的需要有关。价值观的差异会产生需要的差异。管理者应该了解自己的管理对象,在可能的情况下,有针对性地采取多元化的奖励形式,使组织的报酬在一定程度上与工作人员的愿望相吻合。

(2) 洛克的目标设置理论。目标设置理论最早由美国马里兰大学心理学教授洛克(Locke)于1968年提出。他通过大量的实验研究和现场试验,发现大多数激励因素,如奖励、工作评价与反馈、期望、压力等,都是通过目标来影响工作动机的,目标是引起行为的最直接动机。因此,重视并尽可能设置合适的目标是激励动机的重要过程。洛克提出了目标设置理论的基本模式,这一模式表明,绩效即目标的效果,主要由目标的难度和目标的明确性组成。目标难度是指目标要具有挑战性,必须经过努力才能实现。目标的明确性是指目标必须有明确的指向,即具体性,也即能精确观察和测量的程度。洛克等人经过大量的研究发现,从激励的效果或工作行为的结果来看,有目标的任务比没有目标的任务要好;难度较大但又能经过努力达到、能被执行者接受的目标要比没有困难、能轻易达到的任务要好。也就是说,合适的目标,即具体的、难度较大的而又为员工所接受的目标所具有的激励作用最大。在目标设定与绩效之间还有其他一些重要的因素产生影响。这些因素包括对目标的承诺、反馈、自我效能感、任务策略和满意感等。综合的目标设定模型被称作高绩效循环模型(High Performance cycle)。模型从明确的、有难度的目标开始,如果有对这些目标的高度承诺、恰当的反馈、高的自我效能感以及适宜的策略,就会产生高的绩效。假如高的绩效导致了希望中的回报,如有吸引力的奖赏,就会产生高的满意感。工作满意感与工作承诺联系在一起。高的承诺又使人们愿意留在该项工作上。此外,高度的满意感还能增强自我效能感。人们的满意感和对工作的承诺使他们愿意接受新的挑战,这样就能导致新一轮高绩效的产生。许多学者认为,遇到难度很高或复杂庞大的目标,应把它分解为若干个阶段性的目标,即子目标。通过一个个子目标的实现,并在完成任务的过程中,通过反馈、监督和完善,最后达到总目标,这是完成艰巨任务的有效方法。目标管理理论告诉我们,由于目标是人类行为最直接的调解或决定因素,管理者要善于利用目标来调整和控制人的行为。但是,目标设置本身是一项复杂的工作,有时再仔细、再认真斟酌的目标也难免有疏漏,会出现与实际不完全一致的情况,或者没有相应的配套措施与之衔接。例如,如果目标的设置不公平或难度过大而难以达到,就可能引起员工的不满和挫折感。如果设置的目标难度较高,但又没有相应的质量控制,会容易引起片面追求产量而不顾质量的情况。目标理论也有一定的局限性,并非适用于任何领域。

(3) 斯金纳的强化理论。强化理论是美国心理学家和行为科学家斯金纳(Skinner)、赫西、布兰查德等人于 1956 年提出的一种理论。他们提出了一种"操作条件反射"理论,认为人或动物为了达到某种目的,会采取一定的行为作用于环境。当这种行为的后果对他有利时,这种行为就会在以后重复出现;不利时,这种行为就减弱或消失。人们可以用这种正强化或负强化的办法来影响行为的后果,从而修正其行为,这就是强化理论,又称行为修正理论。在管理上,正强化就是奖励那些组织上需要的行为,从而加强这种行为;负强化就是惩罚那些与组织不相容的行为,从而削弱这种行为。正强化的方法包括奖金、对成绩的认可、表扬、改善工作条件和人际关系、提升、安排担任挑战性的工作、给予学习和成长的机会等。负强化的方法包括批评、处分、降级等,有时不给予奖励或少给奖励也是一种负强化。斯金纳的强化理论和弗洛姆的期望理论都强调行为同其后果之间关系的重要性,但弗洛姆的期望理论较多地涉及主观判断等内部心理过程,而强化理论只讨论刺激和行为的关系。强化理论在讨论外部因素或环境刺激对行为的影响时,忽略人的内在因素和主观能动性对环境的反作用,结论的依据比较片面。但是,许多行为科学家认为强化理论有助于对人们行为的理解和引导。因为一种行为必然会有后果,而这些后果在一定程度上会决定这种行为在将来是否重复发生。那么,与其对这种行为和后果的关系采取一种碰运气的态度,就不如加以分析和控制,使大家都知道应该有什么后果最好。这并不是对员工进行操纵,而是使员工有一个最好的机会在各种明确规定的备择方案中进行选择。因而,强化理论已被广泛地应用在人的行为的改造上。在运用强化理论进行激励时,要注意因人而异,依照强化对象的不同采用不同的强化措施。同时,要及时反馈信息,要想取得最好的激励效果,就应该在行为发生以后尽快采取适当的强化方法。此外,实践证明,正强化比负强化更有效,所以在强化手段的运用上,应以正强化为主;同时,必要时也要对坏的行为给以惩罚,做到奖惩结合。

2.2.3　状态型激励理论

状态型激励理论侧重于研究过程结束后是否公平、是否有挫折,以及由此产生对人行为的影响,旨在采取有效的措施消除不公平或挫折对人的行为的负面影响,以图保证人的积极性继续充分地得到发挥。状态型激励理论主要包括亚当斯的公平理论和亚当·斯密的挫折理论。

(1)亚当斯的公平理论。美国心理学家亚当斯(Adams)于1963年发表了他的论文《对于公平的理解》,1965年又发表了《在社会交换中的不公平》一文,提出了公平理论的观点。亚当斯的这一理论,主要是用来解决工资报酬分配的合理性、公平性及其对员工生产积极性的影响。公平理论认为,人的工作态度和积极性不仅受其所得的绝对报酬的影响,而且还受其所得的相对报酬的影响。也就是说,人们不仅关心个人努力所得报酬量的绝对值,而且还关心自己的报酬量与别人报酬量之间的关系,即报酬的相对值。一方面,人们把自己现在付出的劳动和所得的报酬进行历史的比较(纵向比较);另一方面,人们还把自己付出劳动和所得的报酬与他人付出的劳动和所得的报酬进行社会比较(横向比较)。只有当发现比例相当时,才会认为公平,心情才会舒畅。如果发现比例不当时,就会认为不公平,内心就会不满。公平理论提出了社会生活和管理实践中的一个重要现象,即人们总是要把自己的努力与所得的报酬同别人进行比较,以求综合平衡。如果经过比较后认为不公平,自己付出的比他人多,而得到的报酬比他人少,内心就会产生不平衡,感到受委屈,自尊心会受到挫伤,从而产生不满情绪,进而影响积极性的发挥。所以,管理者要重视研究公平问题,分析不公平产生的原因,有针对性地采取措施加以解决。从公平理论来思考,高校教育职员的工作积极性不仅受绝对报酬的影响,且更受相对报酬的影响,教育职员在主观上感到公平合理时,心情就会舒畅,人的才能和潜力就会充分发挥出来,使组织充满生机和活力。高校必须改进和完善管理体制,认真实施公平原则。在坚持用工制度合理化的前提下努力做到工作划分公平化,使岗位、贡献与成果有机地联系起来,并尽可能使之量化,实行目标管理。要制定科学的考核标准,在合理评定职工绩效的基础上公开奖励职工,并使贡献与奖励有机地联系起来,而且要尽可能公平,避免奖罚不分的不公平现象。要建立平等的竞争环境和机制,打破平均主义,实行按劳分配,鼓励先进,鞭策后进,充分调动各个层次教育职员的积极性。

(2) 亚当·斯密的挫折理论。挫折理论是由美国的亚当·斯密(Adam Smith)提出的,挫折是指人类个体在从事有目的的活动过程中,指向目标的行为受到障碍或干扰,致使其动机不能实现,需要无法满足时所产生的情绪状态。挫折理论主要揭示人的动机行为受阻而未能满足需要时的心理状态,并由此而导致的行为表现,力求采取措施将消极性行为转化为积极性、建设性行为。造成挫折的原因有客观和主观两类:客观方面的原因,有自然环境的因素,也有社会环境的因素,还有个人条件的限制。主观方面的原因,如个人目标的适宜性、对人际环境的了解和适应程度、个人价值观念等。人们在遭受挫折之后,不管这种挫折是客观因素还是主观因素造成的,都会对个体产生重大影响,但由于个体的差异,挫折后的心理和行为反应却有很大的不同。挫折对人的影响具有两种情形:一种情形是挫折可能提高个体的心理承受能力,使人猛醒,吸取教训,改变目标或策略,从逆境中重新奋起;另一种情形是挫折可能使人们处于不良的心理状态中,出现负向情绪反应,并采取消极的防卫方式来对付挫折情境,从而导致不安全的行为反应,如焦虑、愤怒、攻击等。挫折是社会生活和工作中普遍存在的现象,挫折理论就是研究挫折后的心理、行为反应的理论,帮助遭受挫折者战胜挫折,克服因挫折而带来的消极后果。在管理过程中,可以采用以下方法:①提高员工个体的挫折容忍力。要提高挫折容忍力,关键在于提高员工的自信心。为此,管理者要倾听他们的意见,深入了解他们的情绪和需要,消除人际隔阂。同时,要适当地分配给他们一定的工作任务,信任和鼓励他们,并帮助他们克服困难,完成任务。②帮助受挫折者分析挫折的原因。为此,管理者要善于深入群众,了解员工个人、人际关系和人际环境等方面的情况。找到了挫折的原因后,应采取针对性的措施,尽快消除消极影响。③采取宽容的态度,理解和关心受挫折的员工。一个人受挫折后,如果对其冷嘲热讽,采取冷淡和歧视的态度,就会激化矛盾,使他们丧失前进的勇气。受挫折后的人们,最需要别人的宽容、关怀和帮助。让他们感到集体的温暖,给予他们力量,有利于他们克服挫折感,尽快重新振作起来,投身到新的工作和任务中。④采取心理咨询和心理疗法。对于受挫折的员工,可以请心理学家进行心理咨询和心理治疗。让受挫者把长期积郁于心中的烦恼倾诉出来,帮助他们树立正确的挫折观,更加全面地认识自己,修订不切实际的目标。

西方激励理论被广泛地运用在管理实践中,尤其是在公共部门激励机制建设中。在激励手段上,公共部门充分认识激励的多样性,满足员工的各种需求。在功能发挥上,增强经济手段的激励性,经济激励手段的外部形态表现为薪酬或物质,而其内在实质是公共部门通过满足人的需要而发挥激励功能的。在激励环节上,注重公共部门目标设置的科学性,西方公共部门管理者认为,人们努力工作的动机要靠目标来激发,人们的工作绩效如何,要用目标来衡量;人们究竟可以得到何种奖酬,也要以实现目标的程度为依据。目标设置的科学性、合理性,直接影响公共部门激励机制的正常运行。在具体实施上,提高公共部门激励效果的有效性。激励理论以人的需要为基础,对激励的过程进行了较为深入细致的研究,提出了许多应该恰当处理的影响因素。西方公共部门把提高激励效率作为激励工作的目的,使各种具体的激励措施紧紧围绕这一目的展开,力求在必要投入的基础上,取得高效的激励结果。同时,对激励过程进行深入的分析研究,正确认识各激励环节的相关因素及可能出现的问题,并通过恰当有效的方法加以解决,尽量避免和减少激励过程中的损耗,以增强激励的实效性,努力发挥激励投入的效能,使动机和效果统一起来,真正把公职人员的工作积极性充分调动起来,并取得相应的工作绩效。

2.3   行为科学理论与教育职员管理

西方行为科学理论研究在内容上各有侧重,相互交叉。通过对西方行为科学理论的总结,我们归纳了以下对教育职员激励极具指导意义的理论内容:①对工作环境与激励的研究。工作环境包括工作条件和人际环境。工作条件作为基本保障,一般认为激励的作用较小,在马斯洛的需要层次理论中,将之作为人的基本需求,这种需求一旦得到满足就不再成为激励因素。赫兹伯格将它归为保健因素,认为首先要保证员工在保健因素上的满足,否则会引起不满。但即使满足了,也不能产生直接的激励效果。人际环境则不同,梅奥的研究表明,良好的人际环境使员工怀有归属感,这种意识助长了员工的整体观念、有所作为的观念和完成任务的观念,从而激发了员工工作的积极性,导致了劳动生产率的提高。马斯洛也认为,友爱、归属等感情的需要比生理、安全需要是更高的层次。②对员工的发展与激励的研究。员工的发展包括对员工有计划的培训和对员工轮岗晋升的安排。马斯洛认为,实现个人的理想抱负,发挥个人的潜能是人的最高层次的需要,帮助员工自我实现,对员工具有很强的驱动力。弗鲁姆和洛克则从目标设置的角度研究了个人发展的激励作用,为员工设置合理的目标有利于激励员工朝向目标进行努力。斯金纳在其强化理论中则具体地将提升、安排挑战性的工作、给予学习机会和成长的机会归为正强化的方法,来影响员工的行为,产生激励效果。③对薪酬因素与激励的研究。对于薪酬激励作用的研究,马斯洛和赫兹伯格均认为这是基本的保障因素,强调了其维持作用。亚当斯则从公平的角度研究了薪酬对员工的积极影响。他认为,人们总是把自己付出劳动和所得报酬与历史进行纵向比较和与他人进行横向比较,当比例相当时,就会认为公平,心情就会舒畅。公平理论为我们合理设置薪酬体系,充分发挥薪酬的激励作用提供了科学指导。④对负面因素与激励的研究。在组织中客观存在着种种负面因素,如不公平的竞争、不公正的待遇、员工个人的挫折等,这些问题的存在影响了员工的积极性。公平理论和挫折理论对这些负面因素进行了研究,并提出了解决的办法。一方面,管理者要努力减少这些问题的产生,努力做到公平、公正。另一方面,要提高员工的挫折容忍力。对负面因素的研究拓宽了激励研究的视野,完善了激励的理论。

西方激励理论在人际环境、员工发展、薪酬因素和负面因素等方面的研究深入而细致,为教育职员行为管理的研究提供了理论依据和方法指导。

第 3 章　教育职员管理现状调查和需求分析

3.1　调查方案的制定与实施

在问卷调查对象的选择上,将研究对象锁定为上海市高校教育职员,并根据学校的性质,从上海高校中选取部属高校 6 所和市属高校 6 所。问卷调查过程历经三个阶段。第一阶段:编制初始问卷。根据本书的研究目的和研究内容,收集相关资料设计和编制初始问卷。第二阶段:进行预测。选取部分高校教育职员进行预测,根据预测结果对问卷内容加以调整。第三阶段:正式调查。主要选取复旦大学、上海外国语大学、同济大学、华东师范大学、东华大学、华东理工大学、华东政法大学、上海对外贸易大学、上海师范大学、上海工程技术大学、上海立信会计金融学院、上海出版印刷高等专科学校等 12 所高校,正式发放问卷。

为多角度了解情况,根据调查对象不同,将调查问卷分为教育职员调查部分和非教育职员(教师、教辅人员、后服人员、后保人员等)调查部分。教育职员调查部分(参见附录 1)共 35 题,其中,基本信息 6 题,培训部分 4 题,教薪满意度部分 5 题,岗位流动部分 12 题,岗位聘任部分 6 题,开放式问题 2 题。非教育职员调查部分(参见附录 2)共 10 题,其中,8 道单选题,2 道开放式问题。

本次调查教育职员样本 183 人,部属高校 82 人,占被调查教育职员总人数的 44.8%,市属高校 101 人,占被调查教育职员总人数的 55.2%。非教育职员样本 119 人,部属高校 52 人,占被调查非教育职员总人数的 43.7%,市属高校 67 人,占被调查非教育职员总人数的 56.3%。非教育职员样本作为对教育职员行为管理问题研究的辅助资料,以下分析主要以教育职员样本研究为主,凡引用非教育职员样本资料将特别标明,否则均视为教育职员样本资料。

3.2　教育职员管理现状分析

3.2.1　基本资料统计

问卷首先就研究对象的基本资料进行了调查。调查中,基本资料主要涉及性别、年龄、学历、所学专业和现任职级五个方面的情况,如表 3-1 所示。

表 3-1　　　　　　　　　教育职员样本基本资料分布情况

基本信息	样本分布	样本数	百分比
性别	男	73	39.9%
	女	110	60.1%
年龄	20~30	74	40.4%
	31~40	53	29.0%
	41~50	36	19.7%
	50 以上	20	10.9%
学历	大专	25	13.7%
	本科	85	46.4%
	硕士研究生	64	35.0%
	博士研究生	9	4.9%
所学专业	教育管理类	62	33.9%
	非教育管理类	121	66.1%
现任职级	处级	13	7.1%
	科级	80	43.7%
	科员	90	49.2%

3.2.2　总体状况分析

问卷对学校教育职员发展道路的规划、教育职员对人际环境的满意度、非教育职员对教育职员工作状况的评价进行了总体状况的调查。

在学校对教育职员的发展道路有否明确规划的调查中,45.3%的受访者认为没有明确的规划,而 42.1%的受访者认为不清楚(表 3-2)。这反映了高校普遍存在对教育职员的发展规划不明确,或是宣传力度不够,从而使得教育职员在规划自己的职业生涯时缺乏明确的政策依据。

表 3-2　　　　　　　　学校对教育职员的发展道路有没有明确的规划

选项	样本数	百分比
有	23	12.6%
没有	83	45.3%
不清楚	77	42.1%
总计	183	100%

调查表明,教育职员对人际环境持满意态度的占 16.4%,比重较小,而持一般和不满意态度的分别占 66.7% 和 16.9%(表 3-3),比重较大,这一数据表明教育职员对人际环境的满意度总体偏低,这从较大程度上影响了教育职员工作的积极性和主动性。

表 3-3　　　　　　　　　教育职员对人际环境的满意度

选项	样本数	百分比
满意	30	16.4%
一般	122	66.7%
不满意	31	16.9%
总计	138	100%

本次调查的非教育职员部分统计了非教育职员对教育职员工作状况的评价,认为敬业爱岗的占 10.9%,仅占一成,而比较敬业占 54.6%,缺乏热情占 34.5%(表 3-4),显示了非教育职员对教育职员工作状况的整体评价中性偏下。非教育职员对教育职员工作状况的整体认可度不高,表明教育职员的工作仍有很多需要改进的地方,如何提高教育的工作热情、工作态度和工作效率是急需解决的问题。

表 3-4　　　　　　　　非教育职员对教育职员工作状况评价

选项	样本数	百分比
敬业爱岗	13	10.9%
比较敬业	65	54.6%
缺乏热情	41	34.5%
总计	119	100%

3.2.3　培训状况分析

培训方面,问卷将培训分为岗位培训和个人学位进修,调查了教育职员参加学校安排的岗位培训和个人学位进修的情况,如表 3-5 所示。

表 3-5　　　　　　　　　　　　教育职员培训状况

问题	选项	样本数	百分比
参加岗位培训次数	没有 一次 两次 多次	70 48 28 37	38.3% 26.2% 15.3% 20.2%
参加个人学位进修人数	50%及以上 50%以下	77 106	42.1% 57.9%
个人学位进修的目的	把本职工作做好 寻求其他发展	70 113	38.3% 61.7%
学校对个人学位进修的资助	大部分 小部分 无	44 68 71	24.0% 37.1% 39.9%

调查中,没有参加过岗位培训的有 38.3%,参加过一次的占 26.2%,而参加过多次岗位培训的仅占 20.2%。培训是提高教育职员工作能力和工作效率的重要途径,调查中我们发现高校在一些特殊岗位,如财务、后勤和后保等,定期组织培训,但其他岗位的人员培训并未形成定期培训的机制,培训机会较少。

在参加个人学位进修人数方面,42.1%的教育职员表示周边有 50%及以上的人在参加个人学位进修,这是一个很好的现象,一方面,这表明教育职员对提升自身素质的自觉性很高,另一方面,也反映了高校行政工作对教育职员的要求也在日益提高。然而,在教育职员参加个人学位进修的目的方面,为了"把本职工作做好"的占 38.3%,"寻求其他发展"的占 61.7%。只有近四成的人会把所学的知识应用到服务本职工作,而近六成的人则是做两手准备,这也从一个侧面印证了行政岗位的吸引力不够。

调查中,39.9%的受访者反映学校对教育职员个人学位进修不补贴,37.1%的受访者反映学校补贴小部分,24.0%的受访者反映学校补贴大部分。在访谈中,我们发现高校在对教师和教育职员个人学位进修的补贴上有一定的差异,对教育职员进修的资助力度不如专业技术人员,要求也偏高。

培训是对教育职员进行激励的一个重要手段,通过培训教育职员可以更快地掌握工作技能,提高工作水平和工作效率,适应岗位要求,同时,也可以提高教育职员自身素质和理论水平,为进一步发展打下良好的基础。目前,总体来说,高校教育职员的培训机制不完善,培训资源稀缺,对教育职员培训的重视度和支持度还不够。

3.2.4 薪酬满意度分析

薪酬满意度方面,问卷调查了教育职员的月薪区间(基本工资、职务工资和奖金);实施岗位聘任制后,业绩考核在收入差距上的体现;对于相同的行政岗位,职务工资有无划分若干等级,具体如表3-6所示。

表3-6 教育职员薪酬满意度状况

问题	选项	样本数	百分比
教育职员的月薪区间	4 000~5 000 元	70	38.3%
	5 001~6 000 元	80	43.7%
	6 001~7 000 元	24	13.1%
	7 000 元以上	9	4.9%
业绩考核在收入差距上的体现	明显	34	18.6%
	不明显	149	81.4%
相同岗位,职务工资有无分级	有	96	52.5%
	无	87	47.5%

薪酬状况是影响教育职员激励的一个重要因素,调查显示,上海高校教育职员薪酬的主要区间在5 001~6 000 元/月,5 000 元/月以下也占有较大比例,但6 000 元/月以上所占比例明显偏小。

在对实施岗位聘任制后,业绩考核与收入差距的关系上,18.6%的受访者表示所在高校的业绩考核在收入差距上体现明显,81.4%的表示不明显。由此可以推测,高校普遍存在着业绩考核并未真正落到实处的问题,业绩考核作为激励手段的作用不明显。

对相同行政岗位,校内工资划分若干等级,有利于体现相同岗位上不同人因工龄、工作能力和工作实绩等因素而享受不同的薪酬标准。通过若干等级的设立,可以激励教育职员积极工作,争取更高一级的薪酬。调查中,52.5%的受访者反映相同的行政岗位划分了若干等级,47.5%的受访者反映没有划分等级,表明一部分高校或部门已形成了明确的相同行政岗位的校内工资划分若干等级的薪酬激励制度,而一部分高校或部门并没有明确的划分。

薪酬在教育职员激励中起着重要作用,当今社会薪酬不仅是人们生存发展的基本物质资料,也是人们衡量社会地位的一种标准。高校教育职员的薪酬无论是绝对值还是相对值,都不能很好地满足教育职员的需要,无法发挥良好激励作用。

3.2.5　岗位流动状况分析

岗位流动状况方面,问卷调查了教育职员的来源、轮岗情况、升职机会和空间、期望任职年限;目前学校教育职员"双肩挑"的现象及教育职员对此问题的看法;在行政和教师岗位流动中,普遍存在的问题和教育职员长远发展的考虑,具体如表 3-7 至表 3-9 所示。

表 3-7　　　　　　　　　　　　　　教育职员岗位流动性状况

问题	选项	样本数	百分比
职员来源	留校学生	60	32.8%
	外校应届毕业生	67	36.6%
	教师转岗	29	15.8%
	外校调入	27	14.8%
轮岗情况	长年从事同一岗位	113	61.7%
	过几年换一个岗位	70	38.3%
升职空间	比较大	40	21.9%
	比较小	143	78.1%
期望任期	3 年	24	13.1%
	6 年	112	61.2%
	9 年	22	12.0%
	更长	25	13.7%

在教育职员来源调查中,留校学生和外校应届毕业生分别占 32.8% 和 36.6%,而教师转岗和外校调入分别占 15.8% 和 14.8%,表明高校教育职员的来源主要以新参加工作的人员为主,而有工作经验的仅占不足三成。这促成了高校教育职员队伍的年轻化。

相对稳定可以保持工作的延续性,适度流动有利于教育职员拓展技能、全面发展。在转岗教育职员中,长年从事同一岗位的占 61.7%,而过几年换一个岗位的占 38.3%,表明高校行政岗位内部相对缺乏流动性。

21.9% 的受访者认为升职机会和空间比较大,而 78.1% 的受访者认为升职空间和机会比较小。升职空间和机会相对大多数教育职员而言比较小,这挫伤了教育职员长期从事行政工作的积极性,直接影响了行政岗位对教育职员的吸引力。

与上一个问题直接相关的是教育职员在选择留任行政岗位的时间上,选择3年的占13.1%,选6年的占61.2%,6年以上的占25.7%。这说明教育职员比较能接受的任期为6年以内,过长的任期接受程度较低,这是行政岗位缺乏吸引力的一个表现。

表3-8　　　　　　　　　　　教育职员"双肩挑"现状

问题	选项	样本数	百分比
"双肩挑"现象	比较普遍 比较少见	107 76	58.5% 41.5%
对"双肩挑"现象的看法	不利于教育职员专心做好行政工作 促进教育职员安心本职工作 在教务、科研、研究生处等部门是必要的,其他行政部门则不必要	75 46 62	41.0% 25.1% 33.9%

"双肩挑"是高校行政岗位上的一个特殊现象,本次调查表明这一现象仍然普遍存在。在对"双肩挑"的看法上,41.0%的受访者认为不利于教育职员专心做好行政工作,25.1%的受访者认为对教育职员安心本职工作有促进作用,33.9%的受访者认为"双肩挑"在教务、科研和研究生处等部门是必要的,其他行政部门则不必要。从统计数据看,对"双肩挑"现象是存在争议的,如何妥善解决"双肩挑"问题事关高校教育职员队伍的建设和教育职员的激励。

表3-9　　　　　　　　　　教育职员岗位流动面临的问题

问题	选项	样本数	百分比
行政与教师岗位流通	行政转教师偏难 教师转行政偏难	148 35	80.9% 19.1%
流动障碍	制度设计问题 学历学位要求 专业技术要求 其他	78 58 30 17	42.6% 31.7% 16.4% 9.3%
个人发展方向	争取行政晋升 争取转教师岗位 另作打算	82 49 52	44.8% 26.8% 28.4%
对个人发展考虑的因素	发展空间 社会认同 收入状况	88 46 49	48.1% 25.1% 26.8%

在选择教育职员与教师岗位流动难易度上,80.9%的受访者选择行政转教师偏难,19.1%的受访者选择教师转行政偏难,数据清楚地显示,在高校中普遍存在行政转教师偏难的现象,相反教师转行政则容易得多。对于教育职员转教师的障碍,按选择比例由高到低排序分别为制度设计问题、学历学位要求、专业技术要求和其他。由此可见,高校的人事制度是影响教育职员转教师的主要障碍,而不是教育职员的教育教学能力,也就是说,即使教育职员具备了相当的教育教学能力,希望转教师岗位的话也是相当困难的。

在教育职员作今后长远打算时,44.8%的受访者选择争取行政晋升,26.8%的受访者选择争取转教师岗位。四成多的受访者希望通过行政晋升长期从事行政工作,这对稳定行政队伍是有利的,同时,我们也应该看到1/4的受访者在行政转教师偏难的大背景下,将转教师作为一个长远的计划,高校要关注这部分教育职员的发展,积极为其创造条件。数据显示,教育职员作长远打算时,近一半的受访者认为发展空间是最主要的考虑依据,由此看来,高校为教育职员制定明确的发展规划意义重大,这对教育职员的长远发展具有导向意义。

通过岗位流动状况分析,高校教育职员岗位往往比较固定,流动性较差,使教育职员易于产生厌倦心理,影响工作积极性的发挥。对于教育职员而言,为提高其工作的积极性,促进其全面发展,也应该适当地变换工作岗位。

3.2.6　岗位聘任情况分析

岗位聘任情况方面,问卷调查了学校教育职员岗位聘任中,部门人员数量变化,岗位聘任中的公平、公正问题以及竞聘上岗对提高教育职员积极性的效果,如表 3-10 所示。

表 3-10　　　　　　　　　教育职员的岗位聘任情况

问题	选项	样本数	百分比
经过岗位聘任,部门 人员数量变化	增加 基本不变 精简	18 139 26	9.8% 76.0% 14.2%
岗位聘任中,公平、 公正性的体现	体现公平、公正 存在一些问题 问题比较突出	54 104 25	29.5% 56.8% 13.7%
岗位聘任的效果	效果明显 效果一般	34 149	18.6% 81.4%

调查发现,岗位聘任制中,部门人员数量基本不变的占 76％,而选择增加的占 9.8％,选择精简的占 14.2％,表明出现精简的情况比出现增加的情况多一些。

调查显示,受访者认为岗位聘任体现公平、公正的占 29.5％,认为存在一些问题的占 56.8％,认为问题比较突出的占 13.7％。这反映了高校在岗位聘任中,公平、公正做得还不够,存在一些问题。

在实施教育职员制之后,教育职员通过竞聘上岗,建立了教育职员竞争激励机制。学校根据管理工作的繁简、难易程度设岗,灵活设定编制,还可以采用择优竞聘上岗,这样,既有利于精简机构、裁减冗员,又有利于建立一支"精干、高效、廉洁、稳定"的,充满生机和活力的高校教育职员队伍。但在岗位聘任中,公平、公正性成为教育职员普遍质疑的问题,这些问题的存在将会在一定程度上影响教育职员工作的积极性。

3.3　教育职员管理中存在的问题

通过调查,我们发现在高校教育职员激励中取得了一定的成绩,同时也存在着不少问题,归纳起来有五个方面:①教育职员的人际环境满意度不高。②学校缺乏系统的教育职员发展规划。③学校对教育职员的培训进修重视不够。④教育职员薪酬不合理。⑤教育职员竞争公平有待保证。

3.3.1　教育职员的人际环境满意度不高

在对教育职员对人际环境满意度调查中,持满意态度的仅占 16.4％,其余持一般和不满意态度。在访谈中,我们找到了社会认同感不够、上级认可度不够、人际关系不和谐等方面的原因。在社会认同感方面,教育职员普遍觉得行政岗位不受重视,甚至外界对其有偏见。对非教育职员的调查很能说明问题,非教育职员认为行政岗位有吸引力的占 18.5％,其余回答为一般或缺乏吸引力。另外,认为教育职员在工作上是敬业爱岗的占 10.9％,比较敬业的占 54.6％,缺乏热情的占 34.5％。这表明非教育职员对教育职员的岗位和工作状况的整体认可度较低,而这也影响了教育职员的自我认同感。在上级认可度方面,教育职员的工作成绩往往得不到上级领导的积极评价。在学校管理过程中,对教职工的工作成绩和效果进行比较公正的评价,是激励教职工积极性的一个重要途径。绩效是指工作的成绩和效果。绩效强化有两类,一类是正强化,另一类是负强化。正强化就是肯定人们的工作成绩,使他们获得心理上的满足和产生荣誉感,产生积极的情绪体验,进而提高工作热情。负强化是指对教职工工作效果的否定性的评价,伴随着心理压抑和挫折感。为了激发教职工的积极性,要让他们经常了解自己的工作绩效,除了作自我评价,学校领导应通过不断完善评价机制给他们恰如其分的评价。在学校管理过程中,绩效强化应以正强化为主,负强化为辅。在人际关系方面,教育职员认为人际关系不和谐,耗费了不少工作精力和时间。梅奥在其人际关系理论中指出,在调动人的积极性时,良好的人际关系比物质刺激更重要,必须在正确执行工资奖金制度的同时,协调好管理者与职工之间的关系,才能真正、持久地调动职工工作的积极性。高校应该认真看待教育职员的人际环境问题,避免对教育职员的工作产生消极的影响。

3.3.2　学校缺乏系统的教育职员发展规划

调查中,45.5%的教育职员认为学校没有明确的教育职员发展规划,42.1%的教育职员回答是不清楚,表明高校普遍存在对教育职员发展规划不明确的问题。我们可以从水平和垂直两个发展方向上来分析。

在水平方向上存在两个问题:①没有合理有序的轮岗计划。调查中长年从事同一岗位工作的占61.7%,教育职员轮岗机会不多。这种长年从事同一工作往往会令人产生单调、疲倦的心理。麦格雷戈认为,工作内容丰富化是激励的一个重要手段,而职务轮换制则是实现工作内容丰富化的重要途径。企业有计划地按照大体确定的期限,让员工轮流担任不同工作的做法可以开发员工的多种能力;培养经营管理骨干;消除僵化,活跃思想。从这一理论来看,高校教育职员合理有序的岗位轮动是必要的,也是有利的。②教育职员转教师困难,而教师转教育职员是容易的现象。调查表明这是一个极其普遍的问题,且42.6%的受访者认为这种流动性障碍主要在于学校的制度设计问题,而学历学位和专业技术要求并不是主要障碍。为缓解矛盾,在教育职员改革的过渡时期,高校延续了"双肩挑"的做法,就是教育职员在行政职务外,同时聘任专业技术职务,待遇就高不就低,以保持教育职员队伍的稳定性和延续性。"双肩挑"存在着消极的一面,并未从根本上解决教育职员转教师困难的问题,况且这有违教育职员制以岗定薪的指导思想,因此,也只能作为权宜之计,从长远看应该另寻他法。

在垂直方向上存在的问题是教育职员晋升存在障碍。首先,教育职员能力提高的机会受到限制。通常,高校教学科研人员的技术职务晋升,很自然地被认为是追求进步的正常学术行为,而且意味着获得更多的学习深造机会,意味着获得更多学术活动的机会,意味着参加专门教学科研活动的资格,意味着产生更多诸如学历、职称、论文和科研成果奖励等证明性标志。比较而言,高校教育职员随着自身综合素质和管理能力的不断提升而进行的职务晋升,常受到忽视。有少部分人并不认同高校管理的教育性,似乎管理就不是技术性、专业性业务工作。在这种思想的影响下,教育职员在学习深造及其学历提高、参加学术活动、参加专门的教学科研活动等方面常常受到限制,其结果就是难以取得高学历、高职称、科研成果奖励等在高校突出强调的证明性标志。其次,教育职员晋升资格缺乏明显标志。高校管理队伍是高校在不同时期按照不同的招聘标准和岗位需要建立起来的。由于教育职员工作性质的公共性、管理效果的社会性和共有性,工作成果多无个人标识,难以产生体现个人能力、水平的证明性标志,这就容易使人简单地把教育职员与低知识量、一般能力联系起来。事实上,能力,特别是管理能力,除了需要具备相应的基础知识外,它还是精力投入、工作研究、规律探索、经验总结以及个人阅历、环境影响、榜样启迪等综合作用的结果。在培养、选拔管理干部时,往往在高学历与高知识量、低学历与低知识量间划等号。最后,教育职员晋升路线不够通畅。在知识密集的高校,教学科研人员有专业技术职务、行政职务等多条晋升路线,而且专业技术职务晋升制度成熟、条件明确、通畅性好。但教育职员晋升路线的通畅性却相对较差,除了晋升制度欠成熟、条件不够明确、定性评价标准含混、定量考核较难等因素外,即使管理能力强、工作业绩突出、综合素质好的教育职员,也很难通过行政职务晋升的"独木桥"。个人努力、能力、岗位适合性是教育职员职务晋升的一个重要因素,但不像专业技术职务那样能起决定性作用。弗鲁姆的期望理论认为,当人们有需要又有达到目标的可能时,其积极性才会高。因此,激励力量取决于期望值和效价的乘积,由期望理论可知,要调动职工的工作积极性,管理者必须给职工设置一个有吸引力的、对其效价较高的目标,而且要创造条件使职工经过努力能较满意地达到这个目标。如果目标对职工的效价不高,就应该设法调整或改变目标来提高效价,或者通过教育等方法来提高人们对原目标的效价。对于期望和效价来说,高校要摸准教育职员期望值和价值观的脉络,运用各种政策导向和措施保证其实现,如教育职员对个人发展的期望值普遍大于对经济报酬的期望值,那么,高校把教育职员的晋升作为重要的激励手段,肯定会取得预期的激励效果。高校教育职员在进行个人职业生涯规划时,其最终指向是给自己设定了一个目标;高校在对教育职员个人进行组织职业生涯规划时,也可以说其指向是一个目标,是在结合个人的素质、目标与学校现状的同时,对教育职员本人的一种期望。运用这一激励理论时要注重高校组织与教育职员个人的双赢,最终能使个人的目标与组织的期望完美地结合。

3.3.3　学校对教育职员培训的重视不够

在培训方面存在两个问题：①学校对教育职员的岗位培训力度不够。数据显示，38.3％的受访者没有参加过培训，26.2％的受访者只参加过一次培训。②学校对教育职员的个人学位进修资助力度不够。高校对教育职员的资助条件，相对于专业技术人员而言较为严格，补助较少，甚至没有。与此同时，调查中我们发现有近半数的教育职员在参加各种类型的个人学位进修，这表明教育职员对提升自身素质和学历层次的要求是相当高的，面对这一需求，高校必须加以关注。教育职员的培训对于促进教育职员发展，提高学校管理水平有着积极的意义。一方面，培训是教育职员的内在需要。高校是人才和知识的聚集地，教育职员只有不断地更新知识，提高自我，才能更好地适应高校的工作。高校要重视其内在需要，积极创造条件，留住人才，用好人才。另一方面，这也是适应高等学校发展建设的需要。随着国家增加对高等教育的投入，我国高等教育事业的发展进入了一个新阶段，配合高等教育事业蓬勃发展的势态，高校从理顺机制、科学管理、强化服务和整体优化等方面加强和改善管理工作。这些都对高校教育职员队伍的管理理论和技能等素质水平提出了新要求。

3.3.4　教育职员薪酬不合理

在薪酬满意度调查中，在高校教育职员激励方面存在两个问题。①薪酬总体偏低。月薪 5 000 元以下的受访者占 38.3％，5 001～6 000 元的受访者占43.7％，而 6 000 元以上的受访者仅占 18.0％。上海人均 GDP 在全国处于前列，总体收入和消费水平都较高。教育职员的薪酬相对于具有相同学历的、在其他企事业单位工作的人员来说，总体上是偏低的。效率薪酬理论认为，在一定程度上，工资越高，劳动的积极性就越高，产出也就越高，企业的利润也就越高。从这个意义上讲，高劳动生产率产出高水平的工资，称为"效率工资"。效率工资理论可以使我们得到启迪：若要使劳动者提高工作效率，就必须给予较高的劳动报酬，以刺激他们的工作积极性，促使劳动者努力工作。众所周知，与其他社会群体相比，教育职员队伍是素质较高的群体，这种高素质是人力资本投入的结果。从成本—效益的角度看，他们理应获得较高的经济收入，但现实却恰恰相反，这种职业地位和经济地位的下降，必然使得传统的精神激励机制失去其原有的强大的激励作用。②绩效考核与薪酬不能有效挂钩。81.4％的受访者认为业绩考核与薪酬的关系不明显。目前,高校都在实施业绩考核,但业绩考核的结果对薪酬的影响甚微,产生形式主义和平均主义的现象,这种看似的公平恰恰是一种内部不公平。这不但不利于鼓励素质优秀的教育职员不断提高工作效率和质量,还会使得业绩平平的人产生得过且过的想法。亚当·斯密的公平理论认为,作为激励环节的奖酬,能否真正起到激励作用,并不取决于奖酬本身或奖酬的绝对值,而是取决于人的公平感。只有当人们认为奖酬很公平时,奖酬才能起到应有的激励作用。否则,人的积极性就会受到挫伤。而人的公平感又取决于两个比较,一是把自己现在付出的劳动和所得的奖酬,与自己过去付出的劳动和所得的奖酬进行纵向的、历史的比较;二是把自己付出的劳动和所得的奖酬,同他人付出的劳动和所得的奖酬进行横向的、社会的比较。在这两个比较中,如果比值相等,人就感到公平,因而心情舒畅、工作努力。否则,就会产生不公平感。尤其是在横向比较中,如果自己一方的比值低于他人,就会满腹怨气,导致各种消极行为。因此,亚当斯强调,在激励过程中一定要注意奖酬的公平合理,这样才能取得良好的激励效果。为达到公平的效果,高校应该完善业绩考核体系和薪酬体系,并切实将考核结果体现到业绩上。

3.3.5 教育职员竞争公正有待保证

教育职员对竞争中公正感的需求主要体现在业绩考核、岗位聘任和职务晋升上。①虽然当前各高校都建立了一套教育职员考核体系,但是实际操作过程中效果并不理想,其主要原因是考核过程中主观性强,教育职员在整个考核体系中一直处于一个被动接受考核的地位,没有真正积极参与到考核体系当中;考核目标不明确,目前绩效考核只是作为一种评定教育职员薪酬、职位晋升的依据,加之考核方法及考核误差的存在,造成教育职员对绩效考核的抵触情绪;考核者与被考核者之间缺乏有效的沟通,从考核方法到考核结果的合理运用,都只是将职员作为一个被动接受的角色,造成了考核成本及人力资本使用的极大浪费。而且,目前各高校的教育职员本身素质都趋向高学历的知识型人才,教育职员的绩效考核体系如果设置不当,不能突出考核的合理化、公平化等原则,不仅达不到绩效考核的预期目的,甚至会带来严重的负面影响。②在对岗位聘任的"公平、公正"性调查中,56.8%的受访者认为存在一些问题,13.7%的受访者认为问题比较突出,这里存在的问题主要是任人唯亲、裙带关系和上级不客观的业绩评价等。③在职务晋升方面,教育职员的公正感也受到影响。晋升的公正性就是把合适的人放在合适的岗位上。所谓合适的人,就是被晋升者的管理能力、品德、贡献、个性、兴趣和精力投入等各方面都符合晋升职位的要求。晋升结果的公正感,来自教育职员认为合适的晋升人选是否最后得到了晋升。教育职员通过对包括自己在内的各位候选人的能力与贡献进行比较,形成心目中的合适人选。如果最终晋升的人选与教育职员心目中的人选一致,教育职员会认为晋升结果是公正的;如果不一致,就会产生不公正的感觉。人们的公正感是通过对比形成的,当教育职员认为与自己条件相当的人,甚至不如自己的人得到晋升,而自己仍在原地踏步时,他们就会认为违反了公正、公平的原则,从而产生不良的情绪,并重新评价、调整个人与组织的关系,包括降低对高校的心理承诺、闪现偏离追求目标的意向、寻找自我安慰的途径等。因此,晋升愿望得不到实现的人,其带来的负面影响可能是巨大的。

3.4　教育职员需求分析

通过对高校教育职员激励中存在的问题的分析,我们总结出教育职员需求的四点特征:①教育职员的自我发展需求。②教育职员的社交需求。③教育职员的物质需求。④教育职员的公平需求。对教育职员的激励机制的建立应充分考虑这些需求特征,才能提高措施的针对性和有效性。

3.4.1　教育职员的自我发展需求

教育职员的自我发展需求是指教育职员实现个人理想、抱负,发挥个人能力到最大程度,完成与自己能力相承的一切事情的需要。需要层次理论认为,自我实现需求是最高层次的需求,而自我发展正是自我实现的动态过程。调查表明,发展需求是教育职员最为关注的需求。教育职员发展需求的满足依赖于继续学习、能力提高和晋升机会等。继续学习是教育职员的内在要求,同时也是外在要求。教育职员更为深刻地认识到知识对个人和社会发展的重要性,对不断提高自身的素养有较强的自觉意识。不断学习,提升自己的学识和学历已成为教育职员自我肯定的一条途径。与此同时,高校人才济济,竞争激烈,学历贬值的趋势日趋严重,如果不能继续学习,自身的竞争力将不断削弱。调查显示,教育职员对学习的需求体现在积极参加岗位培训和个人学位进修,高校对教育职员的学习需求通过建立以人为本的培训机制,加强对教育职员继续学习的支持和投入的力度来实现。工作能力的提高是教育职员自我发展的关键因素。由于工作需要,教育职员要具备良好的语言文字表达能力、组织协调能力、团队协作能力、整体思考能力和灵活应变能力等。在教育职员能力培养方面,富有信任的授权、给予挑战性工作和合理的轮岗都是很好的办法。晋升一般被认为是教育职员发展的一个明显标志,其意义在于晋升是对教育职员工作能力和工作实绩的一种肯定,也意味着身份地位和工资待遇的提高。我们在调查中发现,尽管教育职员认为升职空间比较下,仍有多数人在计划未来发展时将晋升作为首要目标。

3.4.2 教育职员的社交需求

从人的社会性角度讲,社交需求是人的基本需求之一。人际关系理论通过实验实现了"经济人"假设到"社会人"的重要突破,肯定了组织成员的社交需求及其对提高工作效率的重要性,指出良好的人际环境使员工怀有归属感,因而促成了员工整体观念、有所作为的观念和完成任务的观念的形成。教育职员作为高校的管理人员,沟通协调是日常工作中必不可少的环节,就其工作性质而言,良好的社会交往不仅可以保持和谐的人际环境,更可以促进各项工作的顺利开展。良好的沟通首先源于共同的价值观,建立共同价值观有赖于高校校园文化的塑造。优秀的校园文化可以渗透到每一位教育职员,影响其思想和行为,向共同的目标努力。教育职员的社会需求主要体现在对高校的归属感和上下级、同级之间的双向沟通。归属感是个体对组织的一种依赖和信任,当个体将组织视作一个大家庭时,才能彼此包容、理解、互敬互爱,归属感为教育职员构筑了稳定的生活环境和温馨的心灵港湾。教育职员对上下级、同级之间沟通期望则更直接、更具体地体现了教育职员的社交需求。调查中我们发现,教育职员关注别人对自己的评价,特别渴望得到上级的认可和肯定,得到同事的认同和尊重,而这一切都建立在良好的人际沟通基础上,只有通过有效的沟通,才能构筑相互交流、相互了解的平台,因此,满足教育职员社交需求的着力点应放在建立共同价值观和有效的沟通渠道上。

3.4.3 教育职员的物质需求

内容型激励理论在研究人的需要时,尽管在物质需求对人的激励作用的大小上存在认识差异,但对其作为人的基础性需求的重要性地位的看法是一致的。基于教育职员的二元人性,教育职员在追求公共利益的同时,也重视自己的物质利益。物质利益是教育职员的生存基础,教育职员的工资是物质利益的主要来源。近年来,随着高校的各项社会化改革,教育职员的物质利益相对缩水。比如20世纪90年代后期的货币化分房制度改革,原本高校直接分配实物房产被改为发给一定的住房补贴,给教育职员造成了购房上的经济压力。尽管改革是大势所趋,应该支持改革,但改革的利益调整中也不能忽视对具体问题的妥善解决。对于教育职员在购房等基本生活需求等方面承担的较大的经济压力,应通过一定的途径给予帮助和补偿。另外,教育职员实行固定时间工作制,不可能有太多的可自由支配的时间,因而获取校外收入的机会相对减少。这些因素增加了教育职员的物质需求,校内工资对教育职员而言显得尤为重要。同时,教育职员对养老保险金、住房公积金、医疗保险金和失业保险金等也比较关注。除了从绝对值上看教育职员的物质需求,教育职员的物质需求还体现在相对值上。物质利益也是教育职员衡量自身价值的一个标准,教育职员希望享有一份与自己贡献相称的报酬。调查显示,教育职员希望通过合理的工资分级和绩效考核来体现年功和工作实绩的差异。

3.4.4　教育职员的公平需求

人的公平感取决于一种社会比较,亚当斯认为,人们总是把自己付出的劳动和所得的报酬与历史进行纵向比较和与他人进行横向比较,比例相当时,就认为公平,会产生良好的心态。高校教育职员作为一个具有较高科学文化素养和较强自我意识的群体,对公平表现出更强的敏感性。教育职员希望学校在晋级、聘任、奖励和考核过程中公平、公正和合理。通过调查,我们发现教育职员的公平需求并未得到很好的满足。分析其原因,一方面,教育职员工作的考核,较难制定科学的量化指标,这给教育职员的绩效评估带来了难题。有时按照量化指标进行考核,也未必能全面、客观地反映教育职员的实际工作状况。另一方面,在教育职员的晋级、聘任、奖励和考核中,存在制度上的缺陷和人为因素的影响。其中,常遭诟病的是人为因素,表现为拉帮结伙、任人唯亲、因人设事和拉关系走后门等,这些现象催生了教育职员的不公平感。怀有不公平感的教育职员往往会采取以下一些行为方式:①改变自我认知,采取自我安慰的方法解释不公平的现象。②改变自己的投入与产出,通过降低工作质量和数量缓解不公平感。③发泄不满情绪,造成人际矛盾。④离开任职部门,另谋出路。教育职员所处的环境越不公平越会激发起对公平的需求,如果这种需求得不到满足,会引起教育职员负面情绪的升级。

第 4 章　教育职员管理的内在机制创新

4.1　基于教育职员的社交需求，营造高校和谐的人际环境

4.1.1　建立共同愿景

美国管理大师彼得·德鲁克在 1954 年的名著《管理实践》中首次提出了"目标管理"的概念，被称为"管理中的管理"，随后他提出了目标管理与自我控制的思想。德鲁克认为，不是工作导致了目标，而是目标定义了每个人的工作。它是通过员工的自我管理，以设定和分解目标、检查目标的执行和完成情况、奖惩为手段，实现企业经营目标的一种管理方法。一方面，它强调完成目标，取得工作成效；另一方面，它重视人的作用，强调员工独立参与目标的制定、实施、控制、检查和评估。经典管理理论将目标管理定义为以目标为导向，以人为中心，以结果为标准，旨在实现组织和个人最佳绩效的现代管理方法。目标管理又称结果管理，也就是日常提到的责任制，是指职工个人在企业中积极参与，自上而下地确定工作目标，并在工作中实行自我控制，自下而上保证实现的一种管理方法。企业的使命和任务必须转化为目标，如果一个领域没有目标，这个领域的工作必然会被忽略。因此，管理者应该通过目标来管理下属。当一个组织的高层管理者确定组织目标时，他们必须有效地将其分解为每个部门和每个人的子目标，管理者根据子目标的完成情况对下属进行考核管理。

高校管理的目标具有多重性，从目标管理的角度来说，可以把高校的目标分为组织目标和个人目标。组织目标与个人目标的一致性程度影响着组织目标的实现和实现的程度。目标管理在本质上是"以任务为中心"和"以人为中心"的结合，高校在制定组织目标的同时，要考虑对个人目标的影响。当高校的组织目标与个人目标不一致时，就会出现组织利益与个人利益的冲突，当组织目标与个人目标一致时，就会形成组织利益和个人利益的双赢。因此，高校目标管理的过程是协调组织利益和个人利益的过程，形成互利共赢的格局。在"双一流"建设的

背景下,国内高校都在努力实现办学能力和办学水平的重大突破,要实现这一总体目标,关键在于高素质的管理人才和一流的师资队伍。调动管理人才和师资队伍的积极性,要从他们的需要出发,充分尊重教职工的个体差异和发展需求,努力让教职工的个人发展需求与学校的整体发展目标统一起来,为教职工提供能够有效发挥其独特能力的成长环境,充分调动教职工工作的积极性。高校的师资队伍建设要围绕学校的发展目标,对不同类型的人才制定不同的激励政策,促进岗位之间的协调与合作,共同推进学校的发展。①

美国学者圣吉在《第五项修炼》中提出"共同愿景"这个概念。它是指组织中所有成员的共同愿望、理想或目标,并且这种共同愿望、理想或目标表现为具体生动的景象。它来源于成员个人的愿景而又高于个人愿景。它建立在共同价值观的基础上,是对组织发展的共同愿望,并且这个愿望不是被命令的,而是全体成员发自内心想要争取、追求的,它使不同个性的人聚在一起,朝着共同的目标前进。它包含下列各项要素:一是愿景,即人们想要的未来图像。二是价值观,即人们如何到达自己的目的。三是目的和使命,即组织存在的理由。四是目标,即人们期望短期内达到的里程碑。"共同愿景"的概念与"理想"相似,但又与理想不同。理想大多指向未来理想,同"共同愿景"相比更抽象,"共同愿景"描述的是现在。②

在高校管理中,建立共同愿景,使学校组织全体成员有共同的目标、价值观与使命感,理想、信念一致或相似,是建立良好人际关系的思想基础,并会在更高的层次上调节人际关系。①强化思政教育。强化对教育职员的思想教育和职业道德教育等,提高其觉悟水平和思想道德素质,使教育职员具有共同的理想、信念,树立正确的人生观、世界观,促使人际关系的思想性质发生变化,教育职员间的观点、态度和价值体系等心理倾向相同或相似。②共同确立目标。根据社会发展需要和本校实际,设置体现组织成员的共同愿望和组织未来发展的远大目标及明确具体、系统、科学、切实可行的学校教育目标,发动教育职员参与学校教育目标的制定,使其从学校目标中看到自己的切身利益;引导教育职员根据学校目标和本人实际,确立恰当有效、境界较高的个人目标,使学校教育目标与个人目标融为一体。③认同学校目标。引导教育职员培养集体意识,认同教育事业和教育目标及学校工作目标,使之产生共同感受,直接影响其行为。

---

① 臧翔宇.价值与路径:"双一流"背景下高校人事制度改革[J].煤炭高等教育,2020,38(02):64-68.
② 陆雄文.管理学大辞典:上海:上海辞书出版社,2013 年.

4.1.2 拓展沟通渠道

人际沟通是人与人之间直接进行的信息交流,具有行为协调、心理联系和心理保健等功能,是人际关系维持和发展的基本手段。如果把人的观念、思想和感情等看作信息,人际沟通就是信息沟通的过程,人们用语言符号系统或非语言符号系统传递信息的过程。人际沟通的效果受到多重因素的影响:①换位思考,就是用别人的眼光来观察世界,感同身受。没有换位思考,人际沟通将缺少其相互理解的基本性质。②自我袒露。自我袒露是一种人们自愿地、有意识地把自己的真实情况告诉他人的行为,它所透露的情况是他人不可能从其他途径取得的,亦称自我表露或者自我揭露。自我袒露是一种特殊的沟通过程,是人们将自己内心的感受和信息与他人分享。③相互信任。信任是沟通的基础,双方的信任程度是人际沟通的重要影响因素,只有正确的态度和恰当的肢体语言,才能获得他人的信任。④环境因素。环境因素对人际沟通的效果也会造成一定的影响。人际沟通是人际交往的起点,良好的人际沟通可以提高信息传播的有效性,提高工作效率;可以建立人际关系,创造和谐的工作氛围,有利于个体的身心健康;可以使交往双方互相了解彼此的思想观念和各种心理需求,彼此接近、趋同,逐渐达到心理相容的目标。

在高校管理中,由于竞争机制的引入,教育职员因聘任考核、职称晋升和课题申报等竞争,心理距离增大。高校要建立健全人际沟通制度,优化人际关系,使教育职员在人际交往、沟通中,彼此心意相通,形成团队精神,构建和谐大学。①增强人际交往。高校应创设人际交往的条件和良好的群体心理气氛,定期召开经验交流会、座谈会、联谊会,开展教研、文艺、体育等活动,为教育职员提供各种交往的机会,促使教育职员频繁交往,促进知识、经验、意见的交流,逐步加深相互了解,增进教育职员之间的友谊。②建立沟通网络。高校应建立健全以学校领导班子为中心,以教育职员队伍为主干,以促进学生全面发展为目标的人际沟通网络,强化人际沟通的效能。③改善沟通渠道。高校应充分利用学校各种沟通渠道,发挥各种沟通形式的优势,消除沟通障碍,使信息传递畅通无阻,信息交流及时、准确;要发扬民主,使教育职员参与学校各项重大问题的讨论和决策,变上下、单向沟通为平行、双向沟通;注意非正式沟通的作用,使正式沟通与非正式沟通相结合,鼓励和提倡教育职员余暇交谈,统一思想,交流经验,增进友谊;发挥语言沟通之优势,注意与非语言手段结合;开展学校成员的对话,讲究沟通艺术,提高沟通效果。

4.1.3　提高管理者领导艺术

领导是指挥、领导、引导和鼓励下属努力实现目标的过程。领导过程有四个关键因素,分别是领导者、下属、环境和结果。这四个因素相互动态影响。领导者影响被领导者,被领导者也影响领导者,双方都受到沟通环境的影响。同时,领导者与被领导者之间的沟通结果也会导致未来的环境以及领导者与被领导者之间沟通方式的变化。领导既是一门科学,又是一门艺术。从艺术的角度来讲,它是指在领导的方式方法上表现出的创造性和有效性。领导艺术包括决策的艺术、指挥的艺术、协调的艺术、统筹的艺术、创新的艺术、应变的艺术、授权的艺术、用人的艺术和激励的艺术等。领导者的管理工作能力离不开独特的领导艺术,良好的领导力使管理者在管理工作中得心应手,不仅提高工作效率,还能取得辉煌的成绩。领导艺术在实际工作中的运用面临着诸多因素的影响,需从实际出发根据领导者的个人素养,加深领导艺术的培养,激发领导者的管理能力。[①]

管理者的领导艺术对组织的发展有重要的功能。①引导作用。对员工来说,选择领导者的个人道德品质和行为非常重要。积极的领导形象的建立具有感染力、凝聚力、向心力和亲和力,对人们的思想和行为起着极其重要的导向作用。②指挥作用。领导的最终目的是实现企业的目标,这和管理的目的是一致的。为了有效实现企业目标,领导者需要充分估计和考虑组织的内外部环境条件,在合理组织人力、物力和财力去实现这一目标时起到指挥作用。③激励作用,领导在日常工作中需要对下属进行有效的激励,让员工保持积极向上的工作状态。如果不采取任何激励政策和措施,员工的热情和积极性很难长期保持下去。领导的作用是通过有效的激励和鼓励来引导和说服下属,使他们能够尽最大努力争取组织目标的实现。④协调作用。组织内卓有成效的领导活动是促使组织运转状态达到高度有效与和谐的关键。只有领导起到了相应的沟通协调作用,才能使组织内部有严密的组织结构、完善的制度规范、明确的目标和职责。良好的工作条件和融洽的人际关系,这样一种良好的工作氛围是每一位员工所期盼的,而且是对激励作出积极反应的前提,也是组织和团队取得预期成效的保证。

在高校管理中,人际关系好坏在很大程度上取决于高层管理者的素质修养和管理水平。高层管理者的思想作风、管理艺术、管理能力和管理水平,对本校

---

① 熊华.提高领导艺术的路径探析[J].作家天地,2020(17):191+193.

的人际关系有重大影响。为此,高层管理者应提高管理素养。①提高自身影响力。高层管理者应加强自我修养,不断提高自身综合素质和非权力性影响力,正确对待自己的角色地位,树立和实践"管理就是服务"的思想,切实改进领导作风及其方式,经常深入群众进行调查研究,了解教育职员间的关系,倾听群众的意见,缩小与教育职员心理、感情上的距离,消除各种不必要的误会,避免人际关系紧张。②提高管理水平。高层管理者应善于根据不同的时间、环境及教育职员的心理特点,协调部门之间、教育职员之间的各种关系,调动各方面的积极因素,促进团结,使教育职员之间相互信任、相互了解、相互支持。③提高管理艺术。根据环境和对象,选择合适的管理方法,要讲究用人艺术、协调艺术、弹性艺术、公平艺术等管理艺术,增强人际吸引力;努力增强协调处理人际关系的能力,创造领导与教育职员之间融洽的心理交往状态,形成平等友爱、融洽和谐的人际环境。

4.2　基于教育职员的自我发展需求,加强教育职员职业生涯开发管理

4.2.1　切实考虑教育职员自我实现的需要

自我实现是指个体的各种才能和潜能在适宜的社会环境中得以充分发挥,实现个人理想和抱负的过程,也是个体身心潜能得到充分发挥的境界。美国心理学家马斯洛认为,这是个体对追求未来最高成就的人格倾向性,是人的最高层次的需要。① 心理学家马斯洛在 20 世纪 40 年代提出的需求层次理论认为,每个人天生均具有自我实现的倾向,当一个人较低层次的需求(如生理需求和安全需求)获得基本满足之后,便会转而尝试满足更高层次的需求(如尊重需求、社交需求、自我实现的需求),他对生命的满意度也随之提高。他将研究焦点放在心理健康的个体上,特别是那些自我实现的人身上,尝试归纳出那些对生命感到满意、能发挥潜能又具有创造力的人的共通点。另一位心理学家罗杰斯认为,所谓自己就是一个人的过去所有的生命体验的总和。如果我们是被动参与这些生命体验的,或者说,是别人的意志的结果,那么,我们会感到没有在做自己。如果我们是主动参与的这些生命体验,是我们自己选择的结果,那么不管生命体验是快乐或忧伤,我们都会感到是在做自己。自我实现心理与自觉性、凝聚力一样,都

---

① 林崇德,等.心理学大辞典[M].上海:上海教育出版社,2003:1349。

是根基于由意识到的本能所形成的信念,影响到自觉性与凝聚力水平的本能信念因素。

高校教育职员大多数都有强烈的成就需要,因为他们对社会贡献的大小,能否得到社会的尊重与信赖,主要取决于他们能否取得突出的工作成就。由于教育职员从事的是高校的行政工作,为适应形势发展的需要,需要不断地充实自己,不定期地进修、学习和深造,以达到更新知识、掌握较新的科技信息、提高业务能力的目的。因此,高校要主动激发和满足这种教育职员的成才需要。一个教育职员的成才和发展绝不是他个人的事,他在学业、职称和学术上的发展要求是学校学科建设的需要,更是高校发展的需要。高校要有计划地在工作出色的教育职员中选拔有培养前途、对学校长远发展有利的教育职员进修或继续深造。此外,创造一种较为宽松的学术氛围,也是提高教育职员积极性的重要方面。只有当教育职员置身于一种能发挥自己聪明才智、充分挖掘自己的潜能、体现自我价值的氛围中,才会扎根于大学,奉献于学术事业。高校组织应千方百计为教育职员的成才创造条件和机遇,而不能限制教育职员的发展。

4.2.2　促进教育职员合理的岗位流动

教育职员的岗位流动是高校内部人才交流的一种重要形式,是高校教育事业健康发展的需要。高校要运用分工优化和岗位流动的原理,在不断流动中形成合理的人才结构,实现教育职员队伍的整体优化,帮助教育职员更快、更全面地成长,适应高等教育发展对教育职员提出的新要求。实行岗位流动对建立一支高效精干的教育职员队伍具有现实意义。①实行岗位流动有利于教育职员在更多的岗位上经受锻炼,提高能力。教育职员的成长除了专业知识和管理知识,还需要经过复杂环境和各种实际工作的锻炼,在实践中逐步成长和成熟。高校教育职员的岗位涵盖党务、人事、学生、教学、科研和后勤等多种管理岗位,通过岗位流动,更快地弥补年轻的教育职员阅历和经验不足、组织和协调能力不强等方面的不足。同时,增强教育职员对不同岗位工作的协调合作意识和相互理解能力,为共同完成学校的管理目标而努力工作。②实行岗位流动有利于调动教育职员的工作积极性,增强创新意识。教育职员长期在一个岗位上工作,知识和经验的积累容易受到局限,思考问题难免产生某种定势,失去对问题的敏感度和创新性,对教育职员的成长和工作的开展不利。适时的岗位流动可以激发教育职员锐意进取的工作精神,在新的岗位上开创工作的新局面。③实行岗位流动有利于保护教育职员职业成长,依法合规用权。教育职员不同程度地掌握着一定的人权、财权、物权和分配权等。如果教育职员长期在一个岗位上工作,会形成一个比较熟悉的工作环境和人际关系,在权力的使用上受到感性因素的影响会增加,权力外部的监督和制约也会被削弱,容易滋生滥用职权和以权谋私的腐败现象,不利于教育职员的健康成长。[①]

岗位流动是教育职员重要的职业生涯通道,高校要对每一位教育职员制订后续岗位安排计划,促进高校教育职员的职业生涯发展。为了实现国家对高等教育事业的发展要求,高校一般要根据本校情况制定五年发展规划,进而制定学科专业发展计划、人才队伍建设计划等具体的子计划。教育职员队伍建设是高校发展中的重要子计划,高校要制定教育职员队伍的发展目标或具体措施。高校必须结合人力资源管理理论以及我国高校教育职员自身特点,对教育职员进行正确的职业生涯规划。具体来说,必须遵循国家对高校教育职员发展要求,结合高校教育职员发展的实际,对每一个相关岗位进行职位分析、制定岗位说明书、勾勒岗位发展前景;各高校对本校教育职员结构、即将存在的岗位空缺以及技能需求进行合理规划;制定教育职员发展中、长目标,并提出实现这些目标的具体措施等。丰富高校教育职员职业生涯发展的措施应该是多样化的,如安排优秀教育职员去不同行政岗位上进行挂职锻炼,从而使高校有更多的具有全局思维观念的管理者。处于职业生涯早期和中期的高校教育职员,进取心旺盛、年富力强,组织要大胆地将富有探索性的新工作交给他们。通过委派高校教育职员承担挑战性工作,或者承担以至于负责某项新的或特别的任务,一方面,表明组织看重他们的才能,对其很好地完成任务充满信任;另一方面,也给予高校教育职员表现自己才干、实现自我价值的机会,以增强其成就感。对于圆满、出色地完成任务的高校教育职员,组织应予以各种形式的表扬和奖励,这样必然能增进高校教育职员工作的自信心和上进心,调动他们的工作积极性,鼓励他们创造出更好的成绩。此外,高校教育职员自身也可以根据学校的发展规划来完善个人的职业生涯规划。高校教育职员在不同的时间段的关注点是不一样的。在入职初期,教育职员更多关心的是横向素质的完善;在入职后,较有潜力的职员主要关心的是纵向的职位攀升;在入职更久之后,年长的教育职员更加关注的是稳定的工作环境和工资待遇,相应的,职业生涯规划要做到因年龄而异、因兴趣而异、因价值取向而异等,让每位教育职员都可以找到发挥自己最大作用的激励

[①] 刘洪宁,吴瑞明.关于高等学校管理干部校内岗位流动的思考[J].高教探索,1991(2):4.

点,进而提高教育职员的工作成就感和满足感。①

4.3　基于教育职员的继续学习需求,建立教育职员培训机制

4.3.1　明确培训的内容和要求

教育职员培训要贯彻终身学习的理念,更新知识,促进思想观念的转变。由于科学技术的迅猛发展,知识总量的成倍增加,知识更新周期、科技成果转化为生产力的周期大大缩短。因此,只有加强人员的培训,加速知识更新,才能跟上科技发展的速度,满足发展的需要。形成全民学习、终身学习的学习型社会,促进人的全面发展是全面建设小康社会的重要目标之一。教育职员的培训旨在提升教育职员的能力素质,改善工作绩效,提高管理服务水平,建设一支高水平的职员队伍。同时,在学校发展目标指导下,为教育职员个人的提高和发展提供服务。

(1) 丰富公共培训和专业培训的内容。其中,公共培训课程一般分为基础理论类、技能技巧类和素质拓展类等方面,按照课程内容设计成为可供教育职员选择的菜单式培训课程。在基础理论类方面,可以开设高等教育管理的理论与实践、教育研究方法、现代化大学文化、学校发展历史、管理艺术和教育法制等课程。在技能技巧方面,可以开设包括公文写作、第二语言、公务礼仪、办公软件、情绪管理、沟通管理、网络安全、网页制作和图像处理等课程。在素质拓展方面,可以开设如诗歌、绘画、书法、音乐、竞技、宗教等人文课程。培训课程的开设要结合学校发展对管理水平的需求,以及教育职员所在部门业务的需要。② 除了岗位培训外,高校还要鼓励和支持教育职员的个人学位进修,有计划地安排教育职员分批进修高一层次的学位。

(2) 提升教育职员胜任力。胜任力包含的人力资本有显性和隐性两部分。显性胜任力是指知识和技能,是胜任工作和产生绩效的基本保证,可以通过学历教育和实践锻炼获得。而隐性胜任力是指内在素质,如态度、动机、价值观及个性等潜在的素质,常常在复杂性工作、创新性工作和突发性事件的应对中才能反映出来。这些素质特征因为具有隐蔽性和稳定性,后天培养的效果有限,但是在

① 何苗.高校教育职员发展研究[D].武汉:武汉理工大学,2015.
② 王进才.高校基层教育职员培训研究[D].北京:北京交通大学,2011.

人力资源管理中,应该作为人才选拔的重点来衡量,从而在优化管理人员队伍上领先一步。职员胜任力研究,对鉴别、聘用符合高校教育管理内在需求的人才提供了依据,也为克服当前职员培训的学历化、政治化倾向提供了依据。实现基于胜任力研究的教育职员管理,对拓展、更新职员的发展目标意义重大。长期以来,干部制度下的高校教育职员的职业成长要么以官职晋阶为目标,要么以职称晋升为目标,职业成长的标准严重脱离职员实际的工作内容,职业发展的外在化现象突出。在职员制推行中,是一个非常急迫的问题,是落实职员专业化的根本保障。基于胜任力的教育职员专业化发展对当前高校转型意义深远。长期以来,我国高校严重依附于政府管理,官僚文化突出,教育职员以"服从"为主要使命,工作主动性、开拓性严重不足。随着高校办学自主权的逐步落实,提高内部管理效能是新环境下高校发展的重大挑战,这最终依赖于教育职员工作风格的转变与工作效能的优化。因此,当前高校的组织转型不仅需要现代管理知识与技能的输入,更需要探索适合中国特殊文化与管理体制的教育职员胜任素质,这是高校主动适应未来发展的需要。目前,对胜任力模型的开发中,题项的生成方法主要是通过关键事件编码和以问卷调查方法请研究对象自述关键行为特征来获得,方法单一。因此,要加强对题项的生成方法的研究,加强以多途径、多层次、多角度得到的职员胜任力模型的比较与整合。例如,可以根据结构—功能法,从职员的岗位职责和工作任务等方面获得。另外,适当添加从管理工作服务对象的角度反映出的胜任要求,以及为适应新的工作发展要求、新的工作内容而衍生的胜任素质。[①]

(3)协调行政文化与学术文化之间的关系。高校作为一种特殊的社会组织,既具有学术属性,又具有科层属性,学术文化与行政文化的冲突也就在所难免。美国教育学家菲利普·G·阿特巴赫(Philip G. Altbach)认为,出于维护自身利益的需要,教师和行政管理人员会有意无意地对其他群体产生敌意和对抗,这是造成科层组织和专业组织之间的文化冲突的重要原因。所有管理活动追求的目标都是利益的最大化,为达到高校管理目标,教育职员希望教师严格遵守教师行为规范,按照相关的工作指令出色地完成任务。各项学校事务,如课程开设和科研选题等都要考虑到成本和产出,而不是仅仅按个人兴趣。教师则认为他们工作具有较强的专业性,来自行政权力的干扰损害了他们在职责范围内的自主性,

---

①　于海琴,胡婷婷.高等教育职员管理的改革与发展趋势——基于胜任力的研究[J].青岛科技大学学报(社会科学版),2012,28(02):85-90.

种种规章制度缺乏灵活性和人文关怀。总体而言,教师和教育职员是现代高等学校两个基本组成群体,分别从属于学术组织和行政组织。两种组织有着不同的组织结构,运行着学术权力和行政权力两种不同的权力,形成了不同的职业文化。职业文化差异的客观存在,导致教师和教育职员之间关系不和谐。同时,高校属于公共组织,学术权力和行政权力追求的共同目标是"公共利益",只有实施"共同治理"才能更好地实现"公共利益"。高校管理不仅仅是行政部门的事情,要鼓励教师参与高校目标制定、预算决定和重要行政人员选择等重大事务决策,通过对大学权力的合理分配,实现责任共享、信息共享和目标共享。① 对教育职员的培训要正视学术文化和行政文化的关系,使教育职员充分认识到大学组织结构的特殊性,了解教育职员自身的工作定位,转变观念、摆正位置,缓解大学中学术文化和行政文化的冲突,促进两种文化的并存与发展。②

4.3.2　建立教育职员培训制度

完善的规章制度是教育职员管理的重要保障,为保证培训工作的有效实施,学校应把培训作为教育职员制度体系的组成部分,建立系统的教育职员培训制度。①把教育职员参加培训纳入岗位职责,要求教育职员在规定的时间内必须参加相应的培训,规定每年参加培训的时间不得少于规定学时。把参加培训的情况作为年度考核的内容和新一轮岗位聘任的条件。②实行岗前和岗中培训。新聘为教育职员的人员(包括新进校和校内其他序列的转入人员)须参加学校组织的集中培训,在规定的时间内完成培训计划方可上岗。对于在岗教育职员实行定期培训制度,对重点岗位要结合新形势、新要求增加岗位培训的次数。③大力提倡和支持教育职员个人学位进修,采取鼓励个人自愿学位进修和对管理骨干和业绩突出的职员选送进修相结合的方式,为其提供更多的学习提高机会。④建立多样化培训模式,注重培训的实际成效。要根据各部门管理人员的实际需要制定明确的学习计划,发挥高校人才资源优势,不断拓展渠道,将传统培训方法与现代培训手段相结合,创设多样化的培训模式,满足不同岗位、不同部门高校管理人员的需求。⑤建立多部门协调配合的校内培训组织协调机制,整合校内外资源,形成教育职员培训的合力。⑥设立教育职员培训专项经费,确保学

①　仲吉昊.论高校治理中教师与行政人员和谐关系建设问题——基于共同治理理论的探索[J].广西教育学院学报,2017(03):116-119.

②　王进才.高校基层教育职员培训研究[D].北京:北京交通大学,2011.

校组织的集体培训和个人申请的培训进修有充分的经费保障。

4.3.3　加强培训的组织管理

教育职员的培训应按照"统一规划,分工负责,分级管理,分块实施"的原则组织实施。学校成立教育职员培训工作小组,负责审定培训计划,研究制定有关政策、办法,对培训工作进行总结指导。学校相关部、处分管各自工作系统的专业培训,组建由部、处领导担任组长的业务培训工作小组,负责本系统专业培训的组织实施。学校人力资源部门协助制定、落实培训计划,组织公共课程的培训活动,协调各部门分管的专业培训,建立和管理培训档案,负责培训经费的管理、提供各种培训咨询和服务等。

开展教育职员培训的评估。培训的评估是指在培训结束后,对培训工作的过程和成效进行的检查和总结。培训的评估对于整个培训体系有着重要的意义,它既可以对培训工作的效果进行考核,又可以为今后改进培训工作提供依据和建议。广义的培训的评估可以分为培训前评估、培训中评估和培训后评估三种类型。狭义的培训评估则是专指培训后的评估,即对培训结果的评估。科学的培训评估不仅可以科学地判断培训的有效性,发现培训过程中存在的问题,而且还可以促进培训过程和培训管理水平的改善与提高。在培训的考核和评估过程中,可以通过试卷考核或上机操作的方法了解教育职员对培训内容掌握的情况,同时,还要通过培训现场发放问卷或网上反馈等措施,广泛听取教育职员对培训课程的内容设置、学时长度、培训效果、讲授水平以及培训环境等方面的意见和建议。整理培训考核结果,进行分析和总结,针对培训目的、课程设置、培训方法和培训效果等培训工作进行评估,结合教育职员考核的结果和反馈的情况,对教育职员培训工作进行改进和完善。①

4.4　基于教育职员的物质需求,完善教育职员薪酬激励体系

4.4.1　改善绩效工资标准体系

绩效工资作为事业单位薪酬管理中不可或缺的内容,对提升事业单位工作人员积极性和人力资源管理效果意义重大。绩效工资制度最初是西方的一种企

---

①　王进才.高校基层教育职员培训研究[D].北京:北京交通大学,2011.

业管理制度。员工的工资主要由岗位工资和绩效工资两方面组成。为了激励员工提高效率，一般来说，绩效工资所占比例较大，而事业单位所承担的工作都是公益性质的，所以，岗位工资的比例相对较大，公益性越高的单位，岗位工资所占比例越高。国家对事业单位绩效工资分配进行总量调控和政策指导，事业单位在核定的绩效工资总量内按照规范的程序和要求自主分配。事业单位在薪酬制度建设过程中，需要对绩效工资进行合理定位。我们可以从市场水平、国家行政机关工资和教育职员的绩效三个方面来改善现有的薪酬标准体系。

（1）总体上要参考市场水平。亨利·法约尔（Henri Fayol）在其提出的管理的 14 项原则中指出，人员的报酬是其服务的价格，应该合理，并尽量使企业和所属人员都满意。工人的报酬支付方式有按劳动日付酬、按工作任务付酬和计件付酬三种。具体包括奖金、分红、实物补助和精神奖励。付酬的方式取决于多种因素，其目的只有一个，即改善所属人员的作用和命运，鼓励各级人员的劳动热情。法约尔认为，人员报酬首先取决于不受雇主的意愿和所属人员的才能影响的一些情况，如生活费用的高低、可雇人员的多少、业务的一般状况、企业的经济地位等；其次是人员的才能；最后是采用的报酬方式。人员的报酬首先要考虑的是维持职工的最低生活消费和企业的基本经营状况，这是确定人员报酬的一个基本出发点。在此基础上，再根据职工的劳动贡献来决定采用适当的报酬方式。法约尔认为，不管采用什么报酬方式，都应该能做到以下三点：一要保证报酬公平；二要奖励有益的努力和激发热情；三要确保不存在超过合理限度的报酬。在市场经济条件下，教育职员的薪酬应参考经济发展的水平，根据经济发展状况弹性地调整，尽量使薪酬增长机制和市场机制相联系，建立起与企业相当人员的比较调整机制。

（2）横向上对应国家行政机关工资。高校作为事业单位，虽然不直接创造财富，不直接生产物质产品，但作为国家公共服务的提供部门，承担着为社会培养和输送人才的重要责任，对社会经济发展极为重要。我国公办高校教育职员没有列入公务员的范围，但与企业职员却不相同，不能按企业的工资确定机制处理。高校工资确定机制的特殊性是由高校事业单位的特点确定的。[①] 同样是公共部门，高校与国家行政机关有所不同。国家行政机关从事的是公共管理，即代表政府进行社会管理，一般不收取费用。高校从事的是公共服务，可以收取一定费用。在市场经济条件下，如果收入制度不合理、不平衡，就会使人才流失，学校

---

① 何宪.事业单位工资确定机制研究[J].中国井冈山干部学院学报，2021,14(04)：28-36.

发展受影响。工资确定机制是一个理论问题,更是一个实际操作问题,如果无法付诸实践,就完全没有用。同为公共服务提供部门,高校为了吸引人才,留住人才,激励人才,理应建立与国家行政机关对应的工资水平。

（3）个体上考虑教育职员的绩效差异。在薪酬组成中,绩效工资对教育职员积极性产生的激励作用最大。绩效工资的设计要结合教育职员的学历、技能、工作经验、业务水平和职位等级等,确保考核方式及标准能全面体现教育职员的业务能力、技术水平和岗位需求等。绩效工资应从激励的角度出发,设置多元化评估标准,体现绩效工资的公平性和激励性,全面体现教育职员的岗位价值,激发教育职员的责任感。高校应加强绩效考核在激励及约束教育职员方面的作用,将物质奖励与精神奖励相结合,依据教育职员的个性化需求,对其进行差异化奖励,以充分调动教育职员的积极性和主观能动性,激发教育职员全身心投入工作,提高管理效率,推动高校可持续发展。[1] 通过在薪酬标准中增加教育职员个体绩效因素的权重,使薪酬标准更可反映教育职员的实际贡献。

总之,应本着效率、公平、合法的原则,进一步完善教育职员的薪酬标准,使薪酬标准更科学、更适用,从而充分发挥薪酬制度的激励作用,调动教育职员的工作积极性,提高工作效率。

4.4.2 建立教育职员与专业技术职务相协调的薪酬制度

职员制度的最重要的相关制度是津贴分配制度,实行职员职级制的目的之一,就是联结专业技术职务津贴分配制度。目前,教育职员薪酬水平在高校内部偏低,这主要是受高校的科研和教学导向的客观因素影响。衡量高校办学实力的主要评价指标多倾注于教学和科研,因此,为了激励教学人员和科研人员,高校在制定内部薪酬制度时,都是偏向于科研和教学人员,而教育职员的薪酬水平一般是低于学校平均水平的。另外,高校内部也在一定程度上存在着轻管理重科研和教学的现象,认为教育职员的工作简单和可替代,不重视管理的效益产出。高校在制定内部分配制度时,往往会出现教育职员的薪酬整体偏低的现象。[2]

《关于深化高等学校人事制度改革的实施意见》(人发〔2000〕59 号)明确提出,在国家政策指导下,进一步加大搞活学校内部分配的力度,扩大学校分配自

---

① 覃颖.绩效工资,如何在事业单位产生有效激励[J].人力资源,2021(20):68-69.
② 苏剑峰.职员制下高校管理人员薪酬制度的思考[J].教育教学论坛,2012(36):9-10.

主权,建立重实绩、重贡献,向高层次人才和重点岗位倾斜的分配激励机制。高等学校要积极探索适合本单位特点的多种分配形式和办法,在国家政策指导下,推进薪酬制度改革,根据效率优先、兼顾公平、生产要素参与分配的原则,探索建立以岗定薪、按劳取酬、优劳优酬、以岗位工资为主要内容的校内分配办法。高校在实施职员制的同时,要改革校内薪酬分配办法,把握好教育职员与专业技术人员两个分配群体之间的平衡。

4.4.3　落实与业绩考核挂钩的业绩奖励制度

高等学校教育职员津贴一般分为两部分:一部分是职员岗位津贴,聘任几级职员就拿几级职员的岗位津贴;另一部分是业绩津贴,与考核和贡献挂钩。很明显,业绩津贴占的比重愈大,分配差距拉得就愈大。由于职员的业绩津贴不容易量化,一般情况下的津贴分配制度中,职员的业绩津贴占的比重较小。一般来说,高校将津贴的 30％作为业绩津贴,但在具体操作中,业绩津贴基本未按照实际考核结果进行分配,而是采用了平均主义。这样的做法对教育职员的激励毫无作用,相反挫伤了一部分工作实绩突出的教育职员工作的积极性。解决这个问题的前提在于建立科学的业绩考核体系,客观地进行考核。在客观的考核结果上,将业绩津贴拿出来重新进行分配,得到教育职员的认可和接受。对此,首先要加强宣传、明确改革的目标和方向。同时,为了稳定教育职员队伍,考虑到教育职员的承受能力,不可将差距拉得过大,应制定计划,分步实施。建立短周期奖励和长周期奖励相结合的业绩考核机制,避免短期效应。高校的业绩奖励一般每年开展一次。这不利于鼓励教育职员制定长期工作计划,从而产生短期的急功近利的思想。如果增加长周期奖励,并加大关键核心业绩与一般业绩之间的奖励差距,有利于工作成果的积累和沉淀。[①]

4.5　基于教育职员的公平需求,规范教育职员竞争制度

4.5.1　强化公平感对教育职员管理绩效有正面影响

自 1965 年亚当斯提出公平理论之后,围绕公平问题产生了大量的研究成果和文献资料。公平感是组织成员对工作付出后所得回报的价值感受和评价。从公平感知维度可将互动公平分为人际公平和信息公平两种,进而提出将公平感

---

① 赵治乐,赵汉青.高校业绩奖励政策的局限和对策[J].教育现代化,2017,4(36):182-184.

分为分配公平、程序公平、信息公平和人际公平四个感知维度。有学者通过对中国文化背景下的国内组织公平感知维度的研究,把我国公平感知的四维度结构总结为分配公平、程序公平、领导公平和领导解释。员工的公平感知受到很多因素的影响。员工的种族、性别和年龄等会对其公平感知产生影响。其原因在于,他们能够从过去的公平事件的经历和信念体系中获得一些团队间的可变性,从而影响其对公平的期望和感知。每个人的心理特征不同,其对公平的感知不同,主要分三类:一是奉献型职员,这类人的特征是偏好自己的高投入,偏好自己的投入大于所得,具有这类个性特征的员工的公平敏感性低;二是索取型职员,他们偏好自己的高所得,偏好自己所得大于投入,这类员工的公平敏感性高;三是平衡型职员,他们的个性特征是偏好自己的所得等于自己的投入。另外,工作种类、组织的人力资源管理制度和组织文化等组织特征对员工公平感知也有影响。

员工的公平感与组织效果存在影响关系,影响涵盖了工作满意度、组织承诺、工作绩效、组织公民行为和顾客满意度等维度。对于工作满意度,目前大部分学者的研究结果认为,员工的公平感知与工作满意度之间有较高的正相关关系,其中,分配公平与工作满意度的关系最紧密。对于组织承诺,大量的研究也证实员工的公平感知会对其产生影响。研究发现,程序公平和情感承诺之间高相关,分配公平、互动公平虽然和情感承诺相关,但并没有程序公平和情感承诺强烈。对于组织绩效,大多学者的研究都认为员工的公平感对组织绩效产生正面影响。[1] 满足教育职员的公平需求,应该进一步规范教育职员竞争机制。高校教育管理要更多地关注公平与正义,不能仅仅局限于以最少的投入获取最大的效益,而要更多地关注师生的公共利益,即学校的一切行政投入与产出应以公平与正义为目的,也就是高校教育管理工作必须把重点放在以广大学生和教师需求为导向的公共利益上,并为各个利益主体创造一个公平的竞争环境,而不是为某一集体、某一个人谋取私利。建立和完善高校内部的监督机制,组建由教职工、学生以及社会有关人士参加的教育督察和教学督导团,参与学校重大事务决策和决策执行的监督与检查,进一步促进高校教育管理的公平与正义。[2]

4.5.2 规范教育职员聘任、晋升和考核的公平竞争机制

规范教育职员竞争制度是完善教育职员激励机制的重要内容,其中重点应

---

① 严玮.高校薪酬制度对高校教师公平感知的影响研究[D].南京:南京航空航天大学,2010.
② 傅红涛.高校教育管理体制改革的探讨[J].发展论坛,2003(08):72-73.

当规范教育职员聘任、晋升和考核等竞争机制。为确保教育职员竞争的公正性，要切实做到以下三点：

(1) 落实信息公开制度。信息公开是以公民获得政府信息的权利为基础的，而不是以行政权力为基础。公民个人根据宪法权利和具体的法律规定，自由地获取政府信息，是公民和公共权力机关之间关系的一项基本原则。教育部对高校的信息公开有明确的制度规定和工作要求。信息公开对改进教育职员选择任用工作具有重要作用，它把教育职员聘任、晋升和考核置于广大干部群众的监督之下，不仅有助于遏制选人用人上的不正之风，而且有利于增进教育职员的自律意识和服务观念。相对传统的不透明运作，信息公开是一个重大的进步。但是，为避免和防止公示走过场，公示制应当规范操作，具体包括规范公示对象、公示范围、公示内容、公示方式、公示时间和公示程序，应当鼓励群众在公示期间通过多种途径和方式，发表意见。

(2) 应当建立差额制度。差额是相对于等额而言的，差额选举是指在选举中实行候选人数多于应选名额的选举。差额选举作为一项基本的选举原则是从1979 年选举法、地方组织法修改后开始实行的。差额选举制度的核心思想是引入竞争机制，选出更加合适的候选人。在高校的选人用人中实施差额制，可以达到优中选优的目的。在高校教育职员选聘工作中，实行差额制度更有助于扩大民主，广泛接受群众监督，也有利于增进竞争激励效果，这是避免和防止在干部选择任用上任人唯亲的有效措施之一。这种办法克服了等额制缺乏选择余地和选择比较，导致凡考核必晋升的弊端。

(3) 应当完善程序制度。程序公正是程序正义的核心。罗尔斯将程序正义分为完善的程序正义、不完善的程序正义和纯粹的程序正义三种形式。完善的程序正义是指有一个决定什么结果是正义的独立标准和一种保证达到这一结果的程序。完善的程序正义过于理想化，强调目的和手段的完美结合，认为程序正义能够得出绝对的结果正义。不完善的程序正义是指存在着评价结果正义的标准，但完全满足这种标准的结果得以实现的程序却不存在，不完善的程序正义更重视程序之外的评审标准。纯粹的程序正义是指不存在评价实体结果正义的独立标准，只要程序是正义的，结果也就是正义的。① 理论上不完善的程序正义，在制度上可以与纯粹的程序正义进行结合，即以科学严密的程序设计来约束评审主体的评审活动，使评审活动公正合理地进行，或者通过一定的程序技术装置转

---

① 约翰·罗尔斯.正义论[M].何怀宏，等.译.北京：中国社会科学出版社，1988：81-82.

换为纯粹的程序正义,从而使评审结果具有不容置疑的公正性。程序公正是结果公正的重要条件,因此,教育职员聘任、晋升和考核程序必须制度化、规范化。特别是对于晋升,具体的程序可作如下规定:①在规定的时间、地点公布晋升计划。②在规定的范围内组织民主推荐,民主推荐可分为有指定候选对象推荐和无指定候选对象推荐,对无指定候选对象的推荐,则应当规定被推荐对象必须具备的政治知识和能力条件以及被推荐对象的大致范围。③初步确定晋升考核预选对象,根据晋升考核差额制确定被考核对象,并按规定给予公示。④按程序组织考核和集体讨论决定,并进行任前公示。⑤允许职务晋升申诉或控告,对认为不公平、不公正的领导职务晋升而致使自身职务晋升受到影响的,教育职员有权提出申诉或控告。

第 5 章　教育职员管理的配套措施创新

5.1　促进教育职员管理的法制化进程

5.1.1　从法律角度审视教育职员制存在的问题

在我国学校教育职员试行职员制的具体操作中,与德国、法国、日本等国的状况相比较,在法律保障上还面临诸多问题,主要表现为:①人事管理制度不健全,缺乏法治。自 20 世纪 80 年代初职称改革以来,经过若干年的实践,对教师聘任的改革与管理日趋规范。但学校教育职员在选拔、任用、评聘、考核、教育、培训、权利和义务等方面缺乏法律规定。②教育职员制实行 20 余年,有喜有忧。例如我国《高等教育法》提出,高校教育职员实行教育职员制,但教育职员的职务和职级属性、岗位设置、"双肩挑"人员如何规范以及职员体系如何与社会相衔接,在法律上难以界定。③法律条文重教轻管,有失平衡。《高等教育法》规定,学校应当为教师参加培训、开展科学研究和进行学术交流提供便利条件。对学校教育职员的培训却只字未提。④教育职员身份多重,定位模糊。中华人民共和国成立后学校实行的是供给制,在劳动人事管理上只区分干部和工人。各级各类学校中的教育职员大多具有干部身份,都有一个行政级别,以这个行政级别确定地位和待遇。他们的"级"与国家公务人员的"级"是等价的,于是一些行政干部、军转干部也到了"同级"学校的领导岗位。教育职员不像教师有硬性的任职条件限制,就很难保证形成一支高素质的教育职员队伍。⑤职员改革各自为政,规章制度各有不同。因为没有统一的、系统的、可操作的规定,如一些试点高校仅仅根据一些指导性的文件制定本校的规章制度,造成文本多、适用范围小、适应性差、弹性大、约束力不强。⑥与发达国家的做法不相一致。德国、美国、法国等国家的学校教育职员中相当一部分属于国家公务员(文职人员),这些国家制定公务员法保障他们的地位,维护他们的权益。因此,随着教育职员制度的实施,我国急需制定出相关法律法规,明确学校教育职员的责任和义务,同时赋予他们相应的权利并予以保障,使学校教育职员的管理尽快走上法制化轨道。

5.1.2 加快教育职员管理的专门立法

我国《教育法》《高等教育法》为制定教育职员法提供了思想基础和理论、法律依据。我国《教师法》《公务员法》的内容,可以借鉴、学习国外教育行政法律、法规方面的经验。教育职员法能够使教育职员管理有法可依,操作更加规范,教育职员的专业化得以最终实现。对教育职员立法有几点指导思想:①推进法制化。通过健全的法律法规体系,使学校和其他教育机构的管理逐步走向法制化管理轨道。明确教育职员的权利和义务,规范教育职员聘任制度,完善教育职员聘任程序,对教育职员的教育与培训、奖励与处分等进行较为具体的规定。②增强开放性。教育职员聘任面向学校、其他教育机构的党政教育职员、教师、教学辅助人员、工人甚至社会上的管理人才。教师也可以竞聘职员职位,成为职员后应遵守教育职员法,履行职员义务,遵守国家规定的工时制,法定工作时间以外可以从事其他兼职工作,包括教学和科研。③强调科学性。教育职员法应体现分类管理的原则,改变以往按同一标准聘任教育职员的思路,具有科学的竞争机制。教育职员聘任制使教育管理具有正常的新陈代谢机制,能够保持管理工作高效和充满活力。④把握渐进性。与国外教育管理的法律体系相比,我们还有很长的路要走,教育职员法只是其中的一个阶段性产物,随着时间的推移,教育职员薪酬法、教育职员编制条例、教育职员考试条例等法律法规也会相继出台,针对教育职员的法律体系也会日臻完善。

促进教育职员管理的法制化进程,要重点处理好高校与教育职员法律关系。面向未来,高校与教育职员的法律关系将具体表现为非营利性事业单位法人与教育职员的关系。这种转变从管理方式、法律地位和利益关系等方面表明,高校与教育职员的法律关系需要进行实质性的转变。①淡化身份依赖,强化契约管理。实行职员制度以前,高校与教育职员的关系主要表现为行政法律关系。高校对其教育职员的管理主要采用行政管理手段,往往通过直接的方式给教育职员分配具体的工作,以实现管理的目标。从管理的形式看,这种管理关系最大的特点就是身份管理,教育职员作为公立高校的一员,对高校具有很强的依赖性。从管理的方式看,高校与职员之间的管理关系不再是传统的身份管理,而是转变为契约管理的方式,通过双方签订聘任合同建立的工作关系,在工作中,双方的权利与义务主要通过聘任合同进行规定。②淡化行政意志,强化平等权利。在实行职员制度以前,高校与教育职员主要构成行政法律关系。高校与教育职员在管理活动中居于不平等地位,双方的权利与义务往往是不对等的。高校以国家法律授权的名义对学校的各项工作进行管理,并通过制定一定的规章制度保证其所具有的行政职权得到有效行使,高校有权撤销教育职员的职务或者变更教育职员的身份,剥夺其从事高校管理工作的权利。高校的教育职员必须服从高校的管理,遵照高校的管理意志,从而履行自己的岗位职责。在实行教育职员制度以后,高校与教育职员之间的管理关系是通过签订聘约的形式建立的。在签订聘约的过程中,公立高校作为法人,教育职员作为自然人,双方处于平等的地位,聘约中所列出的权利与义务是双方共同商定的结果,聘约的签订可以说是双方真实意思的表示。在履行聘约的过程中,虽然双方是管理与被管理的关系,但是这种关系仅体现了双方岗位的分工差异,双方的权利与义务是平等的。③淡化利益优先,强化共同发展。在实施职员制度以前,高校作为具有公共服务职能的教育机构,其所代表的利益相对于教育职员的个人利益而言,是一种公共利益。当两种利益发生冲突时,冲突的纠纷调解属于公法范畴,高校所代表的公共利益得到优先保护,教育职员的个人利益往往不能受到应有的重视,不提倡主张个人利益。在实施职员制度以后,教育职员属于民法上所规定的自然人主体,因此,两者间的利益冲突,实质上就是平等个体之间的利益冲突。双方的利益都受到保护,在法律中享有平等的地位。①

5.2　实施战略性人力资源管理

战略性人力资源管理产生于 20 世纪 80 年代中后期,近年来这个领域的发展令人瞩目,对这一思想的研究日趋深入。战略性人力资源管理是指为了使组织能够达到目标,对人力资源各种部署和活动进行计划的管理模式。相对于传统人力资源管理,战略性人力资源管理定位于支持组织的战略中人力资源管理的作用和职能。作为组织战略的重要组成部分,人力资源战略就是确定一个组织如何进行人员管理以实现组织的战略目标的方向性指导计划。而战略性人力资源管理就是要使组织的人力资源管理和组织的人力资源战略相一致,以符合组织的战略需求,引导所有的人力资源活动都围绕着组织的战略目标进行,为组织战略的制定实施创造条件。其目的是要通过确保组织获取具有良好技能和良好激励的员工,使其获得持续的竞争优势,从而形成组织的战略能力,依靠核心

---

① 田虎.建国以来高校与管理人员法律关系的回顾与展望[J].现代教育管理,2012(02):96-100.

人力资源去建立竞争优势。战略性人力资源管理有四个基本特征：①人力资源的重要性。组织拥有的人力资源是组织获得竞争优势的关键性资源，具有某种程度的不可替代性。②人力资源管理的系统性。组织为了获得可持续的竞争优势而采取的系统的人力资源管理政策和实践路径。③人力资源管理的战略性。人力资源管理要与组织的发展战略相契合，与人力资源管理系统各组成部分或要素相契合。④人力资源管理的目标导向性。战略性人力资源管理强调以组织的战略目标为导向，整合组织的各种资源，形成协同效应。

5.2.1　实施战略性人力资源管理的基本要求

（1）培育"人本管理"理念。在现代社会，特别是高科技产业迅速发展的 21 世纪，从创造社会财富、促进经济增长和加强竞争优势等方面来看，人力资源已逐渐起着主要的、决定性的作用，人力资源成为企业的第一资产。因此，高校高层管理者要改变把人力视为成本的传统观念，将人力资源作为高校的战略资源来对待，真正树立"以人为本"的管理思想，尊重个人价值，全面开发人力资源，通过校园文化建设，培育全体教育职员共同的价值观，运用各种激励手段，充分调动和发挥人的积极性和创造性，引导全体教育职员去实现企业的战略目标，依靠全体教育职员的共同努力促进高校的不断发展。

（2）进行人力资源管理战略性定位的转移。当代人力资源管理的角色正经历由传统的"职能事务性"向"职能战略性"的转变。传统的高校人力资源管理工作大致可分为两方面：一种是作业性的，另一种是战略性的。所谓作业性工作，是指考勤、人事档案管理、绩效考评、薪资福利等行政性的工作。而战略性工作包括人力资源政策的制定、执行，招聘，教育职员的教育、培训、职业生涯规划及组织发展规划，具有相当的前瞻性。高校人力资源管理部门的职责将逐渐从作业性、行政性事务中解放出来，把一些非核心的、过于细节化的传统性人事管理业务外包出去，使人力资源部门专注于系统性、全局性的战略性事务。

（3）实现战略匹配与整合。"战略匹配与整合"这个概念，是战略性人力资源管理的中心概念。我们需要通过战略整合来保持人力资源战略和高校发展规划的一致性。人力资源战略可以支持高校发展规划的实现，并且可以帮助制定高校发展规划。只有将人力资源管理和高校发展规划充分地进行整合，人力资源管理政策才能贯穿各种政策和各个层级。战略匹配包括外部匹配和内部匹配。外部匹配是指人力资源战略和高校发展规划相一致，和高校的发展阶段相一致。

内部匹配是通过发展和强化人力资源管理的各种政策和实践之间的内在一致性而完成的,也就是将几个互补的人力资源活动一起开发和执行,从而使它们保持内部一致性,并达到互相加强的目的。

(4) 完善高校功能结构和人力资源配置机制。高校功能结构与高校发展规划之间的关系是前者服从于后者,高校发展规划的变革会导致高校功能结构的改变。当高校改变发展规划时,其现行功能结构有可能变得无效,这时就要求调整现有的功能结构,使其服从于战略的需要。功能结构的重新设计应能够促进公司战略的实施。建立与战略相适应的组织支持系统主要包括三方面内容:①正确分析企业目前功能结构的优势和劣势,设计开发出能适应战略需求的功能结构模式。②通过高校内部管理层次的划分、相应的责权利匹配和适当的管理方法与手段,确保战略的实现。③为高校功能结构中的关键战略岗位选择最合适的人才,保证战略的顺利实施。要根据高校发展目标和工作任务,按照量才使用、用人所长的原则,对教育职员进行合理配置,确保教育职员能够被安置在与其能力相适合的职位上。同时,要注重人力资源结构的优化,通过群体互补发挥人的组织活动效能。

5.2.2　规范教育职员人员招聘流程管理

在"双一流"建设的背景下,高校面临的人才竞争也日趋激烈,吸引和留住高水平管理人员是高校提高管理水平的迫切需求。高校要获得所需要的教育人员,达到人岗匹配的状态,必须抓好教育职员的招聘工作。教育职员的招聘是一项系统化、复杂化并且具有长远性的工作,它贯穿于高校的整个生命历程,高校要站在战略的高度上,以人为本,结合高校的实际情况做好教育职员招聘规划,规范招聘流程。①制定合理的用人标准,做到人岗匹配。坚持德才兼备的选人和用人的标准,"德"主要考察教育职员的政治标准和思想品质;"才"主要考察教育职员的能力水平和工作绩效。高校在招聘教育职员时,要结合各部门岗位的实际用人需求,制定合适的招聘计划,避免盲目提高用人标准。在对外发布招聘信息前,要认真做好岗位分析,清晰描述岗位要求。岗位分析是对企业各类岗位的性质、任务、职责、劳动条件环境,以及教育职员承担本岗位任务应具备的资格条件所进行的系统分析与研究,并由此制定岗位规范、工作说明书等人力资源管理文件的过程。②拓宽招聘渠道,广泛吸引应聘人才。目前,高校运用的招聘途径主要有人才招聘会、校园招聘、网络招聘以及内部招聘,还可采用人事外包的方式,整合利用高校外部的专业化资源,代理学校进行招聘,从而降低成本、提高效率,充分发挥高校的核心竞争力和提高环境适应力。在高校招聘中,招聘者的自身素质不仅决定高校能否招聘到合适的人才,还关乎高校自身的形象。所以,高校应该任命具有专业的人力资源管理知识的人员负责具体的招聘工作,在有条件的情况下,最好要求用人部门的负责人参加到招聘环节中。招聘工作结束后,高校应当组织招聘人员对招聘工作进行总结和评估,提高招聘成功率。③充分准备面试工作,提高招聘质量。面试是招聘过程中一项重要的步骤,高校招聘人员直接与应聘者通过面对面的交流,最终从应聘者的教育和工作背景,结合面试时的语言、举止以及反应能力等进行综合判断,选择适合的应聘者。在面试前做好充分的准备工作,主要有以下几个方面:确定参加面试的招聘人员,且应当事先有所准备。在进行面试前,招聘人员应当预先思考好面试过程中的提问。提问不能过于简单,问题应当是能够判断出应聘者价值取向等各方面素质的。在面试过程中,应当留给应聘者足够的询问时间,招聘是一个双向的了解和选择过程,彼此充分地了解,有助于提高招聘的准确性。① ④加强对应聘人员的综合素质的考察。第一,要具备服务意识。要树立服务第一和服务育人的服务意识,明确自身的工作定位是为教师的教学和科研服务,为学生的学习、成长与成才服务。第二,要具备业务知识,应聘不同部门要考察不同业务知识,如应聘教务部门、财务部门、审计部门、人事部门或纪检部门,要分别考察其相关的专业知识。第三,要具备管理技能,要考察其掌握高等教育组织协调、团队合作和运用现代信息技术的能力。②

5.3　强化教育职员绩效考核

建立教育职员绩效考核体系是高校人力资源管理的重要一环。绩效考核是指组织在考核周期末,对照工作说明书或绩效标准,采用科学的方法,检查和评定员工对职务所规定的职责的履行程度、员工个人的发展情况,对员工的工作结果进行评价,并将评定结果反馈给员工的过程。通过绩效考核判断他们是否称职,并以此作为人力资源管理的基本依据,切实保证员工的报酬、晋升、调动、职业技能开发、激励、辞退等项工作的科学性。

---

① 冯秀清.浅析高校人员招聘问题研究[J].电脑迷,2017(08):137+14.
② 孙凤华.中国高校的教育职员制度和优化对策研究[J].通化师范学院学报,2014,35(03):110-113.

5.3.1　明确绩效考核的目标和标准

（1）绩效考核目标。为使绩效考核顺利实施，首先，要明确绩效考核的目标。因此，高校必须明确战略目标并结合教育职员本身及岗位层层分解糅合到每一位具体的教育职员，使每一位教育职员都明确地了解到自己需要达到的工作目标和完成的工作重点，而且这些目标是很明确的、可以控制的，可通过努力达到的。例如，目前国内部分高校提出要建设世界一流大学。这就是高校的战略目标，而教育职员本身的目标是为了更好地体现自身价值，提高自身的满意度和未来的成就感，这两个目标本身就是一个"共同体"。建设世界一流大学需有一支世界一流的教育职员队伍，所以，只有科学地制定组织、部门的考核目标，才能真正达到组织与个人发展的"双赢"。绩效考核体系强调沟通，更强调组织与个人的共同发展。应该说，发展是考核的主线。高校在改革和创新绩效考核制度的过程中，要坚持公平公正原则，尽可能避免绩效考核的主观性特征，应当形成客观公正的考核机制与标准，从而真实反映教育职员的工作状态与能力，便于为后期的岗位调动形成依据。为了避免暗箱操作，高校绩效考核还需要公开绩效考核的标准与方法，一旦绩效考核结束，要迅速将考核结果送到教育职员手中，使得教育职员能够充分了解考核结果。绩效考核的公平、公正原则不仅可以提高考核的公信力，还能够让教育职员了解自身存在的问题，进而提高工作能力。在绩效考核结果得出以后，相关部门要及时进行反馈，确保高校管理层能够准确了解教育职员的工作状况与成长状态，从而针对性地对教育职员展开激励和指导，并提出全新的工作要求。[①]

（2）工作分析。高校教育职员的工作具有其特殊的方面。一方面，高校所特有的教学、科研管理工作的弹性化特点；另一方面，高校所具有的特殊的政府级别管理制度的影子。这使得不同岗位的教育职员所负有的责任、权利及工作关系等都存在较大差异。所以，在建立绩效考核体系的过程中，工作分析是重要的第一步。高校教育职员岗位的工作分析要根据高校发展目标和教育职员的实际情况，研究、分析其所在岗位的工作性质、内容，并对完成这些工作所应履行的岗位职责和应具备的能力素质、工作条件等进行认真、务实、详尽的说明。例如，高校办公室综合协调秘书岗位的职责是，协助主管领导做好校级大型活动的前期准备、组织协调工作，在活动中积极配合相关部门做好参会领导及其他人员的服务工作,活动结束后,主动总结经验、得失、教训,做好活动档案的整理保存备查等工作。工作分析为绩效考核标准和考核要素提供了直接的依据,为教育职员明确在实际工作中什么是有效绩效、什么行为产生有效绩效及组织鼓励哪些绩效等提供了帮助;同时,绩效考核者也可以清楚地知道,如何对每一个教育职员进行考核、用什么标准进行考核;工作分析还为教育职员绩效提升指明方向,高校对教育职员进行考核的主要目的是为了提升绩效,而提升绩效的最有效手段,如定岗定责、定员定编及工作再设计等,都必须建立在工作分析的基础上。所以,工作分析对于教育职员绩效考核体系的科学建立,具有重要意义和指导作用。

（3）绩效考核标准。科学地建立绩效考核标准,对于绩效考核成败起着至关重要的作用。当前,高校普遍采取的德、能、勤、绩的考核标准体系能够比较全面地考核教育职员的工作情况。但是,对不同岗位教育职员的决策、履行计划、组织、领导和控制能力要求没有进行区分。实际上,不同岗位对教育职员的能力要求是有侧重的,这样的考核指标比较笼统。从精细化考核的角度来说,还要结合不同的岗位进一步细化考核标准,形成更准确的考核评价。另外,在考核指标上,也可以引入新的考核因子。博尔曼（Borman）和莫托威多（Motowidlo）(1993)提出了情境绩效和任务绩效(task performance)的二维绩效模型。与任务绩效完成的强制性不同,情境绩效是指一系列自愿的、人际间、面向组织或团体的行为,这些行为营造了一个良好的心理和社会环境,从而有利于组织整体任务的达成。自二维绩效模型提出以来,关于绩效的研究和应用已在组织结构以及人力资源管理等方面取得一定成果,若根据教育职员的工作特点引入关系绩效理论,再结合目前各高校具体情况制定考核标准体系,将为各高校科学地建立教育职员绩效考核标准奠定基础。绩效考核要转变单纯重视岗位业绩考评数据的现状。绩效考核不仅应包含教育职员的工作成果、工作态度、协作意识、服务意识以及创新能力等基本要素,还应包含教育职员对新教育理念的掌握、新管理技术的应用能力等。高校教育职员岗位绩效测评指标与考察手段必须要努力达到全面覆盖程度,充分发挥高校全面绩效考核应有的激励价值。

5.3.2　完善绩效考核的运作体系

（1）教育主管部门要做好高校教育职员绩效考核的保障工作。①协助高校做好与地方人事部门的沟通工作,以期得到地方人事部门的积极配合。②财政部门对实施高校职员制度起着至关重要的作用,按照职员制标准,高校管理人员的薪酬待遇将会有不同程度的改善,这些新增加的经费单靠高校自筹解决有一定困难,需要地方财政和国家财政的大力支持。③高校职员制的实施必须得到组织部门、计划管理部门、编制管理部门,以及审计部门等的支持与协作。④要切实推进以政府为主角的人事管理制度改革,为高校管理人员建立一个良好的社会保障体系,尤其是医疗保险、失业保险和基本养老保险,打造一个良好的实施高校教育职员制的外部环境。高校职员制评价应当由社会各界共同参与,共担职责,围绕优化实行职员制这一总目标,从不同角度为高校教育职员制度发展与完善提供客观、可信、有效的评估。

(2)绩效考核的实施和评估。科学、合理、有效地建立高校教育职员绩效考核体系,是高校深化人事制度改革及高校提高教学、科研管理水平的重要一环。教育职员作为高校重要的人力资源,其管理与开发关乎教育职员的切身利益和高校的生存与发展。针对教育职员绩效考核体系的研究还在继续,只有将对教育职员的绩效考核与高校的发展结合到一起,将重点着眼于未来,着眼于教育职员的发展和高校的发展,才能更好地提高高校人力资源管理的水平。①绩效考核的实施。教育职员的工作特点及高校工作的特殊性决定了教育职员绩效考核的复杂化。教育职员作为高校的教育职员,所从事的管理工作类别繁杂,就算是相同类别的岗位之间,工作性质、特点及结果等,也存在很大的差异。如果忽略这些差异,将所有职员都采用一种考核方法,将达不到绩效考核的最终目的。应结合教育职员管理工作的特点,由教育职员的上级、同事、下级或者管理服务对象以及其本人组成考核小组,根据其工作特点所涉及的各个方面对教育职员进行全面的考核和评价,这样既增加了教育职员本身在考核过程中的权重,又可通过教育职员寻找自我差距与不足来主动完善提高绩效。②考核结果的运用。考核结果的合理运用对教育职员的绩效提升及组织目标的实现意义重大。组织目标的实现,离不开教育职员本身的努力。考核本身是一种手段,不是目的,考核结果不仅为薪酬调整、晋升等方面提供依据,更重要的是它提供了许多了解教育职员本身的有用信息。为考核部门能针对性地提高职员的绩效奠定了基础。所以,只有不断持续地将考核结果通过考核面谈的方式反馈给职员,使其了解本身的绩效状况和考核结果,并通过考核面谈建立一种双向有效的沟通环境,为职员安排合理的职业培训等各项辅导,使职员自觉地向绩效提升的方向发展。③绩效的提升。绩效考核是一个系统性工程,组织绩效及职员绩效的提升是一个持续不断的总结与沟通的过程,在经过考核面谈反馈及相应的培训后,职员的绩效及组织绩效才能得到提升,并为下一轮绩效考核制定组织目标和个人目标提供依据。只有在这样一个循环往复的过程中,注重发挥职员的主观能动性,提高组织与职员之间的真诚沟通与交流,建立长效的绩效沟通面谈机制,才能为组织与职员绩效的提升,为实现组织目标打下坚实的基础。

5.4　建立教育职员职务晋升制度化的保障机制

5.4.1　发挥职务晋升制度化的激励效用

实行晋升机制,增强教育职员工作动力。从教育职员个人的角度来说,职位上的晋升是其提升工作积极性的主要动力。但是,在当今大多数高校中,级别和待遇的高低仍然与员工资历的深浅紧密相关。年轻的教育职员想要超越工龄的限制得到提拔非常困难。因此,岗位的晋升应当拓宽渠道,加强选拔力度,为更多的教育职员提供公平竞争的平台。在晋升制度的设置上,应当将能力大于资历放在首位,鼓励更多的教育职员发挥才干,保证高校真正做到人尽其用。教育职员的工作性质决定了他们没有充裕的时间进行学术研究,也不可能完成大批量的课程学习,所以,在设置职务评定标准时,需要充分考虑这一点。①

(1)形成长期的激励效用。高校把优秀的管理人才提拔到高一级的岗位,对于被晋升者是一种巨大的激励。同时,能帮助未晋升者或新来者形成正确的职业发展期望,能正确引导教育职员今后的行为,使教育职员将个人职业发展与高校的长期发展结合起来,从而增强教育职员对高校的归属感、忠诚感与一体化认知。虽然教育职员职务晋升的次数、等级是有限的,但是职务晋升制度化是一种目标激励和精神寄托。它能使教育职员找到自己可遵循的晋升规律;使每一个渴望晋升的教育职员理解高校对自己的期望,明白他想要晋升的岗位的选聘标准,为自己设立一个明确的目标;使大多数优秀的教育职员继续努力工作,保持敬业精神;使一部分与高校同甘共苦、一起成长的教育职员受惠于高校发展的成果;提高教育职员对高校价值观的认同感,提高教育职员的适应性与融合性,加强高校的凝聚力。职务晋升制度化目标作为一种诱因,当它对人们具有较大的实际意义和实现的可能时,就会诱发出强烈的行为动机,使人们表现出较高的积极性。教育职员从取得现在的岗位开始,就着眼于下一个职位的目标设计,并在日常工作中一步一步地朝着这一目标努力。

(2)消除或部分消除得不到晋升的教育职员的负面情绪。对于有限的职务

---

① 黄建."双一流"背景下普通地方高校行政管理队伍建设探讨[J].办公室业务,2021(18):104-105.

晋升,教育职员不仅十分重视晋升结果,而且还会主动寻找失败原因,如是能力
问题还是学历、职称问题,教育职员会扪心自问,然后自我加压,弥补自身不足。
只要职务晋升的制度化有保证,无论人们在定期进行的职务晋升活动中获益或
受损,都更可能接受晋升结果,而且很快就会摆脱挫折感与不良情绪,修正自身
行为,增强自身实力,耐心等待新机遇,同时在内心建立起与所属高校的对等信
任与承诺,并延伸到对所承担的实际工作的职责承诺,从而自始至终表现出合作
的态度与行为。晋升制度化能让教育职员相信,尽管他们没能获得晋升,但他们
仍然是高校里有价值的、受尊重的成员,仍然有机会得到晋升,从而消除或部分
消除负面情绪。

5.4.2　保障教育职员晋升制度化的具体措施

　　教育职员职务晋升制度化是教育职员职务晋升从特殊的、不固定的方式,向
被普遍认可的、固定化的办事规程转化的过程。实现教育职员职务晋升制度化,
必须有一定的实施机制作保证。

　　(1) 以增量激活存量,优化队伍结构。实现教育职员职务晋升制度化,首先
要树立人才激活新理念,以增量激活存量,优化队伍结构。为此,高校必须激活
人才新机制,消除教学科研队伍、教育职员队伍之间的体制性障碍和壁垒,加快
教学科研人员、教育职员之间的流动与融合;通过选拔善于管理、投入管理的高
层次教学科研人员,充实教育职员队伍,树立新型教育职员标准,明确新型教育
职员选拔导向,促进现有教育职员队伍不断提高知识水平、管理能力,加快角色
转型,适应高校发展的需要,跟上高校发展的步伐。

　　(2) 以绩效评估能力,量化绩效标准。建立教育职员量化考核制度,以绩效
评估能力,是实现教育职员职务晋升制度化的重要基础。一是工作业绩档案化,
为量化考核提供依据。二是考核评比显性化,通过对比和评比,考核每个教育职
员的精力投入、工作态度和工作质量,提高考核评比结果的认可度、可信度。三
是能力评估依据化,依据工作绩效,依据部门及跨部门评议,依据教育职员自身
综合素质,客观、公正地评价每一位教育职员的工作能力、管理能力,尽量排除印
象、感觉等主观主义和形而上学因素的干扰,从根本上杜绝片面追求学历、职称
的不良现象。

　　(3) 以机制保证制度,理顺办事规程。教育职员职务晋升制度化,仅靠执行
者的理性作保证是不够的,有必要疏通制度环节,激活运行系统,建立科学的运
行机制。①规范民主与集中关系,贯通民主监督运行机制。实行民主推荐、考察

预告、考核反馈制度,完善公示制度和试用期制度,落实广大教职工的知情权、参与权、选择权和监督权,保持教育职员晋升各环节的透明度。②规范适才、适用关系,贯通能力与岗位匹配机制。一旦能力与岗位匹配机制得以良性运行,即可避免教育职员晋升中公私不分、亲疏远近、个人好恶、不顾事实和一味排斥等非理性因素的影响,做到讲学历、职称,但不唯学历、职称。③职、级分离,畅通教育职员职务晋升正常运行机制。就教育职员来讲,实行职、级分离,拓宽晋升渠道,建立教育职员长效激励机制势在必行。④完善辞职、免职制度,激活代谢机制。激活代谢机制的有效措施,就是落实辞职、免职制度,激励教育职员投入工作、干好工作、干出成效,实现教育职员队伍的优胜劣汰。⑤处理好近期与长远发展的关系,建立教育职员队伍建设长效机制。处理好学历、职称、能力与职务晋升之间的关系,是现阶段高校教育职员工作的特点和要求。随着高等教育的大发展,教育职员必然表现出高学历、高职称、能力强和肯投入的一致性,因此,需要从战略和全局的高度,有针对性地制定提高教育职员队伍素质的建设规划,努力打造一支强有力的高校教育职员队伍。

第6章　高校教育职员管理创新的展望

6.1　行政权力的纵向分配与行政组织的扁平化

"双一流"建设情境下，高校教育职员管理的外在环境和内在需求正在发生着很大的变化，国内高校都在不断探索和推进教育职员制度改革，形成了具有本校特色的教育职员制度(本书附录部分列举了自我国高校试行教育职员制以来，部分高校的职员制实施方案，供参考比较)，以求适应新时代高校教育改革的需求。现代大学治理体系的核心和实质就是对高校运行中各种权力、职责等的有效配置，从而促进高校的健康有序发展。站在加快推进"双一流"建设的新的历史起点上，正确认识"双一流"建设面临的机遇与挑战，建立现代高校治理体系，持续探索具有中国特色、世界水平和时代特征的一流大学建设道路尤为重要。本书的最后一章，从当前高校治理和权力运行新趋势的角度，对今后高校教育职员管理的创新作探讨。

扁平化管理是相对于传统的等级结构管理模式而言的。传统组织的特点表现为层级结构，即在一个企业中，其高层、中层和基层管理者组成一个金字塔状结构。现阶段，我国高校尤其是公立高校大都应用高长型的金字塔状结构，通常是校、院、系三个管理层面，在部门内部还有若干管理层级。在这种结构中，决策权主要集中在高层管理者手中，工作人员注重命令的执行，较少参与决策，各项事务都需要上报，工作流程比较繁琐和拖沓。扁平化管理模式可以较好地解决传统管理模式中的管理层次重叠、冗员增多、效率低下的弊端，有效地减少管理层次，提高适应外部环境变化的能力；加快信息流动的速度，信息不易失真，提高决策效率。同时，相对少的管理层级，使得基层单位拥有充分的自主权。[①] 但由

---

① 宋嵘嵘,周春泮,周亚敏.基于扁平化管理理论的高职院校行政管理模式探析[J].宁波职业技术学院学报,2021,25(03):104-108.

于较少的管理层次和高度的分权,大量的数据和管理信息直面决策者,对决策者的能力提出更多更高的要求;同时,对团队素质要求也随之提升,如果团队素质欠缺,反而易引起管理混乱。在权力分配机制层面,世界一流大学有着清晰的权责划分界限和完善的制度管理体系,对我国高校的管理有积极的借鉴意义。随着我国高校办学自主权的不断扩大,管理权力的主体重心应当不断下移,使得基层办学需求得到及时反馈,以最少的资源消耗生产出最多成果,为学校的未来发展激发活力。[①]

高校行政管理制度的简政放权已经成为高校改革的主方向,成为促进高校"双一流"建设的有效渠道。简政放权一方面要减少管理层次,另一方面要进行有序的权力下放。影响管理幅度的因素主要有管理的环境、管理对象的能力和管理的技术,扩大管理幅度需要增加管理对象的自主权。当前,进一步推进管理权力下放的条件日趋成熟:①"双一流"建设的政策环境。"双一流"建设要求高校健全管理制度,推动重大安排部署的科学决策、民主决策和依法决策,健全高校"双一流"建设管理机构,创新管理体制与运行机制,完善部门分工负责、全员协同参与的责任体系,确保"双一流"建设方案全面落地。②教育职员队伍整体素质的提升。扁平化管理要求有高素质、高能力的员工在各种变化着的团队中高效工作,形成一个人才资源的有效聚合。近年来,高校教育职员队伍的学历层次和能力素质不断提升,终生学习的意识越来越牢固,为提升学校管理能力提供了有力的智力支撑。③现代管理技术的广泛应用。随着计算机和互联网技术的发展,高校各类信息管理系统的普及应用,如 OA 办公系统、学生管理系统、教务管理系统、科研管理系统、人事管理系统、财务管理系统和资产管理系统等,逐步形成了统一的数字校园综合服务平台,正在实现数字校园"一站式服务"。基于云计算、大数据和人工智能等新技术构建的全方位、全过程和全天候的数字校园体系,极大地提升了教育教学管理能力。

高校合理进行纵向权力分配,完善内部管理组织体系。①全面推动组织机构创新与转型,提升组织运作水平。推动行政结构设置精简化以及统一化,将管理职能业务相近及相似的部门进行有机结合,且通过科学布设机构,让高校管理部门职责更科学、高效,保证机构合理布设,为提升高校行政管理效率提供有效依据。②有效处理学校同院系之间的关系。高校需从整体方向上掌握学校发展

---

① 纪秉卓."双一流"背景下高校资源配置优化策略研究——基于国际知名高校的案例分析[J].江苏科技信息,2021,38(34):36-38.

规划与战略、学校承担的教学职责与科研职责,重视学术管理,全面落实教学目标与科研目标。院系级教学单位需不断完善工程流程,应用与之对应的机构设置,合理优化机构垂直化以及扁平化之间的冲突。③引入扁平化管理模式。目前,扁平化的管理模式已为企业广泛应用,权力分布与组织体系呈现出扁平式形态,权责职统一,基层和中层管理者有权对自己负责的事务进行决策,并承担相应的责任。在各部门与各层级决策中,引入和决策相关管理者与基层职员参加决策,有助于调动职员的主观能动性,这些值得高校行政管理借鉴。学校作为有机整体,要努力实现管理系统协调统一,减少由于层级过多导致的信息失真现象,确保信息畅通;明确不同层级教育职员的决策自主权,提高决策效率,为提升高校行政管理效率奠定坚实的基础。① 综合性高校可从跨学科发展的角度,实行学部制改革。推进学部制从组织管理上避免了机构复杂、架空和冗余,将相对靠近的学科、学科群集中在一起,便于学科的交叉融合、开展跨学科研究。特别是研究型综合大学,实行学部制改革具有重要的意义。建立学术管理为核心职能的学部,有利于发挥优势学科和学科综合的优势;构筑院系间整合的平台,进一步实现信息、资源和成果共享;激发基层学术组织自我发展能力和创新活力。

6.2　行政、学术权力的协调与教育职员的管理

学术权力与行政权力是共存于现代高校的两种基本权力,在其存在方式上既有交叉,又相互分离。因此,也导致高校内部权力结果的复杂性和多样性。从根本上说,高校是一个由学科和事业单位组成的组织结构,学术权力和行政权力都有其合理性。但由于两者的性质不同,权力行使的主体不同,在运行过程中必然会导致两者的失衡。高校学术权力是指在学术事务中,学校从事学术活动的相关组织和人员通过自身或组织的学术影响力实施控制或管理的权力。高校行政权力是指高校行政人员及相关行政机构通过组织、控制、协调和监督等管理手段调动人、财、物等各类资源以保障高校组织目标实现的力量。权力制衡机制的重点讨论对象是权力主体在追求利益最大化过程中互相牵制、平衡、协调的机制。制衡行为主要存在四个前提假设:①多主体的利益诉求。②利益主体之间有强有弱。③权力各方都有利益最大化的理性追求。④通过制衡或是协调等手

---

① 曹闯.简政放权视角下高校行政管理的优化之道研究[J].中国管理信息化,2019,22(18):197-198.

段实现平衡。目前,高校还普遍存在学术权力和行政权力分配不合理的现象,行政权力与学术权力的界限模糊难辨,权力配置的重心往往偏向行政人员。虽然国家法律明文规定了学术委员会和教职工代表大会在高校管理中的地位,但现实中,学术委员会并没有发挥应有的作用,只是作为咨询机构被置于其外。各种学术权力委员会中,管理人员占据绝大多数,以致学术权力运行的结果仍然是行政权力占主导。这些问题的存在给高校教育职员管理提出了改革的要求。

高校要科学定位行政和学术权力之间的关系,将之融入学校治理机制。"双一流"建设的得失成败取自于高校内部治理体系的优劣。治理理念、治理结构及治理能力现代化这三个维度对一流大学建设至关重要。当前,各高校"双一流"建设进入关键期和新一轮建设的总结验收期。完善内部治理结构,突破高校治理中的"瓶颈"环节是"双一流"建设中改革的重点。①高校要结合自身的发展定位和实际情况,实现学术权力和行政权力之间的协调,进一步深化各类委员会的决策权力,提供制度化、规范化、科学化和法治化的保障,保障决策规定的贯彻落实;结合学校的发展定位和学校发展层次,打造与学校相匹配的学术权力与行政权力结合,或者是以学术权力与行政权力中某种权力为主的方式,以实现和促进学校的发展;着力开展高校治理理论分析和现代高校制度建设探索,形成富有中国特色的高校学术组织体系与治理模式、高校学术委员会制度建设与运行情况等体系。②实现学术委员会建设、行政权力与学术权力是既相对独立又相互支撑的有机协调运行机制。紧紧围绕"双一流"建设目标,以深化学校综合改革为重点,创新学术治理体系。创新管理体制和运行机制,整合人才、学科、学术、基地和平台等相关科研资源,实现学术与行政力量的有效整合和优化配置。③以贯彻落实"放管服"精神为指导,把推进学校综合改革方案和"双一流"建设实施有机结合,围绕"双一流"建设目标和建设任务,聚焦人才培养模式改革、学科建设体制机制改革、人事制度改革、财务制度改革和现代高校治理结构改革等重点领域,持续推进管理重心下移和治理体系现代化,为"双一流"建设任务的完成提供制度保障和动力机制。①

高校要规范行政权力的运行,增强高校协同治理能力。"双一流"高校的内部治理的核心是利益相关者平等参与的共同治理,而不是行政独大的一元化管理。①高校相关职能部门应该加强前瞻谋划,加强对现代高校治理体系建设落实的系统性、战略性和引领性的顶层设计。在高校的顶层设计及体制机制的设

---

①　马利凯.基于权力制衡视角的大学学术权力运行机制研究[J].教育评论,2021(06):164-168.

定上,需要进一步明确行政和学术权力在学校重大决策、重大事项和重点工程等的管理、运行和评价中的地位和作用,同时,应注意吸收各类有影响力的外部权力,实现权力之间的制衡和平衡。加强对现代高校治理体系建设的组织领导,建立领导机构、推进机构和评估机构,成立多部门协同推进现代高校治理体系建设落实的工作机制,层层抓落实。②管理部门涉及学术管理和学术评价的工作,应尊重学术规律,避免行政权力的错位、越位和缺位。充分发扬学术民主,加强学术工作规范化,坚持标准,实事求是,推进管理重心下移,使学术组织真正成为学术评价、学术决策、学术论证和学风建设与维护的机构,切实发挥学术组织在学校"双一流"建设中的作用。③高校应加强对行政权力运行的指导咨询、督促检查和绩效评估,实行全程管理和目标管理,发挥绩效评价结果在资源配置中的作用,确保预期目标的实现。改变教育职员的评价机制,实行管理部门相关主体(如相关部门、教师、学生)共同参与的综合评价。由管理部门内部制定教育职员的评价体系和评价标准是不合理的,要保障与管理部门工作职责相关的主体对教育职员的服务态度、工作效能等的评价权,对不同的管理部门要根据其与外部主体的相关性,确定内、外部评价分别占有的比重,以评价结果作为考核教育职员的工作效果和目标任务等事项的重要依据。①

6.3　外部参与权力与高校治理主体的多元化

引入外部力量参与高校治理,是深化高校治理体系与治理能力现代化的重要部分。学界对高校治理的思考,总是绕不开高校内部学术权力的式微与行政权力的膨胀,而将社会与市场排除在理论视野之外。综观国际高等教育进程,高校外部参与治理在国外一流大学的发展过程中同样占有举足轻重的地位,这不仅是高校的办学自主权问题,更是社会如何参与高校治理的问题。自伯顿·克拉克提出"国家-市场-学术"三角协调模式后,外部力量参与高校权力秩序建构的议题,开始在高等教育研究中逐渐占据主流地位。高校权力协调与秩序构建的过程,无不彰显出高校治理的深刻变革和高校内部治理与外部治理的区分。随着高校规模的扩张、知识生产模式和传播模式的变革,社会、企业、政府部门逐渐参与到高校治理中来,高校治理主体正在走向多元化。高校要实行多元共治,

①　刘灵辉,田茂林,李明玉.多中心治理理论下"双一流"高校内部治理体系再造研究[J].湖北经济学院学报(人文社会科学版),2021,18(11):108-112.

就需要高校、政府与社会多种权力制衡，并共同发挥作用。多元共治的核心是高校决策权力的分散化，高校重要事务决策过程的多元竞争和相互协商。这是新时代高等教育治理现代化的基本要求，高校和政府需广开言路，听取不同利益相关者的意见与建议，以实现科学决策，并提升政策的执行效果。随着社会现代化的推进，"多元共治"一词被学术界提出并运用到了更广泛的领域，指引着不同主体之间的合作治理。高校要形成以政府、企业、行业、社区和校友等核心利益相关者来共同治理，形成多位一体的联合办学模式。①

为理顺高校与政府、社会组织的外部关系，保障高校的办学自主权，从 2012年起，教育部发布《高等学校章程制定暂行办法》，开展了高校章程制定工作。到2016 年，全国各高校基本完成章程的制定与核准，正式步入章程实施期。然而，从大学章程的内容来看，侧重于高校内部组织结构和运行机制，对高校与地方政府、企业等外部组织权力关系的梳理不够。② 管理部门要根据教育改革的进程，通过制定新的法律规范巩固改革创新的成果，并重视通过修改或者废止不合时宜的教育法律规范，明确高校的法人属性，在高校与政府之间建立起真正意义上的平等的法律关系，为进一步改革创新提供动力和保障。同时，要及时解决教育领域出现的新问题，发挥立法解释的重要作用，为深化教育领域改革、创新发展提供法治环境。政府是教育执法的主体，各级教育行政机关制定和实施教育法律规范的过程中，要关注高校各利益相关者的诉求，注重发挥高等教育法律制度的激励与约束功能，以目标和绩效的导向，通过精细化执行制度、多样化实施激励，使高校治理的制度在科学性、合理性和有效性方面不断提升，在政府、高校和社会三者之间形成新型关系和制度保障。③

在"双一流"建设情境下，构建与之适应的社会参与机制对完善高校治理体系，以及建设一个资源聚集、多方参与、协商共治的高等教育组织意义重大。从高校与社会的关系来看，社会参与高校治理，旨在通过外部主体与组织的自我能力建设，推动高校治理体系变革，其关键在于其权力配置与制度建构，核心在于协调第三方组织与利益相关者参与治理，目标则是完善高校治理能力与治理体系建设。高校要真正建立面向社会自主办学的高校治理体系，且在高校治理的

---

① 李明月等."校政交互、多元共治"校企合作办学体制机制创新研究与实践[J].中国职业技术教育，2015(29):43-46.

② 廖勇.国家治理现代化背景下的应用型高校治理[J].应用型高等教育研究,2021,6(03):13-17+28.

③ 盛正发，杨科.多元共治:高等教育现代化背景下大学外部治理的优化策略[J].武陵学刊,2021,46(03):122-127.

社会参与过程中,既处理好与学术共同体、行政体制的关系,又需要在多元文化、多重利益诉求与教育规律中寻求一个平衡点,则必须构建多元共治的协调机制与制度保障。美国一流大学的成功在于,有机地将学术、市场与行政等力量整合在一起,并凸显了高校自治、外部参与、政府监管、专业自主与公共选择相结合的治理特色,形成了美国高校多元治理结构的典范效应。对我国高校治理结构而言,一方面要构建多元共治的协调机制,保障参与治理有序推进。如若没有强有力的协调整合机制,社会参与高校治理可能又会陷入无效参与的困境之中。另一方面要加强协商联动平台建设,激发由外而内的治理创新。当今世界高等教育竞争已由零散的局部性竞争转变为系统的全局性较量。正如哈佛大学前校长德里克·博克所述,美国高等教育系统的特色在于,极强的高校自治、竞争与适应性。这是其超越传统欧洲高等教育的根本原因。常态化与系统化的竞争,已经凸显出现代高校治理结构以及结构之中协商联动机制的重要性。只有多元治理主体的互动与协商才能激发更大程度上的治理创新,推动我国一流大学的建设进程。[1]

"双一流"建设对高校治理和权力运行提出了新要求,高校的人力资源管理要不断更新理念、机制和方法,打造一支具有教育情怀、全球视野、专业素养和治理智慧的教育职员队伍。

---

[1]　蒋贵友.一流大学规划中的社会参与治理及其现实困境[J].中国高校科技,2021(10):21-26.

附录1　高校教育职员管理现状调查
（教育职员填写）

尊敬的老师：

　　您好！首先非常感谢您参加这次问卷调查。本问卷旨在了解当前高校教育职员管理现状，所得资料仅作个人学术研究之用。问卷分为正、反两页，采用不记名方式填写，问卷完全保密，对您绝无任何影响。您的真实回答将对我们的研究非常重要，敬请您根据自己的感受回答。问卷选择部分均为单选题。衷心感谢您的协助！

1. 性别（　　）。

A) 男　　　　　　　　　　　　　　B) 女

2. 年龄（　　）。

A) 20～30　　　B) 31～40　　　C) 41～50　　　D) 50 以上

3. 学历（　　）。

A) 大专　　　　　B) 本科　　　　C) 硕士研究生　　D) 博士研究生

4. 所学专业_____。

5. 职级（　　）。

A) 处级　　　　　　　B) 科级　　　　　　　C) 科员

6. 所在岗位_____。

7. 您周边多数教育职员来自（　　）。

A) 留校学生　　　　　　　　　　　B) 外校应届毕业生

C) 教师转岗　　　　　　　　　　　D) 外校调入

8. 您周边多数教育职员轮岗情况是（　　）。

A) 长年从事同一岗位　　　　　　　B) 过几年换一个岗位

9. 您对目前教育职员的人际环境（　　）。

A) 满意　　　　　　　B) 一般　　　　　　　C) 不满意

10. 学校对教育职员的发展道路有没有明确的规划(　　)。

A) 有　　　　　　　　B) 没有　　　　　　　　C) 不清楚

11. 您觉得教育职员的升职机会和空间总体而言(　　)。

A) 比较大　　　　　　　　B) 比较小

12. 您参加学校安排的岗位培训的次数是(　　)。

A) 没有　　　　B) 一次　　　　C) 两次　　　　D) 多次

13. 您周边(　　)教育职员参加个人学位进修。

A) 50%以上　　　　　　B) 50%　　　　　　C) 50%以下

14. 教育职员参加个人学位进修主要是考虑(　　)。

A) 把本职工作做得更好　　　　　　B) 寻求其他发展

15. 学校(　　)资助教育职员个人学位进修学费。

A) 大部分　　　　　　B) 小部分　　　　　　C) 无

16. 您的月薪区间(基本工资、职务工资和奖金)是(　　)。

A) 4 000~5 000 元　　　　　　B) 5 001~6 000 元

C) 6 001~7 000 元　　　　　　D) 7 000 元以上

17. 相比同龄教师,您的收入(　　)。

A) 高于教师　　　　　B) 基本持平　　　　　C) 低于教师

18. 在实施岗位聘任制后,教育职员相对教师的收入差距(　　)。

A) 拉大　　　　　　B) 不变　　　　　　C) 缩小

19. 在实施岗位聘任制后,业绩考核在收入差距上的体现(　　)。

A) 明显　　　　　　　　B) 不明显

20. 对于相同的行政岗位,校内工资(　　)划分若干等级。

A) 有　　　　　　　　B) 无

21. 目前学校教育职员"双肩挑"的现象(　　)。

A) 比较普遍　　　　　　B) 比较少见

22. 您认为目前高校教育职员"双肩挑"的现象,(　　)。

A) 不利于教育职员专心做好行政工作

B) 对教育职员安心本职工作有促进作用

C) 在教务、科研、研究生处等部门是必要的,其他行政部门则不必要

23. 在行政和教师岗位流动中,普遍存在的问题是(　　)。

A) 行政转教师偏难

B) 教师转行政偏难

24. 在行政向教师的转换过程中,存在的主要障碍是(　　)。

A) 制度设计问题　　　　　　　　B) 学历学位要求

C) 专业技术要求　　　　　　　　D) 其他

25. 学校实施教育职员岗位聘任制至今有(　　)年。

A) 1～3　　　　　　　　　　　　B) 4～7

26. 最近一次学校教育职员岗位聘任中,部门人员数量(　　)。

A) 增加　　　　　　　B) 基本不变　　　　　　　C) 减少

27. 实施岗位聘任制后"双肩挑"的人员数量(　　)。

A) 增加　　　　　　　B) 基本不变　　　　　　　C) 减少

28. 学校在教育职员的岗位聘任中(　　)。

A) 公平、公正　　　　　B) 存在一些问题　　　　　C) 问题比较突出

29. 学校如何安排岗位竞聘中的落聘人员(　　)。

A) 无落聘人员

B) 安排到其他工作岗位

C) 辞职离校

30. 您周边人员认为竞聘上岗对工作积极性的提高(　　)。

A) 效果明显　　　　　　　　　　B) 效果一般

31. 如果行政岗位 3 年一聘,您觉得工作(　　)比较合适。

A) 3 年　　　　　　B) 6 年　　　　　　C) 9 年　　　　　　D) 更长

32. 考虑今后长远发展,您希望(　　)。

A) 争取行政晋升　　　　B) 争取转教师岗位　　　　C) 另做打算

33. 您作上述计划主要考虑因素是(　　)。

A) 发展空间　　　　　　B) 社会认同　　　　　　C) 收入状况

34. 您觉得哪些因素会对教育职员工作热情产生较大的影响?

35. 学校在对教育职员的管理中,有哪些做法值得推广或改进? 对此您有何建议?

附录 2 高校教育职员管理现状调查
（非教育职员填写）

尊敬的老师：

您好！首先非常感谢您参加这次问卷调查。本问卷旨在了解当前高校教育职员管理现状，所得资料仅作个人学术研究之用。问卷共一页，采用不记名方式填写，问卷完全保密，对您绝无任何影响。您的真实回答将对我们的研究非常重要，敬请您根据自己的感受回答。问卷选择部分均为单选题。衷心感谢您的协助！

1. 您认为新时期高校运行和发展对教育职员管理水平的要求（   ）。

A) 不断提高

B) 与以前差不多

2. 您认为高校教育职员需要（   ）。

A) 教育管理专业人才

B) 教学科研能手

C) 综合性人才

3. 您觉得学校教育职员（   ）。

A) 敬业爱岗　　　　　　B) 比较敬业　　　　　　C) 缺乏热情

4. 您觉得行政岗位（   ）吸引力。

A) 很有　　　　　　　　B) 一般　　　　　　　　C) 没什么

5. 您作以上考虑主要是基于（   ）。

A) 发展空间　　　　　　B) 社会认同　　　　　　C) 收入状况

6. 您觉得学校在调动教育职员工作积极性和主动性方面（   ）。

A) 措施得当　　　　　　B) 措施普通　　　　　　C) 缺乏措施

7. 您认为目前高校教育职员"双肩挑"的现象，（   ）。

A) 不利于教育职员专心做好行政工作

B) 对教育职员安心本职工作有促进作用

C) 在教务、科研、研究生处等部门是必要的，其他行政部门则不必要

8. 有人提出"高校教育职员应该走职业化道路"，对此您的看法是（　　　　）。

A) 趋势所在　　　　　　　　　　　　B) 没有必要

9. 您觉得哪些因素会对教育职员工作热情产生较大的影响？

10. 学校在对教育职员的管理中有哪些做法值得推广或改进？对此您有何建议？

附录 3 《教育部高等学校职员制度暂行规定》（教育部人事司 1999 年）

第一章 总 则

第一条 为了建设优化、精干、高效的高等学校职员队伍,提高高等学校的管理水平,根据《中华人民共和国教育法》《中华人民共和国高等教育法》和国家有关规定,特制定本规定。

第二条 高等学校实行职员制度,高等学校职员是指在高等学校从事管理和服务工作的人员。

第三条 高等学校职员职级是反映管理岗位层次、类别和职员专业水平、工作能力的标志。根据高等学校的实际,高等学校职员职级分为三个职等和十个职级,其中一、二、三、四、五级为高级职员,六、七、八级为中级职员,九、十级为初级职员,各级职员有明确的岗位职责、任职条件和任期。

第四条 高等学校职员制度的实施在学校党委领导下进行,遵循因事设岗、公开招聘、平等竞争、择优聘任、严格考核、聘约管理的原则,坚持德才兼备的用人标准,实行以岗定薪、按劳取酬、优劳优酬的分配制度。

第二章 岗位职责和任职条件

第五条 高级职员的基本职责:主持或者分管高等学校校级或者院(系所)、处(部门)级单位管理工作,或者专职从事高层次的专门性管理工作;负责拟定本职管理工作中重要的公文或者文稿;指导中、初级职员工作。

第六条 中级职员的基本职责:主持或者分管院(系所)、处(部门)级及其以下基层单位的管理工作,或者独立承担某一方面的专门性管理工作;独立起草本职管理工作中重要的公文或者文稿;指导初级职员工作。

第七条 初级职员的基本职责:承办具体的行政事务工作,起草本职管理工作中一般性公文或者文稿。

第八条 高等学校职员必须贯彻执行党的路线、方针、政策,熟悉高等教育法规、政策,遵纪守法,维护学校的安全、荣誉、利益和知识产权,恪守职业道德,热爱本职工作,办事公正,作风正派,廉洁奉公,身体健康,能坚持正常工作。

第九条 初级职员基本职条件:符合第八条要求;了解本职工作的范围、任务和特点,胜任本职工作;基本掌握履行岗位职责所需的理论知识和技能方法;具有初步的分析解决问题的能力;具有一定的文字、口头表达能力;本科高等学校要求具有大学本科毕业及其以上学历,高等专科学校要求具有大学专科毕业及其以上学历。

第十条 中级职员基本任职条件:符合第八条要求;熟悉本职工作的范围、任务和特点,具有独立解决本职工作中实际问题的能力;熟练掌握履行岗位职责所需的理论知识和技能方法;具有一定的政策理论水平、业务研究能力和组织能力,有较好的文字、口头表达能力,能够独立撰写重要的公文、文稿和有一定水平的管理方面的论文;具有指导初级职员工作的能力;具有大学本科毕业及其以上学历。

第十一条 高级职员基本职条件:符合第八条要求;系统掌握履行岗位职责所需的理论知识和技能方法;具有较高的政策理论水平和组织能力,具有较强的解决本职工作中实际问题的能力;有较强的文字、口头表达能力和研究能力,能够撰写重要的工作规划、方案、文件和较高水平的研究报告、工作总结,独立发表过有较高水平的管理研究论文、论著;具有指导中、初级职员工作的能力;具有大学本科毕业及其以上学历。

第十二条 高等学校聘任的高、中、初级职员除应分别具备第九条、第十条、第十一条规定的基本任职条件外,一般还应分别具备以下条件:

(一)十级职员:大学专科毕业;

(二)九级职员:大学本科毕业或者获得第二学士学位或者研究生班毕业或者十级职员任职三年以上,年度考核合格;

(三)八级职员:获得硕士学位或者九级职员任职三年以上,年度考核合格;

(四)七级职员:获得博士学位或者八级职员任职三年以上,年度考核合格;

(五)六级职员:七级职员任职三年以上,年度考核合格;

(六)五级职员:六级职员任职四年以上,年度考核合格;

(七)四级职员:五级职员任职五年以上,年度考核合格;

(八)三级职员:四级职员任职六年以上,年度考核合格;

(九)二级职员:三级职员任职八年以上,年度考核合格;

（十）一级职员：二级职员任职八年以上，年度考核合格。

第十三条 各高等学校可依据本规定并结合自己学校的实际情况，具体制定各个职员岗位职责和任职条件。

第三章 岗 位 设 置

第十四条 高等学校职员数额一般应控制在学校基本编制总数的 15%～20%。

第十五条 高等学校职员职数及结构比例，根据高等学校的类别、层次、规模和国家关于编制管理的有关规定确定。教学、科研任务并重的高等学校可以设置二级及其以下职员，高级职员不超过职员总数的 35%。四级及其以上职员不超过高级职员总数的 30%，其中二、三级职员职数不超过校级领导职数的 1.6 倍。

由国务院任免校长的高等学校可设置一级职员。以本科教学为主的高等学校设置二级及其以下职员高级职员不超过职员总数的 30%，四级及其以上职员不超过高级职员总数的 30%，其中二、三级职员职数不超过校级领导职数的 1.4 倍。

高等专科学校只设置三级及其以下职员。高级职员不超过职员总数的 20%，其中，三、四级职员职数不超过校级领导职数的 1.3 倍。

第十六条 高等学校依照国家有关规定在确定职能机构编制的基础上，根据管理工作的繁简、难易程度进行职员的岗位设置，制定岗位说明书，确定每个岗位的具体职责和任职条件，在此基础上依照本规定并结合学校实际情况，具体制定科学、合理的各级职员的结构比例，对不同的职能部门确立不同的职员结构比例。

第四章 聘 任

第十七条 高等学校职员实行聘任制。高等学校聘任职员应当按照本规定确定的岗位数。坚持因事设岗，严格按照岗位职责任职条件和聘任程序进行。

第十八条 高等学校职员按其管理权限可实行分级聘任。高等学校成立职员聘任委员会，由校长担任主任，职员聘任和聘任合同管理的日常工作由学校人事部门负责。

第十九条 高等学校职员聘任程序：

（一）高等学校在定编、定岗的基础上确定并公布招聘岗位、岗位职责、任职条件、聘期和聘任办法；

（二）高等学校职员聘任委员会采用考核或者考试与考核相结合等方式确定聘任人选；

（三）学校或者学校授权院（系所）处（部门）与受聘人员签订聘任合同明确双方的权利、义务和聘期；

（四）学校向受聘职员颁发聘书。

第二十条 高等学校职员的聘任可以是无固定期限聘任和固定期限聘任。新聘人员的聘任合同可以规定试用期，试用期限根据工作需要酌情确定，最长不超过6个月。固定期限聘任一般为3—4年，聘任合同期限届满即终止。如工作需要，履行合同期间考核合格，经双方协商一致可以续定合同，续聘须重新签订聘任合同。经聘任双方协商一致，在同一高校受聘十年以上的高级职员，可与学校签订无固定期限聘任合同，但应明确无固定期限聘任合同的终止条件。

第二十一条 职员原则上不得兼任专业技术职务。原已受聘专业技术职务的人员，受聘职员岗位后应按照本规定聘任为相应职级职员，原有专业技术职务不再保留，其任职经历记入个人档案，作为今后应聘专业技术职务的参考依据。专任教师担任负责教学、科研管理工作的学校处（部门）领导后，如工作需要、本人具备条件，经学校教师聘任委员会批准可以兼任教师职务，同时占职员和教师职务岗位数额，执行教师职务工资标准，任期内纳入职员管理。专任教师担任负责教学、科研管理工作的院（系所）领导后，仍从事教学、科研业务工作的，执行教师管理的有关规定，不纳入职员管理范围，任期内实行岗位目标管理。

第五章　考核与培训

第二十二条 高等学校对职员的德、能、勤、绩进行全面考核，重点考核履行岗位职责取得的工作实绩。"德"主要考核职员的思想政治表现和职业道德；"能"主要考核职员做好本职工作所应具备的业务知识和工作能力；"勤"主要考核职员的工作态度、勤奋敬业的表现；"绩"主要考核职员履行岗位职责取得的工作实绩。对职员的考核应当坚持客观、公正、公开的原则。

第二十三条 对职员的考核分为年度考核和聘任期满考核。高等学校职员聘任委员会负责学校职员年度和聘期考核工作。

第二十四条 年度考核和聘期考核结果分为优秀、称职、不称职三个等次。对各级职员的考核结果应当以书面形式通知本人，本人如果对考核结果有异议可以按照有关规定申请复核。

第二十五条 考核结果记入个人档案,作为晋升工资、实施奖惩、能否续聘和职级变动的依据。职员连续两年考核称职者,晋升一个工资档次;连续三年考核优秀的,可以在正常晋升工资的基础上再晋升一个工资档次;年度考核不称职者,停发下一年度津贴;连续两年考核不称职者,应予解聘。职员聘期考核合格者,经双方协商同意,学校可以续聘;符合条件的,可以根据岗位需要竞聘高一级职员岗位。对聘期考核优秀者,在续聘或者竞聘高一级职员岗位方面,学校应根据岗位需要予以优先。聘期考核不合格者应予解聘。

第二十六条 高等学校职员应在年度考核和聘期考核的基础上,根据规定的岗位数和工作岗位需要,按照职级序列逐级竞聘。对德才表现和工作实绩特别突出的,学校可以根据岗位需要提前聘任其担任高一级职员。

第二十七条 根据国家和高等教育事业发展的需要,按照职员岗位职责要求,有计划地对职员进行培训。职员培训分为:对新聘任人员的岗前培训、根据专项工作需要进行的专门业务培训和在职职员以更新知识为主要内容的培训。新聘职员要按照国家有关规定,接受岗前培训获得培训合格证书,做到持证上岗。职员在培训期间的学习成绩和鉴定作为其任职和竞聘高一级职员岗位的依据之一。

第六章 待 遇

第二十八条 高等学校职员实行职员职级工资制度。在国家出台新的职员职级工资标准前,各级职员受聘期间的工资标准可按照本规定所附《高等学校职员等级工资关系标准表》确定。各级职员岗位目标管理津贴,由高等学校按国家有关规定自行确定。

第二十九条 担任领导职务的职员享受规定的领导职务津贴;不担任领导职务时其领导职务津贴即自行取消。

正校级领导职务津贴按本校教授平均岗位津贴的 1.6～1.9 倍确定;

副校级领导职务津贴按本校教授平均岗位津贴的 1.2～1.5 倍确定;

处长领导职务津贴按本校教授平均岗位津贴确定;

副处长领导职务津贴按本校副教授平均岗位津贴确定。

第三十条 高等学校应届毕业生初聘职员职级工资待遇可按下列办法确定:

大专毕业,聘任为十级职员,工资按十级职员工资标准第一档确定;

大学本科毕业,聘任为九级职员,工资按九级职员工资标准第一档确定;

获得第二学士学位的大学本科毕业生(含学制为六年以上的大学本科毕业生),研究生班毕业和未获得硕士学位的研究生,聘任为九级职员,工资按九级职员工资标准第二档确定;

取得硕士学位的毕业研究生,聘任为八级职员,工资按八级职员工资标准第一档确定;

取得博士学位的毕业研究生,聘任为七级职员,工资按七级职员工资标准第一档确定。

第三十一条　各级职员在受聘期间,享受国家规定的事业单位职员各项保险福利待遇,各级职员在受聘期间的住房、医疗等待遇按照国家有关规定确定。

第七章　解聘与辞聘

第三十二条　在聘任合同执行期间受聘职员有下列情形之一,学校可以解聘:

(一)在聘期内不履行聘任合同,经教育仍不改正;

(二)连续两年年度考核不合格;

(三)因单位调整、撤销、合并或者缩减编制员额需要调整工作,本人拒绝合理安排;

(四)旷工或者无正当理由逾期不归连续超过十五天,或者一年内累计超过三十天。学校解聘职员应提前三个月书面通知被解聘人。

第三十三条　职员在受聘期间有下列情况的,高等学校不得解聘:

(一)妇女在孕期、产期及哺乳期内;

(二)享受休假待遇的人员在休假期间;

(三)符合国家规定的其他条件。

第三十四条　学校不履行聘任合同或者违反国家政策规定,受聘职员可以提出解除聘任合同。

第三十五条　职员在聘任期间要求辞聘,应当由本人提前三个月向学校提出书面申请,经双方协商,依照法定程序解除聘约。职员辞聘应该办理有关手续,不得擅自离职。对擅自离职的,聘任学校应予以开除。

第三十六条　聘任期满,职员不再应聘,高等学校应予同意并及时办理有关手续,但有下列情况之一的必须经过批准:

(一)工作性质涉及国家机密在规定的保密期间;

(二)经司法机关或者学校上级行政机关批准正在接受审查,尚未结案;

（三）与学校另有协议。

第三十七条　解聘、辞聘过程中，若产生争议，当事人可以向当地人事争议仲裁机构申请仲裁。

第八章　附　　则

第三十八条　各省、自治区、直辖市教育行政部门，国务院有关部门和高等学校可根据本规定，制定实施办法。

第三十九条　本规定适用于普通高等学校，原则上也适用于其他类型的高等学校。

第四十条　高等学校校级、处级领导的产生、任免和管理，依照现行有关规定执行。

附录 4 《关于在事业单位试行人员聘用制度的意见》(人事部 2002 年)

随着我国社会主义市场经济体制的建立和加入世界贸易组织,迫切要求转换事业单位用人机制,建立充满生机和活力的用人制度。在事业单位试行人员聘用制度,是加快推进事业单位人事制度改革、提高队伍整体素质、增强事业单位活力的重要措施。为了规范事业单位人员聘用工作(简称人员聘用工作),保护单位和职工的合法权益,促进社会稳定,现就在事业单位试行人员聘用制度提出如下意见:

一、聘用制度的基本原则和实施范围

事业单位与职工应当按照国家有关法律、政策和本意见的要求,在平等自愿、协商一致的基础上,通过签订聘用合同,明确聘用单位和受聘人员与工作有关的权利和义务。人员聘用制度主要包括公开招聘、签订聘用合同、定期考核、解聘辞聘等制度。通过实行人员聘用制度,转换事业单位用人机制,实现事业单位人事管理由身份管理向岗位管理转变,由行政任用关系向平等协商的聘用关系转变,建立一套符合社会主义市场经济体制要求的事业单位人事管理制度。

建立和推行事业单位人员聘用制度,要贯彻党的干部路线,坚持党管干部原则;坚持尊重知识、尊重人才的方针,树立人才资源是第一资源的观念;坚持平等自愿、协商一致的原则;坚持公开、平等、竞争、择优的原则;坚持走群众路线,保证职工的参与权、知情权和监督权。

事业单位除按照国家公务员制度进行人事管理的以及转制为企业的以外,都要逐步试行人员聘用制度。对事业单位领导人员的任用,根据干部人事管理权限和规定的程序,可以采用招聘或者任命等形式。使用事业单位编制的社会团体录用专职工作人员,除按照国家公务员制度进行人事管理的以外,也要参照本意见逐步试行人员聘用制度。

二、全面推行公开招聘制度

为了规范用人行为,防止用人上的随意性和不正之风,事业单位凡出现空缺岗位,除涉密岗位确需使用其他方法选拔人员的以外,都要试行公开招聘。

事业单位要结合本单位的任务,按照科学合理、精简效能的原则设置岗位,并根据国家有关规定确定岗位的工资待遇;按照岗位的职责和聘用条件,通过公开招聘、考试或者考核的方法择优聘用工作人员。受聘人员应当具有履行岗位职责的能力,能够坚持正常工作;应聘实行执业资格制度岗位的,必须持有相应的执业资格证书。

为了保证人员聘用工作的顺利平稳进行,聘用人员应当优先从本单位现有人员中选聘;面向社会招聘的,同等条件下本单位的应聘人员优先。机构编制部门核定人员编制的事业单位聘用人员,不得突破核定的编制数额。

三、严格人员聘用的程序

为了保证人员聘用工作公平、公正,提高工作效率,聘用单位要成立与人员聘用工作相适应的聘用工作组织,严格人员聘用程序。聘用工作组织由本单位人事部门负责人、纪律检查部门负责人和工会代表组成,根据需要也可以聘请有关专家参加。人员的聘用、考核、续聘、解聘等事项由聘用工作组织提出意见,报本单位负责人员集体决定。

人员聘用的基本程序是:

(一)公布空缺岗位及其职责、聘用条件、工资待遇等事项;

(二)应聘人员申请应聘;

(三)聘用工作组织对应聘人员的资格、条件进行初审;

(四)聘用工作组织对通过初审的应聘人员进行考试或者考核,根据结果择优提出拟聘人员名单;

(五)聘用单位负责人员集体讨论决定受聘人员;

(六)聘用单位法定代表人或者其委托的人与受聘人员签订聘用合同。

聘用合同期满,岗位需要、本人愿意、考核合格的,可以续签聘用合同。

人员聘用实行回避制度。受聘人员凡与聘用单位负责人员有夫妻关系、直系血亲关系、三代以内旁系血亲或者近姻亲关系的,不得被聘用从事该单位负责人员的秘书或者人事、财务、纪律检查岗位的工作,也不得在有直接上下级领导关系的岗位工作。聘用工作组织成员在办理人员聘用事项时,遇有与自己有上述亲属关系的,也应当回避。

四、规范聘用合同的内容

聘用合同由聘用单位的法定代表人或者其委托的人与受聘人员以书面形式订立。聘用合同必须具备下列条款:

(一) 聘用合同期限;

(二) 岗位及其职责要求;

(三) 岗位纪律;

(四) 岗位工作条件;

(五) 工资待遇;

(六) 聘用合同变更和终止的条件;

(七) 违反聘用合同的责任。

经双方当事人协商一致,可以在聘用合同中约定试用期、培训和继续教育、知识产权保护、解聘提前通知时限等条款。

聘用合同分为短期、中长期和以完成一定工作为期限的合同。对流动性强、技术含量低的岗位一般签订 3 年以下的短期合同;岗位或者职业需要、期限相对较长的合同为中长期合同;以完成一定工作为期限的合同,根据工作任务确定合同期限。合同期限最长不得超过应聘人员达到国家规定的退休年龄的年限。聘用单位与受聘人员经协商一致,可以订立上述任何一种期限的合同。

对在本单位工作已满 25 年或者在本单位连续工作已满 10 年且年龄距国家规定的退休年龄已不足 10 年的人员,提出订立聘用至退休的合同的,聘用单位应当与其订立聘用至该人员退休的合同。

聘用单位与受聘人员签订聘用合同,可以约定试用期。试用期一般不超过 3 个月;情况特殊的,可以延长,但最长不得超过 6 个月。被聘人员为大中专应届毕业生的,试用期可以延长至 12 个月。试用期包括在聘用合同期限内。

聘用单位与受聘人员订立聘用合同时,不得收取任何形式的抵押金、抵押物或者其他财物。

五、建立和完善考核制度

聘用单位对受聘人员的工作情况实行年度考核;必要时,还可以增加聘期考核。考核必须坚持客观、公正的原则,实行领导考核与群众评议相结合、考核工作实绩与考核工作态度相统一的方法。考核的内容应当与岗位的实际需要相符合。考核结果分为优秀、合格、基本合格、不合格 4 个等次。聘用工作组织在群众评议意见和受聘人员领导意见的基础上提出考核等次意见,报聘用单位负责人员集体决定。

考核结果是续聘、解聘或者调整岗位的依据。受聘人员年度考核或者聘期考核不合格的,聘用单位可以调整该受聘人员的岗位或者安排其离岗接受必要的培训后调整岗位。岗位变化后,应当相应改变该受聘人员的岗位工资待遇,并对其聘用合同作相应变更。受聘人员无正当理由不同意变更的,聘用单位有权单方面解除聘用合同。

六、规范解聘辞聘制度

聘用单位、受聘人员双方经协商一致,可以解除聘用合同。

受聘人员有下列情形之一的,聘用单位可以随时单方面解除聘用合同:

(一)连续旷工超过 10 个工作日或者 1 年内累计旷工超过 20 个工作日的;

(二)未经聘用单位同意,擅自出国或者出国逾期不归的;

(三)违反工作规定或者操作规程,发生责任事故,或者失职、渎职,造成严重后果的;

(四)严重扰乱工作秩序,致使聘用单位、其他单位工作不能正常进行的;

(五)被判处有期徒刑以上刑罚收监执行的,或者被劳动教养的。

对在试用期内被证明不符合本岗位要求又不同意单位调整其工作岗位的,聘用单位也可以随时单方面解除聘用合同。

受聘人员有下列情形之一的,聘用单位可以单方面解除聘用合同,但是应当提前 30 日以书面形式通知拟被解聘的受聘人员:

(一)受聘人员患病或者非因工负伤,医疗期满后,不能从事原工作也不能从事由聘用单位安排的其他工作的;

(二)受聘人员年度考核或者聘期考核不合格,又不同意聘用单位调整其工作岗位的,或者虽同意调整工作岗位,但到新岗位后考核仍不合格的。

受聘人员有下列情形之一的,聘用单位不得解除聘用合同:

(一)受聘人员患病或者负伤,在规定的医疗期内的;

(二)女职工在孕期、产期和哺乳期内的;

(三)因工负伤,治疗终结后经劳动能力鉴定机构鉴定为 1 至 4 级丧失劳动能力的;

(四)患职业病以及现有医疗条件下难以治愈的严重疾病或者精神病的;

（五）受聘人员正在接受纪律审查尚未作出结论的；

（六）属于国家规定的不得解除聘用合同的其他情形的。

有下列情形之一的，受聘人员可以随时单方面解除聘用合同：

（一）在试用期内的；

（二）考入普通高等院校的；

（三）被录用或者选调到国家机关工作的；

（四）依法服兵役的。

除上述情形外，受聘人员提出解除聘用合同未能与聘用单位协商一致的，受聘人员应当坚持正常工作，继续履行聘用合同；6 个月后再次提出解除聘用合同仍未能与聘用单位协商一致的，即可单方面解除聘用合同。

受聘人员经聘用单位出资培训后解除聘用合同，对培训费用的补偿在聘用合同中有约定的，按照合同的约定补偿。受聘人员解除聘用合同后违反规定使用或者允许他人使用原所在聘用单位的知识产权、技术秘密的，依法承担法律责任。涉密岗位受聘人员的解聘或者工作调动，应当遵守国家有关涉密人员管理的规定。

有下列解除聘用合同情形之一的，聘用单位应当根据被解聘人员在本单位的实际工作年限向其支付经济补偿：

（一）聘用单位提出解除聘用合同，受聘人员同意解除的；

（二）受聘人员患病或者非因工负伤，医疗期满后，不能从事原工作也不能从事由聘用单位安排的其他工作，聘用单位单方面解除聘用合同的；

（三）受聘人员年度考核不合格或者聘期考核不合格，又不同意聘用单位调整其工作岗位的，或者虽同意调整工作岗位，但到新岗位后考核仍不合格，聘用单位单方面解除聘用合同的。

经济补偿以被解聘人员在该聘用单位每工作 1 年，支付其本人 1 个月的上年月平均工资为标准；月平均工资高于当地月平均工资 3 倍以上的，按当地月平均工资的 3 倍计算。聘用单位分立、合并、撤销的，应当妥善安置人员；不能安置受聘人员到相应单位就业而解除聘用合同的，应当按照上述规定给予经济补偿。

受聘人员与所在聘用单位的聘用关系解除后，聘用单位要按照国家有关规定及时为职工办理社会保险关系调转手续，做好各项社会保险的衔接工作。

七、认真做好人事争议的处理工作

为了保障人员聘用制度的实施，聘用合同订立后，聘用单位与受聘人员双方都应当严格遵守、全面履行合同的约定。受聘人员应当遵守职业道德和聘用单位的规章制度,认真负责地完成岗位工作任务;聘用单位应当保障受聘人员的工作条件,保障受聘人员享受按照国家有关规定和合同约定应当享受的待遇。

为妥善处理人员聘用工作中出现的各种问题,及时化解矛盾,维护聘用单位和受聘人员双方的合法权益,要建立和完善事业单位人事争议仲裁制度,及时公正合理地处理、裁决人员聘用中的争议问题。受聘人员与聘用单位在公开招聘、聘用程序、聘用合同期限、定期或者聘期考核、解聘辞聘、未聘安置等问题上发生争议的,当事人可以申请当地人事争议仲裁委员会仲裁。仲裁结果对争议双方具有约束力。

八、积极稳妥地做好未聘人员安置工作

事业单位未聘人员的安置和管理,是人员聘用工作的重点和难点,政策性强,必须予以高度重视。要将未聘人员尽量安置在本单位或者当地本行业、本系统内,同时要探索多种安置办法。城市和有条件的地区可以跨行业、跨系统调剂安置。各地区、各部门要制定切实可行的政策,为未聘人员创办经济实体或者进入企业提供优惠条件,引导鼓励未聘人员面向基层、农村和中小企业,使他们在新的领域发挥作用、施展才干。

九、加强对人员聘用工作的组织领导

试行人员聘用制度涉及广大事业单位职工的切身利益,政策性强,情况复杂,在工作中,要切实加强领导,坚持原则,防止滥用职权、打击报复、以权谋私等行为的发生,对违反规定的,要追究行政纪律责任。各级人事部门要加强指导协调和监督检查,要充分发挥各有关部门的职能作用,认真做好事业单位人员聘用制度的组织实施工作。

要贯彻积极、稳妥的方针,正确处理好改革、发展、稳定的关系,充分考虑群众对改革的承受能力,不搞"一刀切"。要因地制宜、周密部署、缜密实施。在实施过程中,一方面要保证单位工作的正常运转,做到工作不断档,国有资产不流失;另一方面,要做好深入细致的思想政治工作,引导事业单位广大职工支持并积极参与这项改革,保证事业单位人员聘用制度的顺利实施,更好地为经济建设和社会发展服务。

附录 5 《关于深化高等学校人事制度改革的实施意见》(人发〔2000〕59 号)

随着我国高等教育管理体制、办学体制、内部管理体制改革的不断深入,各地在高等学校人事管理体制和运行机制改革方面进行了许多有益的探索,取得了一些经验。为了适应我国高等教育改革和发展的要求,迫切需要进一步加快高等学校人事和分配制度改革的步伐,建立起适应社会主义市场经济体制和符合高等教育发展规律的高等学校人事管理制度。

一、深化高等学校人事制度改革的指导思想和目标

1. 深化高等学校人事制度改革的指导思想是,以邓小平理论和党的十五大精神为指导,认真贯彻实施科教兴国的战略方针,实施《教师法》《高等教育法》和党中央、国务院关于深化教育改革的一系列重大决策,以合理配置教育人才资源、优化高等学校人员结构、全面提高教育质量和办学效益为核心,理顺人事管理体制,引入竞争激励机制,加强机构编制管理,进一步改革用人和分配制度,为高等学校的改革与发展提供强有力的组织保证和人才支持。

2. 深化高等学校人事制度改革的目标是,通过规范政府及其职能部门、高等学校主管部门与高等学校的职责权限,理顺政事关系,下放管理权限,落实高等学校办学自主权,为高等学校的改革和发展创造良好的社会环境;逐步建立符合高等学校特点的学校自主用人、人员自主择业、政府依法监督、配套措施完善的人事管理新体制;进一步健全高等学校内部的竞争机制和激励机制,转换人事管理的运行机制,搞活用人制度和分配制度。

二、积极推进高等学校机构编制改革,规范高等学校内部组织结构

3. 按照"总量控制、微观放权、规范合理、精减高效"的原则进行高等学校机构编制改革。理顺编制管理体制,实行国家制定编制法规和实施宏观控制、高等学校主管部门贯彻编制法规和进行检查评估、高等学校遵守编制法规和有效实施编制管理的管理办法。

教育部会同有关部门抓紧研究制定高等学校机构编制管理办法。

4. 根据高等学校教学、科研、校办产业、后勤服务各方面的不同职能,实行不同的管理办法。教学、科研是高等学校的主要任务,要进一步改革和完善教学、科研工作的管理体制,探索和建立符合教学、科研规律的组织形式;后勤服务要从学校中剥离出来,抓住有利时机,创造条件,实现社会化。校办产业要与学校建立规范的关系,明确学校与校办产业之间的职责与权益,校办产业要按照独立法人实体进行企业化管理,逐步建立现代企业制度。

5. 根据《高等教育法》和《中国共产党普通高等学校基层组织工作条例》所确定的高等学校的工作任务和精干、高效的原则,合理设置学校党政职能部门。高等学校的内设机构不要求上下对口。合并主体职能相近的部门,对任务性质基本相同的机构可实行合署办公。要根据高等学校教学、科研的发展需要和党的建设工作的要求,在上级主管部门核定的编制总数内合理确定人员结构比例并配置各类人员,优化高等学校的教职工队伍,努力提高生员比和生师比,大幅度提高教师占教职工的比例。

三、坚持党管干部原则,改进高等学校领导人员管理办法

6. 高等学校实行党委领导下的校长负责制,要把坚持党管干部原则同充分尊重支持校长依法行使用人权有机地结合起来。要选拔那些政治坚定、师德高尚、学术水平较高、具有较强领导能力和管理水平的同志担任高等学校的领导职务,特别要注重选配好党委书记和校长。

高等学校党委要在不断加强自身建设的同时,切实抓好院(系)领导班子建设,加强对校内各级各类领导干部的管理和监督。适应新形势下高等学校工作的新情况、新特点,全面加强学校中党的建设工作和思想政治工作,切实维护团结稳定的大局。继续大力加强教师队伍建设,特别是加强师德、师风建设,努力建设一支适应全面贯彻党的教育方针、适应新世纪要求的高素质的教师队伍。

7. 引入竞争机制,坚持走群众路线,继续深化高等学校领导干部选拔、任用制度改革。对不同类型的学校和不同领导职务,分别实行聘任、选任、委任、考任等多种任用形式。努力扩大选人视野,大力拓宽选人渠道,按照公开、平等、竞争、择优的原则,尽可能地在较大范围内选拔担任学校领导职务的合适人选。

8. 探索实行高等学校领导班子和领导人员任期制。要明确任期目标,加强届中、届满时对完成任期目标情况的考核,并把考核结果作为对领导人员奖惩和

任用的重要依据。

四、全面推行聘用制，建立符合高等学校办学规律、充满生机与活力的用人制度

9. 进一步强化竞争机制，改革固定用人制度，破除职务终身制和人才单位所有制，按照"按需设岗、公开招聘、平等竞争、择优聘用、严格考核、合同管理"的原则，在高等学校工作人员中全面推行聘用（聘任）制度。学校根据学科建设和教学、科研任务的需要，科学合理地设置教学、科研、管理等各级各类岗位，明确岗位职责、任职条件、权利义务和聘任期限，按照规定程序对各级各类岗位实行公开招聘，平等竞争、择优聘用。学校和教职工在平等自愿的基础上，通过签订聘用（聘任）合同，确立受法律保护的人事关系。

10. 高等学校的教师和其他专业技术人员实行职务聘任制。把教师职务聘任制和教师资格制度结合起来，坚持从具有教师资格的人员中聘用教师。专业技术职务聘任工作要理顺评审与聘任的关系，淡化"身份"评审，强化岗位聘任。

11. 高等学校的管理人员实行教育职员制度。教育职员实行聘任制。教育职员制度先在部分高等学校进行试点，在取得经验、完善办法后逐步推开。

12. 探索建立教学、科研、管理关键岗位制度。积极吸引和遴选国内外优秀学术带头人和优秀管理人才到高等学校任教、工作，在学校努力形成优秀拔尖人才脱颖而出的机制。

13. 按照相对稳定、合理流动、专兼结合、资源共享的原则，探索建立相对稳定的骨干人员和出入有序的流动人员相结合、以教师为主的高等学校人才资源开发机制。鼓励学校之间互聘、联聘教师。通过聘任社会兼职教师、实行在学研究生的助教、助研、助管的"三助"制度等多种途径，促进高等学校教师与社会人才资源的优化配置，提高办学效益。

14. 进一步健全考核制度，加强聘后管理。结合年度考核工作，采取适当形式，对聘用（聘任）人员应履行的职责任务进行考核。经考核不能胜任本职工作的，或聘方所提供的条件发生重大变化时，可以通过解聘、辞聘等形式，解除聘用合同，终止聘用关系。同时，被聘人员也有权要求学校按照聘用（聘任）合同的规定提供教学、科研等工作条件。

15. 根据国家有关人事争议处理的有关政策，积极稳妥地处理有关人事争议，依法保障教职工和学校双方的合法权益。教职工对学校作出的涉及本人权益的人事处理决定不服，可向人事争议调解组织申请调解；调解未果的，可向人事争议仲裁机构申请仲裁。

五、加大分配制度改革的力度,健全高等学校的分配激励机制

16. 积极推进高等学校分配制度改革。在国家政策指导下,进一步加大搞活学校内部分配的力度,扩大学校分配自主权,建立重实绩、重贡献、向高层次人才和重点岗位倾斜的分配激励机制。高等学校主管部门根据国家工资管理的有关规定,通过实行工资总额动态包干管理等办法,搞活高等学校内部分配。

17. 高等学校要积极探索适合本单位特点的多种分配形式和办法。在国家政策指导下,根据"效率优先,兼顾公平""生产要素参与分配"的原则,探索建立以岗定薪、按劳取酬、优劳优酬、以岗位工资为主要内容的校内分配办法。要将教职工的工资收入与岗位职责、工作业绩、实际贡献以及知识、技术、成果转化中产生的社会效益和经济效益等直接挂钩,向优秀人才和关键岗位倾斜,充分发挥工资的激励功能。

18. 认真落实《促进科技成果转化的若干规定》和国家有关科技成果转化奖励和优惠的政策,加强产学研相结合,兑现高等学校科技人员成果转化的奖励,允许和鼓励高等学校专业技术人员通过转化科技成果、促进科技进步先富起来。

19. 进一步发挥工资的导向作用,实行向优秀人才和关键岗位倾斜的政策,经国家有关部门批准,高等学校可根据教学、科研和管理工作的实际需要,高薪聘用优秀拔尖人才,努力实现一流人才、一流业绩、一流报酬。

六、妥善安置未聘人员,形成人才合理流动的机制

20. 按照"新人新办法"的原则,对本实施意见实行后新聘用(聘任)的教职工,严格按照聘用(聘任)合同管理的规定,在聘期内双方履行规定的权利和义务,聘期满后双方可根据自愿的原则续聘或不再续聘。

按照"老人老办法"的原则,对本实施意见实行前原学校教职工中的落聘、待聘人员,采取校内转岗聘任等办法,以及鼓励高等学校教师到其他大学、高职、专科学校或中小学任教,形成合理的梯次流动。对少数因身体原因等不适合继续工作的教职工,可按照国家有关文件规定办理退休手续。

21. 有条件的高等学校可设立校内人才交流中心,主要承担本校教师及专业人员的人才交流工作。待聘、落聘等富余人员可通过高等学校人才交流中心与所在地政府人才交流机构形成的网络,在学校之间、地区之间进行流动,也可由所在地政府人事部门所属的人才交流机构实行人事代理。

采取优惠政策鼓励经济发达地区或城市的大学教职工到边远地区大中小学任教。政府人事部门所属的人才交流机构应积极为高等学校人才的流动提供服务。各校要开展多种形式的培训,为富余人员再就业提供学习、培训机会。

七、切实加强对高等学校人事制度改革的领导

22. 高等学校人事制度改革是我国整个干部人事制度改革的一个重要组成部分。各级党委和政府要高度重视,加强领导。近年来已进行高校内部管理体制改革或人事分配制度改革的地区和部门,要认真按照本实施意见进一步深化高等学校人事制度改革;尚未开展改革的地区和部门,要根据本实施意见立即开展各项改革。在推进改革的过程中,要坚持从实际出发,加强分类指导,及时研究解决改革中出现的各种新情况新问题,积极稳妥地推进高等学校人事制度改革。

23. 在高等学校人事制度改革过程中,要认真贯彻《教育法》和《高等教育法》,进一步落实高等学校办学自主权。学校作为具有独立法人资格的事业单位主体,依法自主、有效地管理学校内部事务,承担相应的义务和责任。各级政府及其职能部门,都不得干预学校自主办学权范围内的事务。各级党委和组织、人事部门,要加强对高等学校人事制度改革工作的宏观管理和指导协调,教育行政部门或高等学校主管部门要发挥职能作用,结合实际,研究制定实施意见,统筹规划改革进程,认真组织实施工作。

24. 各高等学校要在深入调查研究和科学论证的基础上,研究制定切实可行的具体方案,精心组织,周密部署,积极稳妥地推进本校的改革工作。学校党委书记、校长要亲自挂帅,成立专门领导小组,积极推进改革。改革的一些重大措施,要在充分酝酿的基础上,由学校党政领导班子集体讨论决策,注意通过教职工代表大会等多种途径广泛征求教职工的意见。要发挥党组织的政治优势,正确把握改革方向,有针对性地开展思想政治工作,引导广大教职工积极支持和参与改革,认真处理好高等学校改革、发展和稳定的关系,确保各项人事制度改革收到实效,以促进我国高等教育改革与发展各项工作的顺利进行。

附录6 《上海市高等学校岗位设置管理实施办法》(沪教委人〔2010〕68号)

为深化事业单位人事制度改革,建立健全本市高等学校岗位设置管理制度,根据《事业单位岗位设置管理试行办法》(国人部发〔2006〕70号)和《关于印发高等学校、义务教育学校、中等职业学校等教育事业单位岗位设置管理的三个指导意见的通知》(国人部发〔2007〕59号),以及《上海市事业单位岗位设置管理实施办法》(沪委办发〔2009〕40号),结合本市高等学校的特点和实际,制定本实施办法。

一、适用范围

(一)本市所属普通高等院校、高等职业学校、成人高等学校(以下统称高等学校)适用本办法。

(二)高等学校专业技术人员、管理人员和工勤技能人员,分别纳入相应岗位设置管理。

二、岗位类别设置

(一)高等学校岗位分为专业技术岗位、管理岗位、工勤技能岗位三种类别。

1. 专业技术岗位是指从事专业技术工作,具有相应专业技术水平和能力要求的工作岗位。分为教师岗位和其他专业技术岗位,其中教师岗位为主体岗位。

教师岗位包括具有教育教学、科学研究工作职责和相应能力水平要求的专业技术岗位。高等学校可以在教师岗位中设置教学为主型岗位、教学科研型岗位和科研为主型岗位,教师岗位涵盖学生思想政治教育岗位。

其他专业技术岗位主要包括工程技术、实验技术、图书资料、编辑出版、会计统计、医疗卫生等专业技术岗位。

2. 管理岗位是指担负领导职责或管理任务的工作岗位,包括校、院(系)以及其他内设机构的管理岗位。

3. 工勤技能岗位是指承担技能操作和维护、后勤保障、服务等职责的工作岗位,分为技术工岗位和普通工岗位。已经实现后勤社会化服务的一般性劳务工作,不再设置相应的工勤技能岗位。

（二）特设岗位的设置和聘用办法按照国家和本市有关规定执行。

三、岗位等级设置

（一）专业技术岗位等级设置

1. 专业技术高级岗位分为 7 个等级,即一至七级。其中,正高级的岗位对应一至四级,副高级的岗位对应五至七级。中级岗位分 3 个等级,即八至十级。初级岗位分 3 个等级,即十一级至十三级,其中十三级为员级岗位。

2. 高级专业技术职务不区分正副高的系列,暂按现行专业技术职务有关规定执行,一般最高岗位等级为五级。

（二）管理岗位等级设置

1. 管理岗位的最高等级和结构比例根据学校的规格、规模、隶属关系,按照干部人事管理有关规定和权限确定。

2. 高等学校管理岗位分为 8 个等级。现行的厅（局）级正职、厅（局）级副职、处级正职、处级副职、科级正职、科级副职、科员、办事员依次分别对应三至十级管理岗位。

（三）工勤技能岗位等级设置

1. 工勤技能岗位包括技术工岗位和普通工岗位,其中技术工岗位分为 5 个等级,普通工岗位不分等级。

2. 现行的高级技师、技师、高级工、中级工、初级工,依次分别对应一至五级工勤技能岗位。

（四）特设岗位设置

1. 为适应聘用急需的高层次人才等特殊需要,经批准高等学校可以设置特设岗位。

2. 特设岗位是非常设岗位,不受岗位总量、最高等级和结构比例限制,在完成任务后,按照管理权限予以核销。

四、岗位设置的结构比例

（一）管理岗位、专业技术岗位、工勤技能岗位三类岗位之间的结构比例,根据高等学校的社会功能、职责任务、工作性质和人员结构特点等因素综合确定。

1. 高等学校专业技术岗位一般不低于单位岗位总量的 70%,教师岗位一般不低于单位岗位总量的 55％。

2. 高等学校管理岗位一般控制在单位岗位总量的 15％～20％。

3. 高等学校工勤技能岗位一般控制在单位岗位总量的 10％～15％。

(二) 高等学校专业技术高级、中级、初级岗位的结构比例,根据《上海市高等学校教师职务结构比例和高级职务岗位设置的意见(试行)》(沪人〔2002〕101 号)及本市相关规定执行。

(三) 高等学校专业技术高级、中级、初级岗位内部不同等级之间的结构比例控制目标是:二级、三级、四级岗位之间的比例为 1∶3∶6;五级、六级、七级岗位之间的比例为 2∶4∶4;八级、九级、十级岗位之间的比例为 3∶4∶3;十一级、十二级岗位之间的比例为 5∶5。

(四) 工勤技能岗位的结构比例

1. 高等学校工勤技能岗位结构比例全市总体控制目标:一级、二级、三级岗位的总量占工勤技能岗位总量的比例为 25％左右,一级、二级岗位的总量占工勤技能岗位总量的比例为 5％左右。

2. 高等学校工勤技能一级、二级岗位应主要在专业技术辅助岗位承担技能操作和维护职责等对技能水平要求较高的领域设置,要严格控制工勤技能一级、二级岗位的总量。

五、专业技术岗位名称及岗位等级

(一) 高等学校正高级教师岗位名称为教授一级岗位、教授二级岗位、教授三级岗位、教授四级岗位,分别对应一至四级专业技术岗位;副高级教师岗位名称为副教授一级岗位、副教授二级岗位、副教授三级岗位,分别对应五至七级专业技术岗位;中级教师岗位名称为讲师一级岗位、讲师二级岗位、讲师三级岗位,分别对应八至十级专业技术岗位;初级教师岗位名称为助教一级岗位、助教二级岗位,分别对应十一级、十二级专业技术岗位。

(二) 高等院校其他专业技术岗位名称参照相关行业规定执行,岗位等级设置和管理参照高等院校教师岗位设置管理办法执行,其他专业技术岗位的最高等级,一般应低于教师岗位。

六、岗位基本任职条件

(一) 高等学校三类岗位的基本任职条件

1. 遵守宪法和法律;

2. 具有良好的品行和职业道德；

3. 岗位所需的专业、能力或技能条件，包括执业资格准入控制条件；

4. 适应岗位要求的身体和心理条件；

5. 岗位所需的其他条件。

（二）专业技术岗位的基本任职条件

1. 专业技术高级、中级、初级岗位的任职条件按照现行专业技术职务评聘的有关规定执行。

2. 专业技术高级、中级、初级内部各等级岗位的基本任职条件：

（1）二级、三级专业技术岗位，一般应分别在下一等级岗位上工作四年以上；

（2）五级、六级专业技术岗位，一般应分别在下一等级岗位上工作三年以上；

（3）八级、九级专业技术岗位，一般应分别在下一等级岗位上工作三年以上；

（4）十一级专业技术岗位，一般应在十二级岗位上工作三年以上。

3. 高等学校应在上述基本任职条件的基础上，根据本办法，结合各类专业技术岗位实际情况，制定本学校专业技术岗位的具体条件，作为岗位聘任的重要依据。

（三）管理岗位基本任职条件

1. 管理岗位一般应具有大学专科及以上文化程度；其中六级及以上管理岗位一般应具有大学本科及以上文化程度。

（1）三级、五级管理岗位，应分别在四级、六级管理岗位上工作两年以上；

（2）四级、六级管理岗位，应分别在五级、七级管理岗位上工作三年以上；

（3）七级、八级管理岗位，应分别在八级、九级管理岗位上工作三年以上。

2. 确因工作需要，由专业技术岗位交流到管理岗位的人员，可根据干部人事管理权限和本人条件，直接聘任到相应的管理岗位。

3. 高等学校应在上述基本任职条件的基础上，根据本办法，结合各类管理岗位实际情况，制定本校管理岗位的具体条件，作为岗位聘任的重要依据。

（四）工勤技能岗位基本任职条件：

1. 一级、二级工勤技能岗位，须在本工种下一级岗位工作五年以上，并分别通过高级技师、技师技术等级考评；

2. 三级、四级工勤技能岗位，须在本工种下一级岗位工作五年以上，并分别通过高级工、中级工等级考评；

3. 学徒（培训生）学习期满和工人见习、试用期满，通过初级工技术等级考核后，可确定为五级工勤技能岗位。

七、岗位设置审核

（一）高等学校岗位设置实行核准制度，严格按照规定的程序和管理权限进行审核。

（二）高等学校的岗位设置方案包括岗位总量、结构比例以及最高等级限额等事项。

（三）经核准的岗位设置方案作为聘用人员、确定岗位等级、调整岗位以及核定工资的依据。

（四）岗位设置方案经核准后，应当保持相对稳定。高等学校在核准的岗位数量以及内部不同等级岗位之间的结构比例和最高岗位等级控制范围内，可以根据实际情况自主调整岗位设置。

（五）高等学校需重新制定岗位设置方案的，应按规定程序申请核准。

八、岗位聘用

（一）高等学校在核定的岗位总量和结构比例内，根据国家和本市岗位设置管理和岗位聘任的相关规定，以及经核准的岗位设置方案，自主进行岗位聘用工作。

（二）高等学校应分别按照专业技术岗位、管理岗位、工勤技能岗位的职责任务和任职条件，在核定的结构比例内聘用人员，聘用条件不得低于国家和本市规定的基本任职条件。

（三）高等学校聘用的人员一般不得在两类岗位上任职。因工作需要确需兼任的，须按人事管理权限审批，并严格控制。

（四）高等学校应根据国家和本市的有关规定，使现有在册的正式工作人员，按照现聘职务或岗位进入相应等级的岗位。

（五）首次进行岗位等级确定和聘任时，专业技术高级、中级、初级内部各等级岗位的任职年限按照在高级、中级、初级职务岗位的相应任职年限计算。

（六）首次岗位等级确定和聘任的具体政策衔接，按照本市事业单位岗位设置管理的有关办法执行。

（七）高等学校应当加强聘用合同的管理工作。依法订立或变更聘用合同，并按规定办理手续。

（八）高等学校年度岗位聘用实际情况，应报市人力资源社会保障主管部门和教育主管部门备案。

九、专业技术一、二级岗位的聘用

（一）专业技术一级岗位由国家实行总量控制和管理，任职条件和确定程序按照国家有关规定执行。

（二）专业技术二级岗位按照以下程序聘用：

1. 高等院校在岗位设置结构比例内，将推荐人选报上海市教育委员会；

2. 经上海市教育委员会审核同意后，报上海市人力资源和社会保障局核准。

（三）聘用到专业技术二级岗位的人员除满足岗位基本任职条件外，还必须具备下列条件之一：

1. 国家级人才或上海市地方拔尖人才；

2. 为国家和上海发展做出重要贡献，享有盛誉的专业人才；

3. 在自然科学、工程技术、社会科学领域做出重要贡献的专家、学者。

十、组织实施

（一）高等学校要按照积极稳妥的原则，结合本单位实际，研究制定本单位的实施办法，对各类岗位的任职条件、工作标准、职责任务等做出具体的规定。要统筹规划，分类指导，周密部署，及时研究解决改革中出现的新情况、新问题，确保高等院校的稳定和持续发展。

（二）高等学校要严格执行有关政策规定。对违反政策规定进行岗位设置和聘用的高等院校，政府人事行政部门、教育行政部门及有关部门不予确认岗位等级、不予兑现工资待遇、不予核拨事业经费。情节严重者，按照人事管理权限给予相应的纪律处分。

（三）本实施办法由上海市教育委员会、上海市人力资源和社会保障局负责解释。

附录7 《高等学校领导人员管理暂行办法》（中组发〔2017〕2 号）

第一章 总 则

第一条 为加强和改进高等学校领导人员管理,完善选拔任用和管理监督机制,按照社会主义政治家、教育家的目标要求,建设一支符合好干部标准的高素质领导人员队伍,根据《事业单位领导人员管理暂行规定》和有关法律法规,制定本办法。

第二条 本办法适用于国家举办的普通高等学校领导班子成员。

法律法规对高等学校领导人员管理另有规定的,从其规定。

第三条 高等学校领导人员管理,必须坚持党管干部、党管人才,坚持德才兼备、以德为先,坚持依法依规办事,坚持从严管理监督与激励关怀相结合,遵循教育规律,公道公平公正地对待、评价和使用领导人员,充分调动积极性、主动性、创造性,不断促进高等学校办出特色争创一流。

第四条 主管机关(部门)党委(党组)及其组织(人事)部门按照干部管理权限履行高等学校领导人员管理职责,负责本办法的组织实施。

第二章 任职条件和资格

第五条 高等学校领导人员应当具备下列基本条件:

（一）具有较高的思想政治素质和政策理论水平,坚持以马克思列宁主义、毛泽东思想、邓小平理论、"三个代表"重要思想、科学发展观为指导,深入学习贯彻习近平总书记系列重要讲话精神,坚持党对高等学校的领导,坚定中国特色社会主义道路自信、理论自信、制度自信、文化自信,全面贯彻党的教育方针,坚持社会主义办学方向,严守政治纪律和政治规矩,牢固树立政治意识、大局意识、核心意识、看齐意识,在思想上政治上行动上同以习近平同志为核心的党中央保持高度一致,经得起各种风浪考验。

（二）具有胜任岗位职责所必需的专业知识和职业素养，熟悉高等教育工作和相关政策法规，坚持全员全过程全方位育人理念，了解和掌握思想政治工作规律、教书育人规律和学生成长规律，善于做知识分子工作，业界声誉好。

（三）具有较强的组织领导和管理能力，自觉坚持党委领导下的校长负责制，贯彻执行民主集中制，具有全局观念和改革创新精神，能够科学谋划，依法依规办事，团结合作，善于集中正确意见。

（四）具有强烈的事业心和责任感，热爱教育事业，坚持原则，敢于担当，勤勉尽责，能够全身心投入工作，实绩突出。

（五）具有良好的品行修养，坚持不懈地培育和弘扬社会主义核心价值观，恪守职业道德，立德树人，为人师表，追求真理，淡泊名利，能够正确行使党和人民赋予的权力，严于律己，清正廉洁，群众威信高。

党委书记和校长应当符合社会主义政治家、教育家的标准，善于从政治上看问题把方向，有坚定的政治立场、崇高的理想信念、服务国家和人民的价值追求，有正确的教育思想和深厚的学识学养，有相当的教学科研和学校管理能力，有高尚的道德情操和人格魅力。

第六条　高等学校领导人员应当具备下列基本资格：

（一）应当具有大学本科以上文化程度。

（二）一般应当具有五年以上工作经历。行政领导人员一般应当具有高等教育工作经历。从高等学校提任的，一般应当具有院（系）管理工作经历。

（三）从副职提任正职的，应当具有副职岗位两年以上任职经历；从下级正职提任上级副职的，应当具有下级正职岗位三年以上任职经历。

（四）专业技术人员直接提任领导人员的，应当具有一定的管理工作经历，且已担任正高级专业技术职务或者三年以上副高级专业技术职务。其中，直接提任本科院校领导人员的，应当已担任正高级专业技术职务。

（五）应当经过党校、行政学院、干部学院和教育行政学院或者干部教育培训管理部门认可的其他培训机构的培训，培训时间达到有关规定要求。确因特殊情况在提任前未达到培训要求的，应当在提任后一年内完成。

（六）具有正常履行职责的身体条件。

（七）符合有关法律法规和行业主管部门规定的其他任职资格要求。

第七条　对特别优秀或者工作特殊需要的，可以破格提拔。破格提拔必须从严掌握，并报上级组织（人事）部门审批。

第三章　选 拔 任 用

第八条　选拔任用高等学校领导人员,应当充分发挥主管机关(部门)党委(党组)的领导和把关作用,坚持正确选人用人导向,严格标准条件和程序,按照核定或者批准的领导职数和岗位设置方案,精准科学选人用人,注重优化领导班子结构,形成年龄、经历、专长等方面的合理配备,增强班子整体功能。领导班子专业结构应当注意与本校主要学科门类相适应。

第九条　主管机关(部门)党委(党组)或者组织(人事)部门按照干部管理权限,根据工作需要和领导班子建设实际提出选拔任用工作启动意见,在综合研判、充分酝酿的基础上形成工作方案,并按照组织考察、会议决定等有关程序和要求认真组织实施。

第十条　选拔高等学校领导人员,一般采取学校内部推选、外部选派、竞争(聘)上岗、公开遴选等方式进行,也可以探索其他有利于优秀人才脱颖而出的选拔方式。

第十一条　确定考察对象,应当综合考虑工作需要、人选德才条件、一贯表现、人岗相适、民主推荐和征求意见等情况,防止简单以票、以分或者以学历、职称、头衔、荣誉等取人偏向。

政治不合格、纪律规矩意识不强,在教育教学和管理活动中贯彻执行党的教育方针不力、偏离社会主义办学方向,师德师风存在问题或者有学术不端行为受到查处,有伪造学历学位、奖励证书、档案材料等行为受到责任追究,以及具有其他有关政策规定明确限制情形的,不得作为考察对象。

第十二条　严格执行考察制度,依据任职资格条件和岗位职责要求,全面了解考察对象的德、能、勤、绩、廉表现,着重了解思想政治素质、作风品行、廉洁自律等情况,深入了解教学科研水平、学校管理能力、师德师风、治学精神和工作实绩等情况,实事求是、客观准确地作出评价,把好政治关、品行关、作风关、廉洁关,防止"带病提拔"。

第十三条　任用高等学校领导人员,区别不同情况实行选任制、委任制、聘任制。

对行政领导人员,逐步加大聘任制推行力度。实行聘任制的,以聘任通知、聘任书、聘任合同等形式确定聘任关系,所聘职务及相关待遇在聘期内有效。

第十四条　提任领导人员的,应当在一定范围内进行公示,公示期不少于五个工作日。

第十五条　提任非选举产生领导人员的,实行任职试用期制度,试用期一般为一年。

第四章　任期和任期目标责任

第十六条　高等学校领导班子和领导人员一般应当实行任期制。

领导班子和领导人员每个任期为五年,领导人员的任期一般应当与领导班子任期相一致。实行聘任制的领导人员,聘期一般应当与领导班子任期相衔接。

领导人员在同一岗位连续任职一般不超过两届或者十年。工作特殊需要的,按照干部管理权限经批准后可以适当延长任职年限。

第十七条　高等学校领导人员在任期内应当保持相对稳定,一般应当任满一个任期。

任期内调整职务,任职三年以上的,计算为一个任期;任职不足三年的,不计算任期届数。

第十八条　高等学校领导班子和领导人员一般应当实行任期目标责任制。

领导班子任期目标,应当落实党和国家对高等教育事业改革发展的要求,围绕全面提高人才培养能力,突出加强思想政治工作,体现政治方向、教学科研、学科建设、人才培养、教师队伍建设、学校管理、师德师风和党的建设等内容,注重打基础、利长远、求实效,具体内容根据学校实际确定。

领导人员的任期目标,根据领导班子任期目标和岗位职责确定。

第十九条　制定领导班子任期目标,应当充分听取学术委员会、教职工代表大会等各方面意见。

任期目标由学校党委领导班子集体研究确定,一般应当报经主管机关(部门)批准或者备案,并在校内公布。

第五章　考核评价

第二十条　完善体现高等学校特点的领导人员考核评价制度,充分发挥考核的激励和鞭策作用,推动领导人员树立正确业绩观,敢于担当、真抓实干、积极作为。

第二十一条　对高等学校领导班子和领导人员实行平时考核、年度考核和任期考核。

第二十二条　考核评价应当以任期目标为依据,以日常管理为基础,注重工作实绩和社会效益,注意与高等学校目标管理和绩效管理、教育教学评估等工作相衔接。

坚持党建工作、意识形态工作与业务工作同步考核,把思想政治工作纳入党建工作和意识形态工作责任制进行重点考核,实行抓党建述职评议考核制度,可以与年度考核等结合进行,重点了解学校党委履行管党治党、办学治校主体责任,党委书记履行党的建设和思想政治工作第一责任人职责,党委班子其他成员履行"一岗双责"、结合业务分工抓党的建设和思想政治工作等情况,深入了解坚持社会主义办学方向、开展思想政治工作、全面提高人才培养能力等情况。

第二十三条 根据高等学校不同定位、类别实际,兼顾发展差异、办学特色等情况,科学合理确定考核评价指标,积极推进分类考核。

注意改进方法,简化程序,提高考核工作质量和效率。

第二十四条 领导班子年度考核和任期考核的评价等次,分为优秀、良好、一般、较差。领导人员年度考核和任期考核的评价等次,分为优秀、合格、基本合格、不合格。

第二十五条 考核评价结果应当以适当方式向领导班子和领导人员反馈,并作为领导班子建设和领导人员选拔任用、培养教育、管理监督、激励约束等的重要依据。

第六章 职业发展和激励保障

第二十六条 完善高等学校领导人员培养教育制度,充分利用党校、行政学院、干部学院和教育行政学院等机构,加强党的理论、理想信念、党性修养、高等教育理论与政策、业务知识、管理能力等方面的教育培训,采取多种方式加强实践锻炼,着力提高马克思主义思想政治素质和理论水平,提高领导能力专业化水平。

第二十七条 完善领导人员交流轮岗制度,积极推进高等学校之间交流和学校内部轮岗,统筹推进与党政机关和国有企事业单位之间领导人员交流,共享优秀人才资源。

对重要岗位和综合素质好、有培养前途的领导人员有计划地进行交流。

第二十八条 加强领导人员后备人才队伍建设,按照拓宽来源、优化结构、改进方式、提高质量的要求,积极发现和着力培养政治素质过硬、熟悉教学科研和学科建设、有院(系)工作经历、良好的专业背景和管理能力的优秀年轻人才。

第二十九条 保障高等学校在岗位设置、人员聘用、绩效工资分配、项目经费管理等方面自主权,支持学校领导人员依法依规履行职责,探索建立与高等学校创新编制管理改革等相适应的领导人员管理政策。

领导人员应当确保主要精力和时间用于学校管理工作,减少本职工作以外的兼职。

第三十条 完善领导人员后续职业发展制度,对任期结束后未达到退休年龄界限回到教学科研岗位的,学校应当给予一定的学术恢复期和必要的条件支持;其他退出领导岗位人员,根据本人实际和工作需要作出适当安排。

第三十一条 完善领导人员收入分配办法,结合考核情况合理确定绩效工资水平,使其收入与履职情况和学校发展相联系,与本校教职工的平均收入保持合理水平。

对实行聘任制的领导人员,可以探索实行协议工资制等分配办法。

第三十二条 领导人员在履行学校管理职责、承担专项重要工作、应对重大突发事件等方面表现突出、作出显著成绩和贡献的,按照有关规定给予表彰奖励。

主管机关(部门)可以根据实际情况,探索行之有效的表彰奖励措施,激励领导人员干事创业。

第三十三条 建立容错纠错机制,宽容领导人员在工作中特别是改革创新中的失误,营造鼓励探索、支持创新的氛围,旗帜鲜明地为敢于担当者担当,为敢于负责者负责。正确对待犯错误的领导人员,不得混淆错误性质或者夸大错误程度作出不适当的处理,不得利用其所犯错误泄私愤、打击报复。

第三十四条 加强人文关怀,开展经常性谈心谈话,及时了解高等学校领导人员思想、工作、生活等方面情况,听取意见建议,帮助解决实际困难。加强心理疏导,培育理性平和的健康心态。

第七章 监督约束

第三十五条 贯彻全面从严治党要求,完善高等学校领导班子和领导人员特别是主要负责人监督约束机制,构建严密有效的监督体系,督促引导领导人员认真履职尽责,依法依规办事,保持清正廉洁。

第三十六条 加强执行政治纪律和政治规矩的监督,重点监督领导班子和领导人员贯彻执行党的基本路线和党的教育方针,坚持党对高等学校的领导,坚持社会主义办学方向,落实党建工作责任制和意识形态工作责任制,健全组织生活制度,严肃党内政治生活等情况。

第三十七条 加强权力运行的监督,重点监督领导班子和领导人员贯彻民主集中制,坚持集体决策,落实"三重一大"决策制度,公道正派选人用人等情况,加大对招生录取、职务(职称)评聘、基建项目、物资采购、财务管理、科研经费、校办企业等重点领域和关键环节的监督力度。

第三十八条 加强作风和廉洁的监督,重点监督领导班子和领导人员落实中央八项规定精神,加强师德师风建设,廉洁自律等情况。

第三十九条 主管机关(部门)党委(党组)及纪检监察机关、组织(人事)部门按照管理权限和职责分工,综合运用考察考核、述职述责述廉、民主生活会、谈心谈话、巡视、提醒、函询、诫勉等方式,对领导班子和领导人员进行监督。

充分发挥学校党委、院(系)党委(党总支)等基层党组织和党员的监督作用,党员领导人员应当以普通党员身份参加所在党支部的组织生活,坚持民主生活会、组织生活会和民主评议党员制度,开展严肃认真的党内政治生活,营造党内民主监督环境。

第四十条 坚持和完善高等学校党委领导下的校长负责制,健全党委统一领导、党政分工合作、协调运行的工作机制。完善学校内部治理结构和内控机制,实行权力清单制度,明确权力运行程序、规则和权责关系,公开权力运行过程和结果,健全不当用权问责机制。

积极推进校务公开,注意发挥学术委员会、教职工代表大会和学生会等组织在学校民主管理方面的作用,畅通师生员工参与讨论校内事务的途径,拓宽表达意见的渠道。

第四十一条 实行任职承诺制度,领导人员任职后应当签订承诺书,并在校内进行公示。

第四十二条 领导人员应当正确对待监督,主动接受监督,习惯在监督下开展工作,自觉检查和及时纠正存在的问题。

第八章 退 出

第四十三条 完善高等学校领导人员退出机制,促进领导人员能上能下、能进能出,增强队伍生机活力。

第四十四条 领导人员达到退休年龄界限的,应当按照有关规定程序办理免职(退休)手续。因工作需要而延迟免职(退休)的,应当按照干部管理权限报批。

第四十五条 领导人员因健康原因,无法正常履行工作职责一年以上的,应当对其工作岗位进行调整。

第四十六条 领导人员因德、能、勤、绩、廉与所任职务要求不符,具有下列情形之一,被认定为不适宜担任现职的,应当按照有关规定予以组织调整或者组织处理:

(一)贯彻执行党的教育方针、上级党组织指示和决定不及时不得力的;

(二)在大是大非问题上没有立场、没有态度、无动于衷、置身事外,在错误言行面前不抵制、不斗争,明哲保身、当老好人的;

(三)擅自公开发表与中央精神不符的言论、文章、作品等,造成恶劣社会影响的;

(四)年度考核、任期考核被确定为不合格的,或者连续两年年度考核被确定为基本合格的;

(五)学术不端或者师德师风存在严重问题,或者有其他违背社会公德、职业道德、家庭伦理道德行为造成不良影响的;

(六)存在其他问题需要调整或者处理的。

第四十七条 领导人员违纪违法的,按照有关法律法规和规定处理。

第四十八条 实行领导人员辞职制度,辞职程序参照有关规定执行。

第九章 附 则

第四十九条 本办法由中央组织部、教育部负责解释。

第五十条 本办法自 2017 年 1 月 13 日起施行。

附录8 《厦门大学职员制度实施方案(试行)》 (2000年)

为了贯彻落实教育部关于开展高校职员制度试点工作的部署,做好我校的职员制度试点工作,现根据教育部《高等学校职员制度暂行规定(征求意见稿)》,并结合我校实际,制定本实施方案。

一、试点工作的指导思想

实施高校职员制度是高等学校内部管理体制和人事制度方面的重大改革。我校的试点工作要坚持以邓小平理论为指导,贯彻落实《高等教育法》和全教会精神,进一步解放思想,转变观念,统筹安排,配套实施,努力建立适应高校管理工作特点的规范合理的职员制度运行机制,建设优化、精干、高效的管理队伍,调动学校职员的积极性、创造性,提高管理水平、教育质量和服务质量。

二、职员制度实施的范围和对象

(一)高等学校职员是指在高等学校从事管理和服务工作的人员。除教学、科研、工程技术等专业技术岗位外,其他管理、服务岗位原则上纳入职员岗位管理范围。

(二)除少数管理岗位外,职员原则上不得兼任专业技术职务。原已受聘专业技术职务的人员,受聘职员岗位后,应按照规定聘为相应的职级职员。

(三)专职学生政治辅导员兼任马克思主义理论课和思想品德课(包括形势任务课)或其他专业课教学任务,可以继续按照有关规定实行教师职务聘任制。其他专职从事思想政治工作人员,均纳入职员范围。

(四)专任教师担任学校领导职务或担任教学、科研和研究生管理工作的处(部门)的正处级领导职务后,经学校教师聘任委员会批准,可以兼任教师职务,同时占职员和教师职务岗位数额,执行教师职务工资标准,任期内纳入职员管理。部、处其他兼职人员在任职期间都应纳入职员管理,不再聘任教师职务。

（五）专任教师担任院（系、所）领导后，仍从事教学、科研业务工作的，执行教师管理的有关规定，不纳入职员管理范围，任期内实行岗位目标管理。

三、职员的等级

高等学校职员职级是反映管理岗位层次、类别和职员专业水平、工作能力的标志。根据高等学校的实际，高等学校职员职级分为三个职等和十个职级。其中一、二、三、四、五级为高级职员，六、七、八级为中级职员，九、十级为初级职员。我校目前设二至十级职员。

四、职员的岗位职责

（一）高级职员的基本职责

主持或分管学校或者院（系、所）、部、处级单位管理工作，或者专职从事高层次的专门性管理工作；负责拟定本职管理工作中重要的公文或者文稿；指导中初级职员工作。

各个高级职员岗位的具体职责由学校主管部门另行拟定。

（二）中级职员的基本职责

协助主持或者分管院（系、所）、部、处级及其以下基层单位的管理工作，或者独立承担某一方面的专门性管理工作；独立起草本职管理工作中重要的公文或者文稿；指导初级职员工作。

各个中级职员的岗位职责由各部门各单位负责拟定。

（三）初级职员的基本职责

承办具体的管理与服务工作，起草本职管理工作中一般性公文或者文稿。

各个初级职员的岗位职责由各部门各单位负责拟定。

五、职员的任职条件

（一）学校职员必须贯彻执行党的路线、方针、政策，熟悉高等教育法规、政策，遵纪守法，维护学校的安全、荣誉、利益和知识产权，恪守职业道德，热爱本职工作，办事公正，作风正派，廉洁奉公，身心健康，能坚持正常工作。

（二）初级职员的基本任职条件

符合第（一）款要求；了解本职工作的范围、任务和特点，胜任本职工作；基本掌握履行岗位职责所需的理论知识和技能方法；具有初步的分析、解决问题能力；具有一定的文字、口头表达能力；具有大学专科及其以上的学历。

(三) 中级职员的基本任职条件

符合第(一)款要求;熟悉本职工作的范围、任务和特点,具有独立解决本职工作中实际问题的能力;熟练掌握履行岗位工作职责所需的理论知识和技能方法;具有一定的政策理论水平、业务研究能力和组织能力,有较好的文字、口头表达能力;能够独立撰写重要的公文、文稿和有一定水平的管理方面的论文;具有指导初级职员工作的能力;具有大学本科及其以上的学历。

(四) 高级职员的基本任职条件

符合第(一)款要求;系统掌握履行岗位工作职责所需的理论知识和技能方法,具有较高的政策理论水平和组织能力,具有较强的解决本职工作中实际问题的能力;有较强的文字、口头表达能力和研究能力,能够撰写重要的工作规划、方案、文件和较高水平的研究报告、工作总结,独立发表过有较高水平的管理研究论文、论著;具有指导中、初级职员工作的能力;具有大学本科及其以上的学历。

(五) 学校聘任的高、中、初级职员,除应分别具备第(二)款、第(三)款、第(四)款规定的基本任职条件外,一般还应分别具备以下条件:

1. 十级职员:大学专科毕业;

2. 九级职员:大学本科毕业或者获得第二学士学位或者研究生班毕业,或者十级职员任职三年以上,聘任期满及当年度考核合格;

3. 八级职员:获得硕士学位,或者九级职员任职三年以上,聘任期满及当年度考核合格;

4. 七级职员:获得博士学位,或者八级职员任职三年以上,聘任期满及当年度考核合格;

5. 六级职员:七级职员任职三年以上,聘任期满及当年度考核合格;

6. 五级职员:六级职员任职四年以上,聘任期满及当年度考核合格;

7. 四级职员:五级职员任职五年以上,聘任期满及当年度考核合格;

8. 三级职员:四级职员任职六年以上,聘任期满及当年度考核合格;

9. 二级职员:三级职员任职八年以上,聘任期满及当年度考核合格。

(六) 担任党政领导职务的职员,在分别具备第(三)款、第(四)款规定的基本任职条件下,可按相应的职务级别和任职年限聘任中、高级职员职务。工作业绩突出者,优先聘任。具体办法另行制定。

(七) 虽未担任领导职务,但独立承担某一方面的专门性管理工作或专职从事高层次的专门性管理工作,且工作业绩突出,基本任职条件和工作年限符合第(三)款、第(四)款、第(五)款规定,在岗位许可的情况下,可分别应聘中、高级职员职务。应聘高级职员职务最高至四级。

六、职员的岗位设置

（一）根据教育部人事司《关于厦门大学职员制度试点工作的批复》（教人司〔2000〕81号），我校校本部职员岗位总数控制在500以内，高级职员岗位控制在175以内。其中二级职员岗位为3，三级职员岗位为11，四级职员岗位控制在47以内，五级职员岗位控制在114以内。今后随学校事业发展规模变化适时进行调整。

（二）根据《高等学校职员制度暂行规定》有关各级职员岗位比例的规定，我校校本部各级职员岗位和结构比例暂定为：

1. 高级职员

职级	岗位数	占职员总数百分比	占高级职员百分比
二、三级	14	2.8%	8%
四级	47	9.4%	26.9%
五级	114	22.8%	65.1%
合计	175	35%	100%

2. 中级职员

职级	岗位数	占职员总数百分比	占中级职员百分比
六级	110	22%	40%
七级	110	22%	40%
八级	55	11%	20%
合计	275	55%	100%

3. 初级职员

职级	岗位数	占职员总数百分比	占初级职员百分比
九级	28	5.5%	55%
十级	22	4.5%	45%
合计	50	10%	100%

（三）在确定职能、机构、编制的基础上，根据管理工作的繁简、难易程度，并按下列原则确定各单位职员岗位：

1. 各部、处根据处级职务岗位数加上从事高层次专门性管理工作岗位数确定高级职员岗位。

2. 各院(系、所)根据专职领导岗位数确定高级职员岗位。

3. 各院(系、所)、部、处根据科级职务岗位数加上从事某一方面专门性管理工作岗位数确定中级职员岗位。

4. 各院(系、所)、部、处、根据编制数和工作需要确定初级职员岗位。

七、职员的聘任

(一)学校职员实行聘任制。学校聘任职员,必须在学校按规定核定的岗位数内,坚持因事设岗,严格按照岗位职责、任职条件和聘任程序进行。

(二)学校成立职员聘任委员会,聘任委员会由学校党委书记、校长、分管校领导和学校办公室、组织部、人事处等职能部门负责人组成,校长担任主任。职员聘任和聘任合同管理的日常工作由人事处负责。

学校职员聘任委员会的主要职责:

1. 确定职员岗位的设置。

2. 考核聘任高级职员。

3. 处理职员聘任工作中的重大问题。

(三)各院(系、所)、部、处相应成立职员聘任领导小组,由各院(系、所)、部、处党政领导组成。院长(系主任、所长)、部、处长担任组长。

院(系、所)、部、处职员聘任领导小组的主要职责:

1. 接受学校职员聘任委员会授权考核聘任本单位中、初级职员。

2. 处理本单位职员聘任工作中的具体问题。

(四)学校按下列程序聘任职员:

1. 学校在定编、定岗的基础上,确定并公布职员岗位、岗位职责、任职条件、聘期和聘任办法;

2. 学校职员聘任委员会采用考核或者考试与考核相结合等方式,确定聘任人选;

3. 学校或者学校授权各院(系、所)、部、处与受聘人员签订聘任合同以确定双方的权利、义务和聘期;

4. 学校向受聘职员颁发聘书。

(五)学校职员的聘任根据聘任期限分为固定期限聘任和无固定期限聘任。

新聘人员的聘任试用期一般为 6 个月。

固定期限聘任一般为 3 年,聘任合同期限届满即终止。如工作需要,聘任期满考核合格,经双方协商后一致,可以续聘。续聘须签订续聘合同。

经双方协商一致,在本校正常受聘十二年及以上的高级职员和正常受聘二十四年及以上的中级职员,可与学校签订无固定期限聘任合同。签订无固定期限聘任合同的高、中级职员,如工作需要调整岗位,应服从安排。

无固定期限聘任在下列情况下,合同应予终止:

1. 受聘人达到国家规定的退休年龄;

2. 受聘人已无法继续履行合同规定的职责;

3. 受聘人经批准同意辞聘;

4. 受聘人不服从组织调整工作的安排;

5. 受聘人出现第十条第(一)款所列情况之一,学校决定予以解聘。

八、职员的考核和培训

(一) 学校对职员的德、能、勤、绩、进行考核,重点考核履行岗位职责取得的工作实绩。"德"主要考核职员的思想政治表现和职业道德;"能"主要考核职员做好本职工作所应具备的业务知识和工作能力;"勤"主要考核职员的工作态度、勤奋敬业的表现;"绩"主要考核职员履行岗位职责取得的工作实绩。对职员的考核,应当坚持客观、公正、公开的原则。

(二) 职员的考核分为年度考核和聘任期满考核。年度考核由各单位按照学校年度考核的有关要求进行。聘任期满考核由学校职员聘任委员会负责进行。

(三) 聘任期满考核结果分为优秀、合格、不合格三个等次。优秀者不超过职员总数15%。年度考核连续三年优秀者,聘任期满考核方能确定为优秀等级。在聘任期内第一个年度考核不合格的,第二个年度给予试聘,试聘期满考核仍不合格的,应予提前解聘;如试聘期满考核合格的,第三个年度考核也合格,则确定为聘任期满考核合格;第三个年度考核不合格的,则确定为聘任期满考核不合格。第一个年度考核合格,第二个年度考核不合格的,第三个年度给予试聘,试聘期满考核仍不合格的,聘任期满考核定为不合格,并予解聘;试聘期满考核合格的,确定为聘任期满考核合格。在聘任期内第一、二个年度考核合格,第三个年度考核不合格的,延长一年并予试聘,试聘期满考核仍不合格的,定为聘任期满考核不合格,并予解聘;试聘期满考核合格的,定为聘任期满考核合格。

职员在试聘期限内不得晋升。年度考核不合格的不得计为正常聘任年限。

(四) 职员连续二个年度考核合格及其以上的,可以按国家和省市有关规定参加晋升工资档次。试聘按学校规定发放试聘津贴。

（五）聘任期满考核合格者,经双方协商同意,可以续聘;符合高一级职员任职条件的,可以根据岗位设置和工作需要应聘高一级职员。聘任期满考核优秀者,可优先聘任高一级职员。对德才表现和工作实绩特别突出的,学校可以根据岗位工作需要提前聘任为高一级职员。聘任期满考核不合格,不再续聘。

（六）学校职员须按规定参加各类培训。不按规定参加培训或培训不合格者,不得上岗。

九、职员的待遇

（一）学校职员实行国家规定的事业单位职员职级工资制度。在国家未出台新的职员职级工资标准前,根据《高等学校职员制度暂行规定》所附《高等学校职员等级工资关系标准表》确定职员职务工资。职员的岗位目标管理津贴和其他津贴由学校根据有关规定另行确定。现行具体工资标准见附表(一)《职员等级工资标准表》。现行具体津贴、补贴标准见附表(二)《职员各类津贴、补贴标准表》。

（二）高等学校应届毕业生初聘职员职务工资待遇确定办法按《高等学校职员制度暂行规定》第三十条规定确定。具体办法如下:大专毕业,聘任为十级职员,工资按十级职员工资标准第一档确定;大学本科毕业,聘任为九级职员,工资按九级职员工资标准第一档确定;获得第二学士学位的大学本科毕业生(含学制为六年以上的大学本科毕业生)、研究生班毕业和未获得硕士学位的研究生,聘任为九级职员,工资按九级职员工资标准第二档确定;取得硕士学位的毕业研究生,聘任为八级职员,工资按八级职员工资标准第一档确定;取得博士学位的毕业研究生,聘任为七级职员,工资按七级职员工资标准第一档确定。

（三）现有党政管理人员或者实行职员制度后转入职员系列的人员在聘任职员职务后按就近就高办法套入《职员等级工资标准表》确定工资等级。

（四）各级职员在受聘期间享受国家规定的事业单位职员各项保险福利待遇。各级职员在受聘期间的住房、医疗等待遇按照国家有关规定确定。国家没有规定的,由学校制定过渡办法确定。

（五）担任领导职务的职员,享受规定的领导职务津贴;不担任领导职务时,其领导职务津贴即自行取消。领导职务津贴标准参照《高等学校职员制度暂行规定》第二十九条规定的标准,结合学校实际另行制定。

十、职员的解聘和辞聘

（一）根据《高等学校职员制度暂行规定》第三十二条规定,受聘职员有下列

情形之一,学校将予以解聘:

1. 在聘期内不履行聘任合同,经教育仍不改正;

2. 连续两年年度考核不合格;

3. 因单位调整、撤销、合并或者缩减编制员额需要调整工作,本人拒绝合理安排;

4. 旷工或无正当理由逾期不归连续超过十五天,或者一年内累计超过三十天。

学校解聘职员,提前三个月书面通知被解聘人,被解聘人应在规定的时间内办理离校手续。不在规定的时间内办理离校手续的,学校按自动离职处理。

(二)职员在受聘期间有下列情况的,学校不予解聘:

1. 妇女在孕期、产期及哺乳期;

2. 享受休假待遇的人员在休假期间;

3. 符合国家规定的其他条件。

(三)职员在聘期内要求辞聘,应由本人提前三个月向学校提出书面申请,经学校批准后,依照有关程序解除聘约。与学校另外订有服务合同的人员,服务期未满要求辞聘的,应按学校规定缴纳编制补偿费。

职员辞聘应该办理有关手续,不得擅自离职。对擅自离职的,学校予以开除。

(四)职员聘任期满不再应聘,学校应予同意,并及时办理辞聘手续。但有下列情况之一,须经学校批准,方可辞聘。

1. 工作性质涉及国家机密,在规定保密期内;

2. 经司法机关或者学校上级行政机关批准,正在接受审查,尚未结案;

3. 与学校另有协议,协议期未满。

(五)职员聘任期满学校不再续聘者,按国家有关规定,其行政关系转出厦门大学。

十一、附则

(一)本《实施方案》已经教育部批准,从 2001 年 1 月 1 日起试行。原《厦门大学职员职级制度暂行规定》(厦大人[1998]55 号)和《厦门大学职员职级制度暂行规定实施细则》(厦大人[1998]56 号)从即日起停止执行。

(二)本《实施方案》由校人事处负责解释。

附录9 《武汉大学职员制度实施办法(试行)》 (2001 年)

第一章 总 则

第一条 为了深化学校人事管理体制改革,建设一支优化、精干、高效的职员队伍,提高学校的管理服务水平,根据《中华人民共和国教育法》《中华人民共和国高等教育法》、教育部《高等学校职员制度暂行规定》(以下简称《暂行规定》)精神,结合我校实际,特制定本实施办法。

第二条 职员聘任的范围

属学校事业编制、从事管理和服务工作的下列人员纳入职员聘任范围:

(一) 校部机关专职党政管理人员;

(二) 学院专职党政管理人员;

(三) 独立建制科研单位专职管理人员;

(四) 校工会、团委专职管理人员;

(五) 图书馆、档案馆、电教中心、学报期刊社等直属单位专职管理人员;

(六) 财会人员;

(七) 个人自愿选择纳入职员管理的学院专职学生辅导员;

(八) 经学校批准,专任教师担任学校或部(处、室)领导职务的,实行教师职务和领导职务双重聘任,同时占教师职务和相应职级的职员岗位,执行教师职务工资标准,在领导职务任期内纳入职员管理。

专任教师担任学院正、副院长职务的,仍执行教师管理的有关规定,不纳入职员管理,任期内实行岗位目标管理。

第三条 职员的职等与职级

学校职员职级分为二个职等和十个职级。其中一、二、三、四、五级为高级职员,六、七、八级为中级职员,九、十级为初级职员。

第二章 岗位设置

第四条 各级职员岗位的结构与比例

根据教育部《暂行规定》，结合我校实际，学校职员岗位总数控制在学校基本事业编制数的15％，高级职员岗位不超过职员岗位总数的35％，四级以上职员岗位不超过高级职员岗位总数的35％，其中三级以上职员岗位数不超过校领导职数（按基数12计算）的1.6倍。六级职员岗位数控制在职员总数的45％左右。

第五条 岗位分布

学校根据各单位职员编制数、工作性质、任务量及难易程度确定各级职员岗位数。各学院设置1～2个四级职员岗位，机关部（处、室）及其他有关单位一般设置1～3个四级职员岗位。各学院可设置2～3个五级职员岗位，各机关部（处、室）及其他有关单位可设置1～7个五级职员岗位。六级及以下职员岗位根据单位职员数及任务需要确定。

第三章 岗位职责和任职条件

第六条 学校和单位根据《暂行规定》对各职等职员岗位基本职责、各级职员任职条件的要求和学校设置的职员岗位，具体制定每一个职员岗位的职责，即制定《岗位说明书》。《岗位说明书》包含的内容有岗位名称、岗位职责与工作项目、工作标准、任职条件（所需知识能力及学历要求）等。

第四章 聘 任

第七条 职员按管理权限实行分级聘任，学校成立相应的聘任组织机构

（一）二、三级职员由校党委常委会研究决定并由校长聘任后，报教育部备案；一级职员由教育部聘任。

（二）学校成立职员聘任委员会，在校党委领导下开展工作。职员聘任委员会由11～15人组成，校长任主任，校党委分管干部的副书记，分管人事工作的副校长任副主任。聘任委员会负责全校职员聘任的组织领导工作，具体职责足：

1. 审定与职员聘任有关的规定、办法、细则等；

2. 确定各级职员岗位的比例、结构和各单位各级职员的岗位数；

3. 审定四、五级职员岗位的《岗位说明书》；

4. 负责四、五级职员的聘任；

5. 负责高级职员的聘期考核；

6. 负责处理职员管理的其他重大事宜。

学校职员聘任委员会下设办公室,办公室设在人事部,负责职员管理的日常工作。

各学院、机关部(处、室)及其他有关单位成立职员聘任小组,由 3～7 人组成,组长由单位行政负责人担任。职员聘任小组负责本单位职员的聘任工作,具体职责是:

1. 制定本单位中、初级职员岗位的《岗位说明书》;

2. 负责本单位中、初级职员的聘任;

3. 负责本单位职员的年度考核;

4. 负责向学校推荐本单位高级职员的聘任人选。

第八条　职员聘任的基本原则

(一) 根据设置的职员岗位,实行按岗聘任;

(二) 按照《岗位说明书》规定的要求和条件聘任,做到"人""岗"相符;

(三) 公开招聘,平等竞争,择优聘任。

第九条　聘任程序

(一) 公布招聘岗位、岗位职责、任职条件、聘期和聘任办法;

(二) 个人提出应聘申请,并填写《武汉大学职员应聘申请表》;

(三) 学校聘任机构采用考核或考核与考试相结合的方式对应聘人员进行全面考核,考核的重点是应聘人员的德才表现、知识基础、工作能力与业绩;

(四) 学校聘任机构在对应聘人员进行考核的基础上,按相应《岗位说明书》规定的岗位职责和任职条件确定聘任人选;

(五) 公布聘任结果,在公布聘任结果盾的异议期内,聘任机构负责听取群众意见,受理个人申诉,必要时,应进行复议;

(六) 聘任委员会主任与高级职员签订岗位聘任合同,聘任小组组长与中、初级职员签订岗位聘任合同;社会保障机制建立之后,学校与职员在签订岗位聘任合同的同时,还需签订劳动聘用合同;

(七) 学校向受聘职员颁发聘书。

第十条　聘期与续聘

(一) 职员聘任分固定期限聘任和无固定期限聘任两种:

1. 固定期限聘任:六至十级职员的聘期为二年,五级以上职员的聘期为四年。

新聘人员的聘期合同包含试用期,本科毕业生和毕业研究生试用期为 1 年,毕业研究生并获硕士学位试用期为 6 个月,毕业研究生并获博士学位试用期为 3 个月。

2. 无固定期限聘任:经聘任双方协商一致,在本校受聘十年以上的高级职员可与学校签订无固定期限聘任合同。无固定期限聘任合同中有明确的终止条件。

(二)续聘:

聘任期满,考核合格者,如工作需要,经双方协商后可续聘。续聘需重新签订聘任合同。

第十一条　职员的晋级聘任

职员年度考核和聘期考核合格,按照职级序列逐级竞聘,择优晋升。

(一)各级职员聘任上一级职员须满足以下任职年限要求:

二级职员:三级职员任职 8 年以上;

三级职员:四级职员任职 6 年以上;

四级职员:五级职员任职 5 年以上;

五级职员:六级职员任职 4 年以上;

六级职员:七级职员任职 3 年以上;

七级职员:八级职员任职 3 年以上;

八级职员:九级职员任职 3 年以上;

九级职员:十级职员任职 3 年以上。

(二)学校在单位各级职员岗位限额内,根据职员考核情况,在达到以上各级职员任职年限要求的人员中择优聘任为高一级职员。

(三)对德才表现和工作实绩特别突出的,学校可根据岗位需要提前聘任为高一级职员。

第十二条　新录用毕业生的聘任

大学专科毕业生,聘任为十级职员;大学本科毕业生并获学士学位(含获第二学士学位本科毕业生,研究生班毕业和未获得硕士学位的研究生),聘任为九级职员;毕业研究生并获得硕士学位,聘任为八级职员;获得博士学位的毕业生,聘任为七级职员。

**第十三条　**单位设有高一级职员岗位,但因受职员资历等限制出现窄岗,高一级职员岗位可暂作低一级职员岗位使用。在机关部(处、室)受聘为三级职员的,占该单位最高职级的职员岗位。专业技术人员担任学校或部(处、室)领导职务,占相应的职员岗位。

男满 58 岁,女满 53 岁不再担任领导职务的人员,保留原有职级,不占职员岗位职数。

第十四条　受聘的职员,原有专业技术职务不再保留,其任职经历记入个人档案,作为今后应聘专业技术职务的参考依据。学校实行职员制度后,对受聘职员不再评聘专业技术职务。

第十五条　学校实行职员制度后,除原政府任命的干部可保留原享有的行政级别待遇外,此前由学校确定行政级别的各类人员,不再保留原行政级别,原行政级别记入个人档案,作为今后应聘其他有关岗位的参考依据。今后,学校对职员再确定行政级别。

第五章　考核与培训

第十六条　学校按本办法第四章第七条规定的管理权限,以《岗位说明书》《武汉大学职工年度考核办法》为依据,从德、能、勤、绩四个方向对职员进行年度考核和聘任期满考核。重点考核职员履行岗位职责取得的工作实绩。考核按一定程序进行,坚持客观、公止、公开的原则。

第十七条　考核分为优秀、合格、基本合格、不合格四个等次,单位年度考核优秀等次人员应在学校下达的评优限额内评定。考核结果以书面形式通知本人。本人若有异议,可按有关规定申请复核。

第十八条　年度考核结果作为职员晋升工资、享受津贴、实施奖惩,能否续聘或职级变动的依据。职员连续两年年度考核合格者,正常晋升一个工资档次;连续三年考核优秀的,可在正常晋级的基础上越级或提前晋升一个工资档次;年度考核不合格或连续两年考核为基本合格者,不参加工资正常晋级,停发下一年度的津贴并降一职级聘用;连续两年考核不合格者,应予辞退。

聘期考核结果作为职员续聘、竞聘高一级职员、解聘的主要依据。聘期考核为优秀的,在续聘或者竞聘高一级职员方面应予优先。

第十九条　根据学校发展的需要,按照职员岗位职责要求,学校有计划地对职员进行培训,职员培训分为:对新聘人员的岗前培训,根据.工作需要进行的专门业务培训,以更新知识为主要内容的培训。

新聘人员必须取得岗前培训的合格证书方可上岗。

职员的培训成绩和鉴定作为其任职和竞聘高一职级的依据之一。

第六章　解聘与辞聘

第二十条　在聘任合同执行期间,受聘职员有下列情形之一,学校予以解聘:

(一) 在聘期内不履行聘任合同,经教育仍不改正;

(二) 聘期考核不合格;

(三) 因单位调整、撤销、合并或者缩减编制员额需要调整工作,本人拒绝合理安排;

(四) 旷工或者无正当理由逾期不归连续超过十五灭,或者一年内累计超过三十大;

(五) 劳动教养。

第二十一条　符合国家政策规定,职员在受聘期间不得解聘的,学校按相应政策规定执行。

第二十二条　学校不履行聘任合同或者违反国家政策规定,受聘职员可提出终止聘任合同。

第二十三条　职员在聘任期间要求辞聘,本人应提前三个月向学校提出书面申请,经双方协商,依照法定程序解除聘任合同并办理有关手续。在办理手续期间不得擅自离职,对擅自离职的,学校应予以开除。

第二十四条　聘任期满,职员不再应聘,学校应予同意并及时办理有关手续。有下列情形之一的,必须经过批准:

(一) 工作性质涉及国家机密,在规定的保密期内;

(二) 经司法机关或者学校上级行政机关批准正在接受审查,尚未结案;

(三) 与学校另有正在履行的协议。

第二十五条　在解聘、辞聘过程中若产生争议,当事人可向学校劳动争议调解委员会申请调解。

第七章　待　遇

第二十六条　学校职员实行高等学校职员上资制度,职员受聘期间的工资标准按教育部制定的高等学校职员等级工资标准执行。

第二十七条　职员在受聘期间,享受学校规定的津贴等待遇。

担任学校或部(处、室)领导职务,享受规定的领导职务津贴,不担任领导职务时,其领导职务津贴即自行取消。

第二十八条 职员受聘期间,在校内享受福利待遇方向,四级职员享受教授待遇,五级职员享受副教授待遇;六至七级职员享受讲师待遇。

第二十九条 职员转聘专业技术职务,其工资待遇按同类专业技术职务的工资标准重新核定。

第三十条 职员工资待遇计入个人档案,作为职员流动或退休时确定相应待遇的基本依据。

第三十一条 现有管理服务人员首次聘任确定职员职级后,工资级别及档次按以下规定确定:

(一)以2000年底的工资为基准,按确定的职员职级和教育部制定的高等学校职员工资标准,就近就高确定工资级别与档次。

(二)在调整工资时,若按本职级调整工资比按低一职级调整工资低,则按低一职级调整工资,再就近就高套入本职级工资档次。

(三)在调整工资时,若按本职级调整的工资与按低一职级调整的工资相等,则在按本职级调整工资的基础上高定一级。

第八章 附 则

第三十二条 职员首次聘任,按《武汉大学首次职员聘任实施意见》(附件)执行,该办法仅适用于现有管理服务人员的首次聘任。

第三十三条 对附属单位和企业化管理单位中的专职管理人员,学校参照本办法设置一定数量的职员岗位。符合各级职员岗位聘任条件的人员,按教育部制定的高等学校职员工资标准确定其相应的档案工资级别及档次。

第三十四条 本办法由校人事部负责解释。

第三十五条 本办法自公布之日起执行。

附录 10 《上海大学管理岗位职级制实施细则》
（2007 年）

根据国家人事部、教育部、上海市人事局和教育委员会的有关政策规定，以及《上海大学校院两级校内收入分配制度调整实施办法》和《上海大学管理岗位职级制实施办法》的指导思想，制订本实施细则。

一、管理岗位职级

我校的管理岗位根据岗位职能划分为三～十 8 个职级。其中三～六级为高级管理岗位；七～八级为中级管理岗位；九～十级为初级管理岗位。在中级及以上管理岗位中，设立同职级的非领导职务岗位。

二、实施的范围与对象

我校管理岗位职级制实施的范围主要是学校专职或主要从事行政、党务管理的具备任职条件的工作人员。具体对象如下：

1. 校部机关党务、行政管理人员；

2. 校工会、妇委、团委专职工作人员；

3. 学校直属单位专职党务行政管理人员，经批准可以按照本实施办法执行；

4. 学院（系）专职党务行政管理人员，可以按照本实施办法执行；

5. 专任教师担任负责教学、科研管理等工作的部门领导岗位，如工作需要，本人具备任职条件，经批准可纳入实施范围。

三、任职条件

管理岗位的任职条件由前置条件和各级岗位职级基本任职条件组成。

（一）前置条件

1. 遵守宪法和法律；

2. 具有良好的品行和职业道德；

3. 具有岗位所需的专业和技能条件；

4. 适应岗位要求的身体条件。

（二）各等级管理岗位的基本任职条件

1. 三、四级管理岗位按照国家与上海市的有关规定执行。

2. 五级管理岗位应具有丰富的工作经验、较强的业务能力、良好的知识结构，能正确地贯彻执行党和国家的方针、政策，妥善处理和解决复杂的工作问题，能独立完成某一方面的重点任务，有较突出的工作业绩。一般应具有研究生以上学历和六级管理岗位两年以上工作经历。

3. 六级管理岗位应具有较丰富的工作经验、较高的政策水平和综合分析能力，能依据党和国家的政策独立开展工作，妥善处理和解决比较复杂的工作问题，提出具有建设性的意见和建议，能独立完成某一方面的组织协调工作。一般应具有研究生以上学历和七级管理岗位三年以上工作经历。

4. 七级管理岗位应能够根据党和国家的政策、规定，提出分管业务的贯彻执行意见，能独立承担调查研究、制定工作计划、总结工作经验，具有熟练起草文件的能力，能解决业务工作中遇到的新情况和新问题，具有一定的组织领导能力，起骨干作用。一般应具有大学以上学历和八级管理岗位三年以上工作经历。

5. 八级管理岗位应熟练掌握本岗位工作程序，了解分管业务的政策、制度、规定，具有相应的政策水平和独立工作能力，能较好地草拟文稿，独立完成领导交办的工作任务。一般应具有大学以上学历和九级管理岗位三年以上工作经历。

6. 九级管理岗位应具有处理岗位业务的文化、业务知识和技能，能独立处理岗位业务工作，能起草一般性文稿。一般应具有大学以上学历和十级管理岗位三年以上工作经历。

7. 十级管理岗位应具有处理岗位业务的文化知识和技能，能完成一般性具体工作，一般应具有大学以上文化程度。

四、确定管理岗位职级的办法

根据各单位管理岗位编制数和实际情况，确定各单位管理岗位职级数。

（一）原职员职级与管理岗位职级的对应与套入

原具有职员职级的管理人员、或具有行政职务（职级）的管理人员、或具有专业技术职务的管理人员，一般按照表一就高套入相应的管理岗位职级。

原八级职员（副主任科员）按照实际岗位情况，套入八级管理岗位。

具有专业技术职务而没有行政职务的管理人员,在部门岗位职级总数内,可以套入相应职级的非领导职务管理岗位。

对从事技术背景要求较高的管理岗位以及工作业绩突出的副高以下专业技术人员,经学校管理岗位聘任委员会批准后,可就高确定高一级管理岗位职级。

未确定过职级(职务)的人员,根据本细则,并参照同类人员确定管理岗位职级。

表一 管理岗位职级套入表

管理岗位职级	原职员制级别	行政职级	专业技术职务
三级管理岗位	二级职员	正局级	
四级管理岗位	三级职员	副局级	
五级管理岗位	四级职员	正处级	正高级专业技术职务
六级管理岗位	五级职员	副处级	副高级专业技术职务
七级管理岗位	六级职员	正科级;主管	
八级管理岗位	七级职员	副科级;副主管	中级专业技术职务
九级管理岗位	九级职员	科员	初级专业技术职务
十级管理岗位	十级职员	办事员	员级专业技术职务

(二)确定新聘管理岗位职级和岗位绩效工资的办法

1. 新聘管理岗位的大学本科毕业生,执行十级管理岗位绩效工资标准;一年见习期满,聘任为九级管理岗位。

2. 新聘获得硕士学位的毕业研究生,执行九级管理岗位绩效工资标准;工作一年后,聘任为八级管理岗位。

3. 新聘获得博士学位的毕业研究生,执行八级管理岗位绩效工资标准;工作一年后,聘任为七级管理岗位。

4. 新聘管理岗位的人员,岗位工资和薪级工资按照国家和上海市有关事业单位工作人员的岗位绩效工资的文件规定执行。

(三)岗位职级的晋升和管理

1. 岗位职级的晋升,在年度和聘任期满考核基础上,由学校管理岗位聘任委员会审定,按照国家和上海市有关事业单位管理岗位晋升的政策和规定执行。

2. 管理岗位的日常管理工作由人事处、组织部负责。

3. 领导职务的任免和干部管理依据现行干部管理权限和办法执行。

五、管理岗位绩效工资的执行标准

管理岗位的岗位工资、薪级工资,按照国家和上海市事业单位工作人员的岗位绩效工资相关规定执行。

各学院及差额拨款部门纳入管理岗位职级制的人员,其绩效工资可参照《上海大学管理岗位职级制实施办法》和部门分配方案等有关规定执行,经费由学院和部门统筹。

校部机关党务和行政管理人员,校工会、妇委、团委等部门的管理人员,绩效工资按照《上海大学校院两级校内收入分配制度调整实施办法》(上大内〔2007〕56 号)、《上海大学管理岗位职级制实施办法》等规定执行,经费由学校统筹。

六、管理岗位绩效工资的晋升和奖惩

管理人员年度考核结果为称职及以上者,每年晋升一个管理岗位绩效工资档次,连续两年考核为优秀者,可以在当年正常晋升的基础上再升一档管理岗位绩效工资档次。达到本职级绩效工资十档标准后,按照十档标准的 5% 增加绩效工资标准。

年度考核不称职者,兑现 30% 管理岗位绩效工资;年度考核基本称职者,兑现 80% 管理岗位绩效工资;年度考核结果为称职及以上人员,兑现全额管理岗位绩效工资。连续两年考核不称职者,应解除聘任(用)合同或按国家和上海市有关规定处理。

七、聘任期限的确定

1. 应聘管理岗位的人员,必须签订聘任(用)合同。聘期一般为三年。

2. 合同期限未满,经学校管理岗位聘任委员会审核批准后,聘为高一级岗位职级者,原订合同提前终止,并按新聘任岗位职级重新签订聘任(用)合同。

八、管理岗位职级套入和确定的程序

1. 各部门依据管理人员编制数和干部职数编制本单位管理岗位说明书,制订岗位设置方案,报学校人事处。经人事处、组织部核实后,报学校管理岗位聘任委员会审批。

2. 学校管理岗位聘任委员会审批各部门岗位设置方案。

3. 各部门执行经批准的部门岗位设置方案。填写《上海大学管理岗位职级

套定登记表》,经个人确认、部门审核签署意见后,报人事处。

4. 学校管理岗位聘任委员会审批各部门五级、六级管理岗位聘任人选。组织部、人事处审批各部门中级、初级管理岗位聘任人选。

5. 公示管理岗位拟聘人选。

6. 正式发文,并通知本人。

7. 上岗履职,兑现管理岗位绩效工资。

九、本实施办法自 2007 年 1 月 1 日起执行。

十、本实施办法由校人事处、组织部负责解释。

附录 11 《东南大学职员聘用与晋升实施办法》（2012 年）

为实现干部人事管理的科学化、规范化、制度化，建设一支德才兼备、精干高效的职业化、专业化管理干部队伍，学校根据人事部、教育部《关于高等学校岗位设置管理的指导意见》等文件精神、《教育部办公厅关于东南大学岗位设置方案的批复》（以下简称《批复》）以及《东南大学岗位设置与聘用暂行办法》（以下简称《暂行办法》），结合学校管理岗位聘用情况，制定本实施办法。

一、基本原则

（一）根据国家及教育部有关文件精神，高校管理岗位工作人员按教育职员进行聘用与管理。

（二）各级职员岗位的设置与聘用坚持科学合理、优化结构、精干高效的原则，以增强运转效能、提高工作效率、提升管理水平为目标。

（三）职员评聘遵循按需设岗的原则，在满足晋升条件的人员中根据岗位择优聘用与晋升。

二、实施范围

教育职员是学校管理岗位从事管理工作的人员。职员职级是反映管理岗位层次、类别和职员专业水平、工作能力的标志。按照高等学校岗位设置的要求，我校实行职员制的具体范围如下：

（一）校机关各部门、各校区担负领导职责或管理职能的工作岗位；在各院（系、所）、直属、附属单位等党务和行政工作中担负领导职责和管理职能的岗位；学校按照《东南大学非党政管理岗位领导干部暂行管理办法》选派调任到非党政管理岗位的领导干部和已经任命为副处级和正处级调研员的管理岗位人员。

（二）在管理岗位工作的"双肩挑"干部。

"双肩挑"岗位根据实际工作需要设置。需要由专业技术人员任职的学校职能部门领导岗位,根据学校有关规定和程序由学校批准设置。按照管理岗位(职员)聘用的"双肩挑"人员,可以参加职员晋升。四级及以上管理岗位职员的聘用与晋升,学校根据教育部有关文件精神选拔推荐报教育部批准。

(三) 按照管理岗位(职员)聘用的从事学生思想政治工作的专职辅导员及其他专职从事思想政治工作的管理人员。

三、岗位设置

(一) 学校职员岗位总量按不超过学校总岗位量的 19% 设置(含"双肩挑"职员)。

(二) 根据规定,高等学校职员岗位职级分为三个等级和九个岗位职级。其中二级、三级、四级、五级、六级为高级职员岗位,七级、八级为中级职员岗位,九级、十级为初级职员岗位。

(三) 各级职员数量按《暂行办法》规定的管理岗位结构比例设置。根据教育部文件和《批复》规定,我校六级及以上的管理岗位控制在管理岗位总量的 35% 以内,其中,五级与六级岗位原则上按不超过 1∶2 的比例掌握,七级及以下按《批复》岗位数控制。

(四) 校机关各部门和院(系、所)等单位的五级至十级职员由学校组织评聘;二级至四级职员学校推荐报上级主管部门审批。

四、岗位任职基本条件

(一) 具有履行岗位职责所需要的马列主义、毛泽东思想和邓小平理论水平,努力实践"三个代表"的重要思想,坚持科学发展观,积极拥护并坚决贯彻执行党的基本路线和各项方针政策;

(二) 有较强的事业心和责任感,有胜任任职岗位工作的能力、专业知识或技能;

(三) 为人正派、勤政廉洁,团结同志,有全局观念,能坚持实事求是的工作作风;

(四) 遵守宪法和法律,具有良好的品行;

(五) 身体健康,能够适应任职工作岗位的要求。

五、岗位任职具体条件

职员聘用与晋升除应具备上述基本条件外,还应符合以下具体条件。

（一）九级、十级职员的具体条件：

一般应具有大学专科及以上学历，了解本职工作的范围、任务和特点，基本掌握履行岗位职责所需的理论知识和技能方法，具有初步的分析、解决问题能力，具有一定的文字、口头表达能力。

（二）七级、八级职员具体条件：

一般应具有大学专科及以上学历。熟悉本职工作的范围、任务和特点，具有独立解决本职工作中实际问题的能力，熟练掌握履行岗位工作职责所需的理论知识和技能方法，具有一定的政策理论水平、业务研究能力和组织能力，有较好的文字、口头表达能力，能够独立撰写重要的公文、文稿，具有指导初级职员工作的能力，并符合下列条件。

1. 具有硕士学位任九级职员满三年或者具有学士学位任九级职员满五年或者九级职员任职满七年，年度考核均为合格及以上，任九级职员期间起草过工作报告或管理文件，可申请八级职员。

2. 管理岗位人员初聘职员职级时具有博士学位；或者八级职员任职满五年或者八级职员任副科长满三年，年度考核均为合格及以上。任八级职员期间作为主要执笔人起草管理文件 2 份及以上（在全国公开刊物上发表与工作相关的第一作者的管理研究论文可等同，一篇等同一份），可申请七级职员。

（三）五级、六级职员具体条件：

1970 年及以前出生的，一般应具有专科及以上学历；1970 年以后出生的，一般应具有本科及以上学历。系统掌握履行岗位工作职责所需的理论知识和技能方法，具有较高的政策理论水平和组织能力，具有较强的解决本职工作中实际问题的能力和较强的文字、口头表达能力，能够撰写重要的工作规划、方案、文件和较高水平的研究报告、工作总结，具有指导中、初级职员工作的能力，并符合下列条件。

1. 现职级为七级的职员，能创造性地开展工作，工作效率高、服务质量优，七级职员担任正科级职务满八年或者任七级职员满十年。七级职员任期内作为主要执笔人起草管理文件 4 份及以上（在全国公开刊物上发表与工作相关的第一作者的管理研究论文可等同，一篇等同一份），七级职员任期内年度考核合格及以上，并且至少一次获年度考核优秀（或省级及以上的优秀表彰），可申请六级职员。

2. 现职级为六级的职员，专职从事高层次的专门性管理工作，有效解决了工作中的重大问题，核心作用明显，威信较高，六级职员担任副处级领导职务满十年或者任六级职员满十二年。六级职员任期内作为主要执笔人起草管理文件 6 份及以上(在全国公开刊物上发表与工作相关的第一作者的管理研究论文可等同,一篇等同一份),六级职员任期内年度考核合格及以上,并且至少一次获年度考核优秀(或省级及以上的优秀表彰),可申请五级职员。

(四)转岗的副高级以上职称人员申请职员条件:

从专业技术岗位调入管理岗位工作且具有非管理系列副高级及以上专业技术职称,在管理岗位工作满一年的职员,可直接申请六级或七级职员(评聘中级职称以来年度考核均为合格及以上,并且至少一次获年度考核优秀或省级及以上的优秀表彰,在管理岗位期间作为主要执笔人起草过管理文件,工作表现较好)。

"职员具体条件"中的管理文件指经校长办公会、党委常委会及学校内部、处级单位通过的文件、规定等,为学校或本单位提供决策支持的调研报告(2000 字以上)或向上级主管部门上报的工作汇报(2000 字以上)可同等对待。

同等工作业绩情况下,发表高质量管理研究论文者优先考虑。

(五)三级、四级职员具体条件:

1. 聘用三级职员岗位的,原则上应具备担任副校级领导职务 8 年以上的经历;

2. 聘用四级职员岗位的,原则上应具备担任学校中层主要领导职务 12 年以上的经历;

3. 任现职以来,年度考核均为合格以上等次;

4. 忠于职守,实绩突出,贡献较大,群众认可度高。

聘用三级、四级职员岗位,优先考虑长期从事学校党政管理工作并取得突出成绩、已纳入职员系列的管理人员。

六、组织领导

(一)全校职员岗位设置、聘用、晋升与考核工作在学校党委的统一领导下,学校岗位聘用与考核委员会,全面负责学校职员岗位聘用、晋升与考核工作;学校组织部和人事处负责具体实施工作。

(二)各院(系)及其他有关单位岗位聘用与考核领导小组,负责本单位五级、六级职员的推荐,七级、八级职员的初审推荐及八级以下职员的聘用,负责本单位职员的考核工作。

(三)按照校领导分管的工作部门组成若干推荐工作组,推荐工作组成员由校领导及部门负责人等组成,学校给各组下达各级晋升推荐指标。工作组根据个人业绩,考核情况限额推荐人选。

(四)学校成立由学校领导、组织部、人事处、纪委、监察处等部门人员及相关专家组成的学校职员评聘与考核工作组,负责申报人员的资格审核、考核初评等工作。

(五)学校岗位聘用与考核申诉委员会,受理有关职员聘用、晋升和考核的申诉,申诉委员会将认真调查复议,并提交学校岗位聘用与考核委员会讨论,形成最终决议和答复。

七、聘用与晋升程序

(一)在聘的职员每年参加教职工年度工作考核,年度工作考核合格的职员,下年可按原职级续聘;考核不合格的职员,根据情况可缓聘、解聘或降级聘用。

(二)每年,由人事处根据工作需要和岗位数空缺情况,提出各职员职级晋升数报岗位聘用与考核委员会审定后,由人事处公布岗位。

1. 学校公布职员晋升岗位数后,职员对照条件申请,填写《东南大学管理岗位职员晋级申请表》。

2. 申报三级、四级职员的,由个人提出申请,申请人将申请表和本人近五年的业绩材料交组织部,学校对申请人进行资格审查、组织民主推荐、党委常委会讨论决定初步候选人、进行民主测评、党常委会讨论决定上报人选、学校公示后上报教育部审批。

3. 申报五级、六级职员的,由个人提出申请,申请人将申请表和本人近五年的业绩材料交所在单位初审,审核通过的,写出推荐意见,将材料交人事处,由学校职员评聘与考核工作组(或组织部、人事处)复审资格,审核通过的,进行民主测评,各推荐工作组限额推荐人选,学校职员评聘与考核工作组评审确定初步人选报学校常委会讨论决定并公示。

4. 申报七级、八级职员的,由个人提出申请,申请人将申请表和本人近五年的业绩材料交所在单位初审,审核通过的,写出推荐意见,将材料交人事处,由人事处复审资格,审核通过的,由所在单位党委组织民主测评。各推荐工作组限额推荐人选,学校职员评聘与考核工作组评审确定初步人选报学校岗位聘用与考核委员会讨论决定并公示。

5. 新聘管理岗位工作人员及九级以下职员,符合条件的可申请九级,申请人将申请表交部门签署意见后报人事处审核资格,学校岗位聘用与考核委员会讨论决定并公示。

八、管理与考核

（一）在 2008 年 1 月岗位设置聘用前，已执行专业技术岗位工资系列的管理岗位"非双肩挑"职员，续聘职员岗位后，仍保留执行原专业技术岗位工资，以后按其职员岗位晋升职级，晋升后的岗位工资如高于原专业技术岗位工资，执行相应职级职员岗位工资。

（二）在职员岗位聘用的管理人员晋升专业技术职称的，一般不得执行专业技术岗位工资系列。

（三）首聘职员时职务与职员岗位职级对应关系套聘的职员，任职员前的职务、职级的任职时间可以与套聘后相应职员职级的任职时间连续计算。

（四）聘用期满，须对职员任职情况进行考核，考核结果作为续聘的主要依据。考核办法按照《东南大学管理岗位考核暂行办法》实施。

（五）职员考核分为年度考核和聘期考核。中初级职员的年度考核和聘期考核由各单位组织实施，考核结果报人事处备案；担任处级领导职务的五级职员由组织部负责考核；其他五、六级职员由人事处负责考核；按照干部管理权限，四级及以上职员的考核由上级部门按有关规定进行。

九、实施办法自公布之日起执行，由组织部和人事处负责解释。

十、此前的学校有关规定或办法与本办法相抵触的，以本办法为准。

附录 12 《对外经济贸易大学职员岗位聘任暂行办法》（2012 年）

第一章 总 则

第一条 根据人力资源与社会保障部《事业单位岗位设置管理试行办法》（国人部发〔2006〕70 号文件）、《〈事业单位岗位设置管理试行办法〉实施意见》（国人部发〔2006〕87 号）、《关于高校岗位设置管理的指导意见》（国人部发〔2007〕59 号）、《教育部直属高等学校岗位设置管理暂行办法》（教人〔2007〕4 号）和《教育部办公厅关于对外经济贸易大学岗位设置方案的批复》（教人厅〔2007〕16 号）等文件精神，为建设一支适应学校发展的党政管理队伍，现结合《对外经济贸易大学岗位设置方案》（外经贸学人字〔2007〕184 号）、《对外经济贸易大学管理岗位首次聘用实施细则》（外经贸学人字〔2008〕020 号）及我校实际情况特制定本办法。

第二条 职员岗位聘任工作坚持"科学设岗、分级聘用、优化结构、严格考核、精干高效"的原则。

第三条 职员岗位主要反映职员从事管理工作的经历、业绩水平、专业素质和能力。根据国家人力资源与社会保障部及教育部有关规定，职员各级岗位间应有合理的结构比例，并与本单位所承担的工作任务相适应。学校在教育部核准的管理职员岗位总量及结构比例框架下，在 2008 年我校管理岗位首轮聘任的基础上，科学、合理地实行职员岗位逐级晋升制。

第二章 岗 位 设 置

第四条 学校职员岗位分为 8 个等级，包括三级、四级、五级、六级、七级、八级、九级、十级，其中三级至六级为高级职员，七、八级为中级职员，九、十级为初级职员。根据干部人事管理权限，学校四级及以上职员岗位由教育部确定，组织部负责实施，具体实施办法见《对外经济贸易大学三级四级职员岗位聘任实施细则》，五至十级职员岗位由学校核定，人力资源处依据本办法负责实施。

第五条　根据教育部核定的岗位总量和比例,学校职员岗位总数不超过学校核定岗位总量的 20%,六级及以上职员岗位数量控制在职员岗位总量的 35%以内,其中五级职员岗位与六级职员岗位一般按 1∶2 设置;七级和八级职员岗位数量约占管理岗位总量的 50%~55%;九级及以下职员岗位数量约占管理岗位总量的 10%~15%。

第三章　聘 任 范 围

第六条　学校职员岗位聘任范围是各院、部、处在编在岗的受聘党政管理岗位的人员及各院在编在岗的受聘专职辅导员岗位的人员。

第四章　任 职 条 件

第七条　学校职员应遵守国家的宪法和法律,热爱教育事业,恪守工作纪律和职业道德,具有良好的品行,具备岗位所需要的业务技能和适应岗位要求的身体条件。

学校职员原则上应具有教育部承认的大学专科以上学历;其中六级以上职员岗位,一般应具有教育部承认的大学本科(含)以上学历或学士(含)以上学位。

第八条　十级职员任职条件需符合下列条件之一:

(1) 第二学士学位毕业见习期满或大学本科毕业见习期满,考核合格;

(2) 大学专科毕业见习期满,考核合格。

第九条　九级职员任职条件需符合下列条件之一:

(1) 硕士毕业见习期满,考核合格;

(2) 第二学士学位毕业见习期满或大学本科毕业见习期满,在十级职员岗位履职满 2 年,年度考核合格;

(3) 大学专科毕业在十级职员岗位履职满 4 年,年度考核合格。

第十条　八级职员任职条件:

熟悉与本职岗位工作有关的政策方针、制度规定和工作程序,具有一定的政策水平和理论业务知识,具有解决本职岗位工作中一般问题的能力,能起草有一定质量的文件、报告等,能较好地完成领导交办的任务,并符合下列条件之一:

(1) 博士毕业见习期满,考核合格;

(2) 硕士毕业在九级职员岗位履职满 1 年,年度考核合格;

(3) 第二学士学位或大学本科毕业在九级职员岗位履职满 3 年,年度考核合格;

(4) 大学专科毕业在九级职员岗位履职满 5 年,年度考核合格。

(5) 具有初级专业技术职务满 2 年,年度考核合格。

第十一条 七级职员任职条件:

具有较高的政策水平,能够独立负责某一方面的工作,有一定的协调能力,在其分管的工作中做出一定的成绩,能起草有较高质量的文件、报告等,作风正派,廉洁自律,团结同志,能够较好地完成本职工作,并符合下列条件之一:

(1) 博士毕业在八级职员岗位履职满 2 年,年度考核合格;

(2) 硕士毕业在八级职员岗位履职满 4 年,年度考核合格;

(3) 第二学士学位或大学本科毕业在八级职员岗位履职满 6 年,年度考核合格;

(4) 大学专科毕业在八级职员岗位履职满 8 年,年度考核合格;

(5) 具有中级专业技术职务满 3 年,年度考核合格。

第十二条 六级职员任职条件:

具有较高的政治业务素质,能够承担专门管理业务或独立负责一方面工作,能够指导他人工作;具有较强的组织协调能力、分析研究和解决实际问题的能力;具有良好的文字表达能力,独立起草过具有一定水平的文件、报告等,发表过与本职工作相关的管理类论文或主持(参与)过校级(含)以上课题,受过校级以上(含)奖励;作风正派,勤政廉洁,团结同志,能够较好地完成本职工作和上级交办的任务,并符合下列条件之一:

一、试用期考核称职的现任副处级管理人员;

二、在管理岗位上取得突出成绩且符合下列条件之一的人员,可申报六级职员:

(1) 任七级职员满 10 年且在主管(科长)岗位工作满 5 年、距退休不满 5 年、年度考核合格;

(2) 任七级职员满 13 年、距退休不满 5 年、年度考核合格;

(3) 具有副高级专业技术职务满 8 年、距退休不满 5 年、年度考核合格;

(4) 具有中级专业技术职务满 16 年、距退休不满 5 年、年度考核合格。

第十三条 五级职员任职条件:

具有较高的政治业务素质,具有主管本部门工作或承担专门管理业务的能力;具有较强的组织协调能力、分析研究和解决实际问题的能力;具有较高水平的文字表达能力,独立起草过对学校工作有指导意义的重要文件或规章制度、撰写过具有较高水平的研究报告、工作计划或总结等,公开发表过有一定水平的与本职工作相关的管理类论文或受过校级以上(含)奖励;作风正派,勤政廉洁,团结同志,工作中有创新,能够出色地完成本职工作和较好地完成上级交办的任务,并符合下列条件之一:

一、试用期考核称职的现任正处级管理人员;

二、在管理岗位上取得突出成绩且符合下列条件之一的人员,可申报五级职员:

(1) 任六级职员满 12 年且具有副高级专业技术职务满 5 年,年度考核合格;

(2) 任六级职员满 15 年,年度考核合格。

第十四条 有下列情形之一的,不得晋升职员岗位:

(1) 违反党和国家有关政策、法律法规受到处罚的,或正在接受司法、纪检部门审查的;

(2) 违反学校相关制度和纪律,受党纪、政纪、行政处分,在处分期内的;

(3) 当年年度考核未达到合格(称职)的。

第五章 岗位职责

第十五条 十级职员的岗位职责:

(1) 从事本部门的基层管理工作;

(2) 承担一般性的业务和辅助性工作。

第十六条 九级职员的岗位职责:

(1) 承担一般性业务工作,参与起草一般性的公文和业务性文件;

(2) 了解与本职工作有关的政策、法规和规章制度;

(3) 熟悉办事程序,掌握现代化办公技术。

第十七条 八级职员的岗位职责:

(1) 根据本部门的工作计划,协助完成专门的业务工作;

(2) 协助起草一般性公文和业务文件;

(3) 熟悉与本职工作有关的政策、法规、规章制度;

第十八条 七级职员的岗位职责:

(1) 根据本部门的工作计划,承担专门的业务工作;

(2) 独立起草一般性公文和业务文件;

(3) 具有一定的政策水平,独立解决工作中的一般问题。

第十九条 六级职员的岗位职责:

(1) 参与制定本部门的工作计划、工作方案,参与撰写工作报告、工作总结和调研报告等；

（2）负责专门的业务工作，独立分析、研究和解决工作中的实际问题；

（3）协助上一级领导组织协调相关工作。

第二十条 五级职员的岗位职责：

（1）根据学校的总体发展规划和工作目标，结合本部门的工作特点和管理范围，协助制定本部门的规章制度、工作计划、工作方案，撰写工作报告、工作总结和调研报告等；

（2）协助上一级领导负责专门的业务工作，独立分析、研究和解决实际工作中的复杂问题。

第六章 聘用组织

第二十一条 学校的人事分配制度改革领导小组负责职员岗位评审与聘任工作的指导、协调与监督。

第二十二条 学校成立职员岗位评审聘任委员会，负责学校各级职员的评审和聘用工作。职员岗位评审聘任委员会由校领导和部分职能部门负责人 11—15 人组成。

第二十三条 职员岗位评审聘任委员会下设五级及以下职员岗位聘任办公室（以下简称校聘任办公室），设在人力资源处，由人力资源处和组织部等相关负责人组成，主要任务是：

（1）负责起草五级及以下职员岗位聘任的相关文件；

（2）负责审核五级及以下职员岗位聘任材料，并提请职员岗位评审聘任委员会审批；

（3）负责组织五级及以下职员岗位的评审与聘任工作；

（4）负责受理五级及以下职员岗位评审与聘任工作中的争议。

第二十四条 各单位成立五级及以下职员岗位评审与聘用工作小组（以下简称聘任工作小组），由本单位党政领导、教师代表、行政人员代表、工会会员代表 7～9 人组成，名单报校聘任办公室备案，主要任务是：

（1）负责本部门五级及以下职员岗位申报材料的初审；

（2）在本部门公示初审合格人员名单及相关材料；

（3）负责受理公示期间的争议；

（4）将符合条件的人选及申报材料报校聘任办公室进行复核。

第七章 评审与聘任程序

第二十五条 五级及以下职员岗位评审与聘任工作每年进行一次,一般在年底组织实施。

第二十六条 五级及以下职员岗位评审与聘任的基本程序是:

(1) 经校职员岗位评审聘任委员会批准,校聘任办公室发布当年职员岗位评审与聘任的通知,确定并公布晋升高级职员的职数,布置职员岗位评审与聘任工作的具体安排;

(2) 应聘人员填写《对外经济贸易大学五级以下职员岗位聘任申报表》,并提供相关支撑材料,报所在部门聘任工作小组审核;

(3) 各部门聘任工作小组按照此文件相应条件对申报人员的申报材料进行初审,并将符合条件人选及申报材料在本部门公示三天;

(4) 各部门聘任工作小组将符合条件的人选及申报材料报校聘任办公室进行复核,由校聘任办公室将符合条件的人选及材料报职员岗位评审聘任委员会;

(5) 五、六级高级职员按照确定职数,由职员岗位评审聘任委员会评审及无记名投票表决,评审过程应当充分,投票只能进行一次,不进行预投票,同意票数达到参会人员的三分之二以上(不含三分之二)方可通过;七、八级中级职员按照一定比例,由部门优先推荐,校聘任办公室审核,报职员岗位评审聘任委员会通过;九、十级初级职员由个人申报,校聘任办公室审核,报职员岗位评审聘任委员会通过;

(6) 将各级通过名单进行公示,公示期为5天;

(7) 公示无异议后,由校聘任办公室发布聘任名单;

(8) 受聘职员按所聘职员岗位履行相应岗位职责,享受相应国发工资待遇。

第二十七条 职员岗位聘任工作坚持同级有限次数(不超过三次)申报的原则。凡是各单位向学校推荐应聘高一级职员岗位而未被审定通过的,计为一次申报次数。

第二十八条 职员岗位评审聘任委员会须有三分之二(不含)以上成员出席方能召开会议。

第二十九条 五级及以下职员岗位聘任工作实行回避制度,在进行评审与聘任的过程中,涉及本人或与本人有亲属关系等利害关系的,应当回避。

第三十条 应聘人员有权对岗位聘任组织的决定提出申诉,申诉应在公示期内提出,五级及以下职员岗位聘任委员会须在5个工作日内作出书面答复。

第八章　有关问题的规定

第三十一条　鉴于 2008 年学校管理岗位首轮聘任后未实行岗位续聘工作，故从 2008 年 1 月至本办法实施前退休的人员，若符合申报条件，可申请参加首次五级及以下职员岗位晋升的评审与聘任；以后每年度退休人员，只要符合申报条件，可申请参加当年的五级及以下职员岗位评审与聘任，但其在职和退休期间申报总次数不得超过三次。

第三十二条　鉴于 2012 年学校启动职员岗位评审与聘任工作，对于中级及以下职员在首次晋升时，按照本办法所规定的各职员职级晋升条件，可越级晋升，以后则逐级晋升。

第三十三条　鉴于 2012 年学校启动职员岗位评审与聘任工作，凡是从其他岗位系列申请转入管理岗位系列人员，允许其再做一次选择，且为最终选择。申请人填写《对外经济贸易大学转换岗位系列申请表》，经审批可申报职员岗位。

第三十四条　校外或校内调入管理岗位的人员，经本人申请，所在单位考核推荐，能够胜任相应管理岗位的工作且符合七级及以下职员岗位任职条件的，报学校批准聘任相应的职员岗位，且须在所受聘职员岗位上工作满 1 年，年度考核合格以上，方可根据相应职员岗位申报条件申请参加当年的职员岗位晋升。

第三十五条　关于履职年限的计算，采用"老人老办法、新人新办法"的原则，2008 年之前进校的"老人"以其最早任科长、"主任科员"时间、职员岗位聘任时间、或相关专业技术职务聘任时间来计算相应年限；2008 年之后进校的"新人"以职员岗位聘任时间、相关专业技术职务聘任时间、2008 年首轮聘任时间或来校后转正定级时间来计算相应年限。

第三十六条　在计算履职年限时，受聘现职级以来离开本岗位学习、进修、访问、病假等半年以上的，当年不计算履职年限；跨年度连续 6 个月以上 12 个月以下的，扣减一年履职年限；受聘现职级以来年度考核未达到合格（称职）的，当年不计算履职年限；任职中间出现间断的，扣除相应履职年限；履职年限不重复扣减。

第九章　附　　则

第三十七条　本办法仅适用于职员岗位的管理，不适用于党政职务的管理。

第三十八条　本办法由人力资源处、组织部负责解释。

第三十九条　本办法经党委常委会讨论通过，从发布之日起施行。

附录 13　《吉林大学职员制管理暂行办法》
（2014 年）

第一条　根据《人事部教育部关于高等学校岗位设置管理的指导意见》（国人部发〔2007〕59 号）、《教育部直属高等学校岗位设置管理暂行办法》（教人〔2007〕4 号）、《教育部关于印发〈教育部直属高校三级、四级职员岗位聘任暂行办法〉的通知》（教人〔2011〕12 号）和《吉林大学岗位设置管理实施办法》（校发〔2008〕71 号）精神，结合我校实际情况，制定本办法。

第二条　适用范围

学校全民所有制事业编制在编在岗人员中担负领导职责或管理任务的人员。管理人员包括专职管理人员和兼职管理人员。

第三条　基本原则

1. 科学设岗，加强调控；

2. 优化结构，提高效益；

3. 按岗聘任，规范管理；

4. 遵循程序，依法办事；

5. 权力分解，权责结合。

第四条　岗位设置

1. 岗位分为 9 个等级，包括二到十级职员岗位。

2. 四级及以上职员岗位数由教育部根据工作需要和学校实际统筹确定，一般不超过本校领导班子职数的 60％。

3. 六级及以上职员岗位数不超过职员总数的 35％。

4. 七级、八级职员的岗位数以 2012 年的管理编制数为基础进行核定。

各单位的七级职员岗位数按本单位管理编制数的 40％核定。

各单位的八级职员岗位数按本单位管理编制数的 20％核定。

5. 九级、十级职员不确定岗位数。

第五条　岗位职责

1. 四级及以上职员岗位职责

根据干部管理权限,按上级主管部门制定的岗位职责执行。

2. 五级、六级职员岗位职责

主持或分管中层单位的管理工作,或者从事专门性的管理工作;负责拟定本职工作中的公文和文稿;承担与本职工作相关的管理课题研究。

3. 七级、八级职员岗位职责

主持或分管中层单位内设机构的管理工作或专门的业务工作;独立起草本职工作中的公文和文稿。

4. 九级、十级职员岗位职责

承办具体的管理工作;起草本职工作中的公文和文稿。

第六条　职级对应

学校现行的部级副职、厅级正职、厅级副职、处级正职、处级副职、科级正职、科级副职、科员、办事员依次分别对应职员岗位二至十级职员。

第七条　组织领导

1. 学校成立"学校职员岗位聘用工作小组",组长由有关校领导担任,负责学校职员岗位聘用的组织领导工作。

学校职员岗位聘用工作小组下设办公室,办公室设在组织部和人社处,负责职员岗位聘用的日常工作。

2. 各中层单位成立本单位职员岗位聘用工作小组,负责本单位职员岗位聘用的组织实施工作。

第八条　聘用程序

1. 公布岗位:学校公布各级职员岗位、岗位聘用条件。

2. 个人申报:应聘人员向所在中层单位职员岗位聘用工作小组提出书面申请,并按要求提供相应的工作业绩和成果材料。

3. 考核推荐:各中层单位对申报人员进行考核,根据职员职级聘用条件及申报人员的工作实绩,确定推荐人选。

4. 资格审查:学校职员岗位聘用小组办公室按照工作分工分别对各单位的推荐人选进行资格审查。

5. 组织评审:学校职员岗位聘用小组办公室组织评审,并确认推荐人选,学校岗位聘用工作小组确定拟聘用人选。

6. 确定人选:校党委常委会确定四级及以上职员的推荐人选、聘用五级及以下职员。

7. 张榜公示:学校通过网络等方式对拟聘用人选进行公示,公示期 5 个工作日。

8. 决定聘用:经公示后,未发现影响聘用问题的拟聘用人选,学校进行聘用。

第九条 其他

1. 各级职员从相应行政级别直接聘到相应职员职级的,职员职级的任职时间按相应的行政级别任职时间计算。

2. 兼职管理人员仅按相应行政级别聘任到相应职员职级岗位;专职管理人员符合相应职员职级聘用条件的可以聘用到相应职员职级岗位。

3. 聘任为相应职员岗位的人员,享受相应职员职级待遇,不作为对应行政级别的领导干部管理,其现担任的职务仍按干部管理有关规定执行。

4. 六级及以上职员的聘用组织工作由组织部负责;七级及以下职员的聘用组织工作由人社处负责。

5. 专职辅导员按照《普通高等学校辅导员队伍建设规定》,纳入教师岗位系列,并按照管理人员职员聘任方式进行聘任。

6. 具有副科级及以上行政级别的工勤人员,本人申请聘用相应职员职级,学校可根据其个人条件研究确定。

7. 在管理岗位工作的管理系列以外人员聘用至五级及以下职员岗位的不占职数。

第十条 本办法从 2014 年 1 月 1 日起执行。

附件:吉林大学各级职员岗位聘用条件

一、各级职员岗位聘用的基本条件

1. 遵守中华人民共和国宪法和法律;

2. 具有良好的品行,较好的服务意识,良好的团队协作精神和创新能力;

3. 具有较高的管理水平,较强的业务能力;

4. 具有适应岗位要求的身体条件;

5. 具有各级职员岗位相应的理论水平、政策水平,以及相应的分析能力、研究能力、组织能力、领导能力;

6. 一般应具有本科及以上学历。

二、各级职员岗位聘用的具体条件

(一)二级职员

部级副职人员直接聘至二级职员岗位。

（二）三级职员

厅级正职人员直接聘至三级职员岗位,其他申请聘用的人员应具备担任副校级领导职务 8 年及以上的经历。

（三）四级职员

厅级副职人员直接聘至四级职员岗位,其他申请聘用的人员应具备担任学校中层主要领导职务 12 年及以上的经历。

（四）五级职员

处级正职人员可以直接聘至五级职员岗位,其他申请聘用的人员应具备聘任六级职员 8 年及以上经历。

（五）六级职员

处级副职人员可以直接聘至六级职员岗位,其他申请聘用的人员应具备聘任七级职员 12 年及以上经历。

（六）七级职员

科级正职人员可以直接聘至七级职员岗位,其他申请聘用的人员需具备以下条件之一:

1. 任八级职员 8 年及以上;

2. 博士研究生毕业并获得博士学位,在管理岗位工作 1 年以上。

（七）八级职员

科级副职人员可以直接聘至八级职员岗位,其他申请聘用的人员需具备以下条件之一:

1. 聘任九级职员 5 年及以上;

2. 硕士研究生毕业并获得硕士学位,在管理岗位工作 1 年以上。

（八）九级职员

科员级人员可以直接聘至九级职员岗位,其他申请聘用的人员需具备以下条件之一:

1. 博士、硕士研究生毕业并获得相应学位,在管理岗位工作;

2. 本科毕业并获得学士学位,在管理岗位工作 1 年及以上。

（九）十级职员

具备以下条件之一:

（1）办事员级;

（2）专科毕业,在管理岗位工作 1 年及以上。

附录14 《中国药科大学职员制度暂行办法》（2014年）

第一章 总 则

第一条 为建设一支精干高效的专业化职员队伍，提高学校管理服务水平，根据上级文件有关规定，结合学校实际，制定本办法。

第二条 学校职员制度的实施在学校党委领导下进行，遵循"按需设岗、公开招聘、平等竞争、择优聘任、严格考核、聘约管理"的原则，坚持德才兼备的用人标准。

第二章 聘任范围

第三条 职员聘任范围：

（一）学校各单位专职从事管理和服务工作的干部身份人员。

（二）经批准同时在专业技术岗位和学校机关或教育教学辅助部门、直属单位管理岗位任职的人员。

（三）专职辅导员（指在一线直接从事大学生日常思想政治教育工作的人员，包括各院部系分管学生工作的党委书记或副书记）。

（四）受聘在管理岗位和专职辅导员岗位的非工勤身份人事代理人员。

（五）专任教师担任负责教学、科研管理工作的院部系领导后，仍从事教学、科研业务工作的，执行教师管理的有关规定，不纳入职员管理范围。

第三章 岗位设置

第四条 职等职级。职员分为3个职等：高级职员、中级职员和初级职员。高级职员包括三级、四级、五级、六级，中级职员包括七级、八级，初级职员包括九级、十级，合计8个职级。各级实职岗位人员自动对应相应职员职级：即正校级职务为三级职员；副校级职务为四级职员；正处长（级）职务为五级职员；副处长

(级)职务为六级职员;正科长(级)职务为七级职员;副科长(级)职务为八级职员。在高级职员和中级职员岗位中,设立同职级的非领导职务岗位。

第五条 职员职数。职员岗位总数控制在学校岗位总量的 20% 左右;三级、四级非领导职务职员岗位数一般不超过学校领导班子职数的 60%;五级、六级职员岗位数按照学校职员总量的 35% 左右设置;七级、八级职员岗位数占学校职员总量的比例不超过 50%;九级、十级职员岗位数占学校职员总量的比例为 15%。

第四章 任职资格与申报条件

第六条 基本任职资格与申报条件:

(一)贯彻执行党的路线、方针、政策,熟悉高等教育法规、政策,能够系统掌握履行岗位职责所需的理论知识和技能方法,遵纪守法、爱岗敬业、公正廉洁、恪尽职守。

(二)申报六级及以上职员岗位,原则上应具有大学专科以上文化程度。

(三)任现职岗位以来,年度考核结果近五年均为称职及以上。

(四)身心健康,能坚持正常工作。

(五)具备相应岗位的任职资格与申报条件。

第七条 三级、四级职员岗位任职资格与申报条件:

三级、四级职员必须符合《关于高等学校岗位设置管理的指导意见》(国人部发〔2007〕59 号)规定的基本条件,并具备下列条件:

(一)聘任三级职员岗位,原则上应具备担任副校级领导职务 8 年以上的经历。

(二)聘任四级职员岗位,原则上应具备担任学校中层主要领导职务 12 年以上的经历。

(三)忠于职守、实绩突出、贡献较大、群众认可度高。

第八条 五级职员岗位任职资格与申报条件:

(一)任副处级职务满 8 年,或在六级职员岗位上工作满 10 年。

(二)岗位业绩突出,具有较强的统筹协调与驾驭全局能力,工作经验丰富,思路清晰,任现职务(级)以来,至少有 1 次年度考核结果为优秀。

第九条 六级职员岗位任职资格与申报条件:

(一)任正科级职务满 8 年,或在七级职员岗位上工作满 10 年。

(二)岗位业绩突出,具有较强的组织协调、系统分析和创新开拓能力,任现职务(级)以来,至少有 1 次年度考核结果为优秀。

第十条　七级职员岗位任职资格与申报条件：

具有较强的业务能力和组织能力，且符合下列条件之一的人员，可申报七级职员：

（一）具有副高级专业技术职称，从事党政管理工作满 6 个月。

（二）博士研究生毕业，从事党政管理工作满 1 年。

（三）具有中级专业技术职称，从事党政管理工作满 2 年。

（四）在八级职员岗位上工作满 3 年。

第十一条　八级职员岗位任职资格与申报条件：

具有一定的业务能力和组织能力，且符合下列条件之一的人员，可申报八级职员：

（一）博士研究生毕业，从事党政管理工作满 6 个月。

（二）具有中级专业技术职称，从事党政管理工作满 1 年。

（三）硕士研究生毕业，从事党政管理工作满 2 年。

（四）在九级职员岗位上工作满 3 年。

第十二条　九级职员岗位认定条件：

符合下列条件之一的人员，可认定为九级职员：

（一）硕士研究生毕业，从事党政管理工作满 6 个月。

（二）大学本科毕业，从事党政管理工作满 1 年。

第十三条　十级职员岗位认定条件：

大学本科毕业，从事党政管理工作。

第五章　聘　　任

第十四条　职员晋升聘任工作每两年进行一次，一般安排在上半年进行（具体时间、评定办法等按当年工作通知执行）。

第十五条　学校成立职员聘用委员会，全面负责职员岗位设置、评审、聘用与考核工作。二级单位成立职员聘用小组，负责申报人员资格初审、考核、推荐和本单位初级职员的评审和聘用工作。学校职员聘用委员会下设办公室，挂靠人事处，负责职员聘用的日常工作。

第十六条　聘用程序

（一）个人向所在单位申报。

（二）各单位职员聘用小组对申报人员进行初审、考核，并提出本单位推荐意见，其中申报中级及以上同一级别的人员超过 1 名的，应进行排序。

（三）初级职员由各单位职员聘用小组评审，报学校职员聘用委员会审批。

（四）高级职员和中级职员由学校职员聘用委员会评审。

（五）学校党委常委会审定全部评审结果。

（六）学校将三级、四级职员拟聘结果报教育部备案审核。

第十七条　考核

（一）学校职员一个聘期为三年。

（二）学校对职员实行年度考核和聘期考核。

（三）年度考核的结果分为优秀、称职、基本称职和不称职等档次，聘期考核的结果分为称职和不称职等档次。本人如果对考核结果有异议，可以按照有关规定申请复核。

（四）考核结果记入个人档案，作为晋升工资、实施奖惩、是否续聘和职级变动的依据。

第十八条　待遇

职员职级晋升至高级职员非领导职务岗位后，享受相应职员职级待遇，专业技术职务不再聘任，只保留专业技术资格。

职员职级聘为中级及以下的，享受相应职员职级待遇，专业技术职务不再聘任，只保留专业技术资格。

第六章　其　　他

第十九条　三级、四级非领导职务职员聘任根据教育部部署，按照干部管理权限，经学校选拔推荐，报教育部备案同意。学校不接受正高二级及以上人员申报。

聘任三级、四级非领导职务职员岗位，优先考虑长期从事学校党政管理工作并取得突出成绩、已纳入职员系列管理的人员。

聘任为三级、四级非领导职务岗位的人员，不作为对应级别学校领导管理，其现担任的职务仍按干部管理有关规定执行。

聘任为五级、六级、七级、八级非领导职务岗位的人员，不作为对应级别领导管理，其现担任的职务仍按干部管理有关规定执行。

第二十条　校外或校内调（聘）入管理岗位的人员，原有任职资格和年限等条件由学校职员聘用委员会认定，满足任职资格和申报条件后，方可参加晋级申报。

第二十一条　申报五级、六级、七级、八级职员的人员须参加述职汇报。

第二十二条 连续两次申报晋升高一级职员岗位未获通过者,申报停止一次。

第七章 附 则

第二十三条 后勤服务集团总公司、资产经营管理公司等中级及以下职员聘任,在学校规定的各级职员职数范围内,参照本办法的相关要求进行,并报人事处备案。

第二十四条 本办法未尽事宜按上级文件和学校有关文件规定执行。

第二十五条 本办法自发布之日起执行。原有关规定与本办法相抵触的,按本办法执行。

第二十六条 本办法由人事处负责解释。

附录 15 《北京化工大学管理岗位聘任与职员制实施细则(试行)》(2015 年)

第一章 总 则

第一条 为提高学校管理服务水平,促进管理队伍专业化、职业化建设,根据《高等教育法》《事业单位岗位设置管理试行办法》《关于高等学校岗位设置管理的指导意见》和《教育部直属高校岗位设置管理暂行办法》等有关文件精神,在《北京化工大学岗位设置管理实施办法(试行)》的基础上,结合我校实际,特制定本办法。

第二条 管理岗位是指担负领导职责或管理服务任务的工作岗位。学校对管理岗位工作人员(职员)实行岗位管理制度和高校职员制度,岗位职务与职员职级并行。

第二章 岗 位 设 置

第三条 管理岗位的设置要以规范管理、提高效率为目标,统筹干部队伍建设,兼顾人员结构现状,合理确定岗位总量、结构、比例。

第四条 管理岗位按照教育部直属高校岗位设置批复和学校工作实际进行设置,原则上不超过学校核定岗位总量的 16%。

第五条 管理岗位设置 11 个岗位级别,分别为校级正职、校级副职、校长助理、处级正职、处级副职 5 个领导职务以及 1~6 级科员。

第三章 岗 位 职 责

第六条 校级正职、校级副职、校长助理管理岗位职责按照干部人事管理权限确定。

第七条 处级正职岗位职责:

主持或分管本单位管理工作,或专职从事特定的某一项管理工作;向学校提交年度工作计划书;提出或拟定对全校有重大影响的管理工作意见或工作方案;主持学校重大业务研究课题;审定管理工作中重要公文或文稿,起草重要的研究报告、文稿、调研报告等;做好与本单位工作相关的调研,参与并落实学校有关政策,做好协调和组织工作。

第八条 处级副职岗位职责:

根据本单位工作职责和管理权限,负责本单位一或几方面的管理工作,或专职从事特定的某一项管理工作;参与制定有关工作计划;提出或拟定对全校有较大影响的管理工作意见或工作方案;参与学校重大业务研究课题;撰写有关公文或文稿,起草研究报告、文稿、调研报告等;做好与本单位工作相关的调研,参与并落实学校有关政策,做好协调和组织工作。

第九条 科员一级岗位职责:

负责本单位某一方面的日常管理工作;提出有关的工作建议、工作思路和实施方案;配合单位领导做好有关调研工作,作为骨干参与本单位有关业务研究课题;独立起草本职工作中重要的公文、文稿等;按时做好工作计划和总结,并就执行中所积累的具体经验进行归纳整理,形成科学的工作规范和程序。

第十条 科员二级岗位职责:

负责本单位某一方面的日常管理工作;提出有关的工作建议和工作思路;配合单位领导做好有关调研工作,参与本单位有关业务研究课题;独立起草本职工作中重要的公文、文稿等;按时做好工作计划与总结,并就执行中所积累的具体经验进行归纳整理,形成科学的工作规范和程序。

第十一条 科员三级岗位职责:

负责本单位某一项或几项具体业务工作;参与本单位有关业务研究的课题;起草本职工作中一般的公文、文稿或者研究报告;按时做好工作计划与总结,积极探索有益的工作经验。

第十二条 科员四级岗位职责:

负责本单位某一项具体业务工作;参与本单位有关业务研究的课题;起草本职工作中一般的公文、文稿;按时做好工作计划与总结,积极探索有益的工作经验。

第十三条 科员五级岗位职责

承办具体管理工作和事务性工作,完成领导交办的具体任务;参与起草本职工作中的一般性公文、文稿和调查研究工作。

第十四条 科员六级岗位职责

承办具体事务性工作,完成领导交办的具体任务。

第四章 管理岗位任职条件

第十五条 管理岗位任职条件包括基本任职条件和岗位任职条件，此外，各单位可根据岗位实际工作需要设置其他任职条件。

第十六条 应聘管理岗位的人员须经职员职级评（认）定具有相应的职员基本任职条件。

第十七条 岗位任职条件按照干部人事管理权限和学校实际工作需要进行设置（详见附件一）。

第十八条 管理岗位其他任职条件由各单位在学校规定的任职条件的基础上根据具体岗位要求制定，包括职员职级、基本学历、职务要求和基本技能要求以及履职经历、工作方式要求等。

第五章 管理岗位聘用程序

第十九条 管理岗位聘任工作每四年进行一次，程序如下：一、公布岗位。二、个人申请。三、资格审查。四、岗位竞聘。五、签约上岗。

第二十条 处级以上干部岗位聘任按照干部人事管理有关规定和权限进行。

第六章 职员任职条件

第二十一条 职员职级分为三类八级。高级职员为三至六级，中级职员为七、八级，初级职员为九、十级。

第二十二条 职员基本任职条件：

一、遵纪守法、爱岗敬业、公正廉洁、德才兼备、恪尽职守；

二、身心健康并履行岗位职责；

三、符合职员职级的基本任职年限要求；

四、除必须达到上述基本要求外，还应分别具备下列基本条件：

1. 初级职员

了解本职工作范围、任务和特点，胜任本职工作；基本掌握履行岗位职责所需的理论知识和技能方法；具有初步的分析、解决问题的能力；具有一定的文字、口头表达能力。

2. 中级职员

熟悉本职工作范围、任务、特点，具有独立解决本职工作中实际问题的能力；

熟练掌握履行岗位职责所需的理论知识和技能方法;具有一定的政策理论水平、业务研究能力和组织能力,有较好的文字、口头表达能力,能够独立撰写重要的公文和具有一定水平的管理研究论文;具有指导初级职员工作的能力。

3. 高级职员

系统掌握履行岗位职责所需的理论知识和技能方法,具有较高的政策理论水平和组织能力,具有较强的研究能力和解决实际问题的能力;能够撰写重要的工作规划、方案、文件和较高水平的研究报告、工作总结,独立发表过有较高水平的管理研究论文、论著;具有指导中、初级职员工作的能力。

第二十三条　职员一般应具有大专以上文化程度,其中六级以上职员,原则上应具有国民教育系列大学本科以上文化程度。

第二十四条　职员职级任职条件按照上级有关文件和学校职员队伍建设需要进行设置。

第二十五条　职员职级原则上应逐级晋升。确因工作需要,由专业技术岗位流转到管理岗位的人员,可根据干部人事管理权限和本人条件,直接评定到相应的职员职级。

第二十六条　校内专业技术人员在管理岗位工作,具备相应的管理能力,原任专业技术八级及以上岗位的,可评为七级职员;原任专业技术九级、十级岗位的,可评为八级职员;原任专业技术十一级、十二级岗位的,可评为九级职员。

第七章　职员职级评定程序

第二十七条　高级职员评定工作每两年进行一次,学校确定并公布晋升高级职员的职数。程序如下:一、个人申请。二、资格审查。三、民主评议。四、学校评审。五、校内公示。六、教育部审批备案(三、四级职员)。

第二十八条　中级及以下职员认定工作每年进行一次。经个人申请,所在部门负责人(或主管领导)填写推荐意见,由机关及直属单位聘任委员会认定职员职级。

第二十九条　根据学校党政工作需要,校长办公会或党委常委会可直接确定职员职级。

第八章　轮　岗　交　流

第三十条　学校鼓励管理人员在单位内、单位间、校院间交流任职。

第三十一条　在同一单位任满两聘期且距退休一聘期以上的管理人员,原则上不得在原单位续聘。

第三十二条 由教师岗位转入管理岗位的,在首聘任内保持原有专技职务等级,并认定相应职员职级;由管理岗位转入教师岗位,可按转岗保护政策保留原校聘岗位待遇,在聘任时同等条件参与教师系列相应职务岗位聘任。

第九章 附 则

第三十三条 新入职或新调入管理岗位的人员,可按其学历和任职经历初步确定职员职级,待职员职级评(认)定后进行调整。

第三十四条 近五年受到学校行政纪律处分,或有年度考核结果为基本合格及以下等次者,不得参加职员职级晋升。

第三十五条 年度考核结果为基本合格及以下等次的年份不计入职员任职年限。

第三十六条 年满 45 周岁且从事管理工作 20 年以上人员可适当放宽任职学历条件。

第三十七条 本办法未尽事宜按上级文件和学校有关文件规定执行。

第三十八条 本办法自发布之日起执行。

第三十九条 本办法由人事处负责解释。

附录 16 《江苏师范大学职员制实施办法（试行）》（2016 年）

为深化学校人事管理制度改革,充分调动管理人员的工作积极性和创造性,鼓励管理人员坚守本职岗位,建设一支优化、精干、高效的管理队伍,培养专家型管理人才,按照人社部、教育部有关文件和省人社厅、教育厅《江苏省高等学校岗位设置管理实施意见》(苏人通〔2009〕113 号)要求,依据《江苏师范大学章程》相关内容,制定本办法。

一、基本原则

学校职员制度遵循"按需设岗、公开招聘、平等竞争、择优聘任、严格考核、聘约管理"的原则,坚持德才兼备的用人标准。积极拓展管理人员发展通道,提升管理水平,提高服务能力。

二、实施范围

职员聘任对象为我校事业编制在岗人员和校人事代理人员。具体范围如下:

（一）机关部门、学院、直属业务单位和附属单位的专职管理人员;

（二）机关部门符合"双肩挑"条件且选择管理岗位的人员;

（三）选择管理岗位的专职学生辅导员;

（四）由学校安排到其他独立法人单位的专职管理人员。

三、职员职级和职数比例

我校职员设置八个职级,即三至十级职员。其中,三至六级为高级职员,七、八级为中级职员,九、十级为初级职员。

职员总数不超过全校岗位总数的 20%。其中,高级职员数不超过职员总数的 35%,三、四级职员数不超过校级领导职数的 1.6 倍,五、六级职员数按 1∶2 的比例确定,七级及以下职员数根据具体情况确定。

四、职员的基本职责

（一）高级职员基本职责

主持（或分管）学校或学院、处级部门（机构）管理工作；负责拟定本职管理工作中的重要公文或文稿；指导中、初级职员工作；完成上级交办的其他事务。

（二）中级职员基本职责

主持（或分管）学校二级单位下属部门的管理工作；独立起草本职管理工作中的重要公文或文稿；指导初级职员工作；完成上级交办的其他事务。

（三）初级职员基本职责

承办具体行政事务工作；起草本职管理工作中一般性公文或文稿；完成上级交办的其他事务。

五、任职资格和聘任条件

（一）任职资格

贯彻执行党的路线、方针、政策，熟悉高等教育法规、政策，遵纪守法，维护学校的安全、荣誉、利益和知识产权，恪守职业道德，热爱本职工作，办事公正，作风正派，廉洁奉公，身体健康，能坚持正常工作。一般应具有大学专科及以上学历，其中聘任六级及以上职员一般应具有大学本科及以上学历。

（二）聘任条件

1. 高级职员聘任条件

系统掌握履行岗位职责所需的理论知识和技能方法，具有较高的政策理论水平和组织能力，具有较强的解决本职工作中实际问题的能力；有较强的文字、口头表达能力和研究能力，能够撰写重要的工作规划、方案、文件和较高水平的研究报告、工作总结；具有指导中、初级职员工作的能力。

（1）三级职员聘任条件

担任副厅级领导职务满 10 年，或在四级职员岗位上任职满 12 年，为学校事业发展做出重要贡献。

（2）四级职员聘任条件

担任正处级领导职务满 10 年，或在五级职员岗位上任职满 12 年，且忠于职守，业绩突出，为学校事业发展做出较大贡献。

（3）五级职员聘任条件

① 担任副处级领导职务满 10 年，或在六级职员岗位上任职满 12 年；

② 具有较高的理论与政策水平,较强的统筹协调与驾驭全局能力,工作经验丰富,思路清晰;

③ 岗位业绩突出,在六级职员聘期内作为主要执笔人撰写工作报告、起草管理文件 6 份及以上,在核心及以上期刊(不含增刊,下同)以第一作者发表与工作岗位密切相关的研究论文可等同(1 篇等同 1 份,至多只能有 2 篇等同);

④ 在六级职员聘期内至少获得 2 次年度考核优秀,或 1 次职员聘期考核优秀,或获得校级及以上奖励。

(4) 六级职员聘任条件

① 担任正科级职务满 10 年,或在七级职员岗位上任职满 12 年;

② 具有较高的理论与政策水平,较强的组织协调能力、综合分析能力和创新开拓能力;

③ 岗位业绩突出,在七级职员聘期内作为主要执笔人撰写工作报告、起草管理文件 3 份及以上,在核心及以上期刊以第一作者发表与工作岗位密切相关的研究论文可等同(1 篇等同 1 份,至多只能有 1 篇等同);

④ 在七级职员聘期内至少获得 2 次年度考核优秀,或 1 次职员聘期考核优秀,或获得校级及以上奖励。

2. 中级职员聘任条件

熟悉本职工作的范围、任务和特点,具有独立解决本职工作中实际问题的能力;熟练掌握履行岗位职责所需的理论知识和技能方法;具有一定的政策理论水平、业务研究能力和组织能力,有较好的文字、口头表达能力,能够撰写重要公文或文稿,具有指导初级职员工作的能力。

(1) 七级职员聘任条件

① 担任副科级职务满 3 年,或在八级职员岗位上任职满 5 年,或具有专业技术副高级职称,或具有博士学位,或具有专业技术中级职称且在八级职员岗位上任职满 2 年;

② 熟练掌握本岗位基本理论与方法,能够独立撰写重要公文或文稿。

(2) 八级职员聘任条件

① 在九级职员岗位上任职满 3 年,或具有专业技术中级职称,或硕士研究生毕业且在九级职员岗位上任职满 1 年;

② 具备参与起草公文或文稿的基本文字能力。

3. 初级职员基本聘任条件

了解本职工作的范围、任务和特点,胜任本职工作,基本掌握履行岗位职责所需的理论知识和技能方法，具有初步分析、解决问题的能力，具有一定的文字、口头表达能力。具体资格条件：

（1）九级职员聘任条件

在十级职员岗位上任职满 3 年，或硕士研究生毕业，或大学本科毕业且在十级职员岗位上任职满 1 年。

（2）十级职员资格条件

具有大学本、专科学历，且聘在管理岗位工作。

六、聘任程序

（一）学校公布当年拟聘任的职级、职数；

（二）申报人填写《江苏师范大学职员职级申报表》（见附件）；

（三）各单位职员聘任工作小组审核，并提出本单位推荐意见；

（四）初级职员由各单位职员聘任工作小组评审，报学校人事处审核、备案；

（五）中级职员由学校职员聘任工作组评审，报学校职员聘任委员会审批；

（六）高级职员由学校职员聘任委员会评审；

（七）公示；

（八）校长办公会审定聘任结果；

（九）正式发文聘任。

七、管理与考核

（一）职员聘期

职员的聘任工作与学校岗位设置与聘任工作同步进行。职员的晋升工作根据当年职员的空岗情况，每年进行一次。四级及以上职员的聘任期限根据上级部门干部管理规定执行；五级及以下职员聘期为 3 年。聘期内达到退休年龄的，按规定办理退休手续。

（二）考核

职员聘期结束以后进行聘期考核，考核结果分为优秀、合格、基本合格、不合格四个等级。其中六级及以上职员由学校考核，七级及以下职员由所在单位考核。

（三）晋升、低聘和解聘

职级晋升须本职级聘期考核均达到合格及以上。聘期考核"基本合格"1 次，职级晋升申报年限推迟 3 年；聘期考核"不合格"或聘期中出现违法违纪、失职渎职或重大工作失误的,视其情节轻重予以低聘或解聘。

（四）工资待遇

各级职员从聘任之日起享受对应级别的职员工资。

八、工作组织

学校成立职员聘任委员会,全面领导职员岗位设置、聘任与考核。职员聘任委员会下设职员聘任与考核工作组,具体负责学校职员的聘任与考核工作,办公室设在人事处。各单位成立职员聘任与考核工作小组,负责本单位职员资格初审、推荐、考核等工作。学校成立职员聘任与考核工作申诉小组,负责接受并处理单位或个人在职员聘任与考核工作中提出的申诉。

九、附则

（一）本办法自 2016 年 1 月 1 日起试行,其中三、四级职员的聘任工作待上级有关部门审批后实施。

（二）如上级出台新规定,按新规定执行。

（三）本办法由人事处负责解释。

附录 17 《南京林业大学职员制度暂行办法》（2016 年）

第一章　总　则

第一条　为深化学校人事管理制度改革,进一步加强干部人事管理的科学化、规范化和制度化,建设一支德才兼备、精干高效、职业化、专业化的党政管理队伍,提高学校的管理水平,根据教育部《高等学校职员制度暂行规定》以及《南京林业大学岗位设置与聘用暂行办法》等文件精神,特制定本规定。

第二条　高等学校职员是指在高等学校从事管理和服务工作的人员。

第三条　学校职员制度在学校党委领导下组织实施。遵循"按需设岗、公开招聘、平等竞争、择优聘任、严格考核、聘约管理"的原则,坚持德才兼备的用人标准。

第二章　实施范围

第四条　聘任在管理岗位的事业编制和参照事业编制管理实行岗位绩效工资制度的非事业编制的在职在岗人员。具体如下:

（一）学校机关部门、直属单位和学院（部）的专职党政管理人员。

（二）选择管理系列的专职学生辅导员。

（三）选择管理系列的"双肩挑"人员。

第三章　岗位设置

第五条　职等职级。职员分为三个职等和八个职级,其中三至六级为高级职员,七、八级为中级职员,九、十级为初级职员。

第六条　职员职数。职员岗位总数为上级主管部门核定的学校岗位总量的18％;高级职员职数不超过职员总数的 35％,其中三级、四级职员数及评聘工作按上级主管部门有关要求执行。

第四章　基 本 职 责

第七条　初级职员基本职责。

承办具体管理工作和事务性工作,完成领导交办的各项具体工作任务;协助或配合科室领导或本部门领导开展工作;参与起草本职工作中一般性公文或文稿。

第八条　中级职员基本职责。

负责或协助主管领导承担本单位某一方面的管理工作;起草或参与起草本职工作中有关文件、规章制度、工作总结等;完成领导交办的各项工作任务;对承担的工作有创新的思路、举措,有较强的日常管理工作能力;负责指导初级职员开展工作。

第九条　高级职员基本职责。

主持或分管二级单位某一方面管理工作;负责或协助制定学校或本单位发展规划、工作方案;审定、起草本职管理工作中的重要文件、规章制度、工作总结等。工作有创新的思路、举措,有较强的组织协调能力和工作执行能力;负责指导中级、初级职员开展工作。

第五章　任职资格和聘用条件

第十条　岗位任职基本要求。

(一)具有履行岗位职责所需要的政策和理论水平,积极拥护并坚决贯彻执行党的基本路线和各项方针政策。

(二)有较强的事业心和责任感,热爱本职工作,努力钻研业务,有胜任任职岗位工作的能力、专业知识或技能。

(三)熟悉高等教育法规政策,遵纪守法、爱岗敬业、顾全大局、严于律己、公正廉洁、勇于担当。

(四)身心健康,能坚持正常工作。

(五)任现职岗位以来,年度考核结果均为合格及以上。

(六)申报六级及以上职员岗位,原则上应具有大学本科学历或硕士学位。

第十一条　初级职员岗位任职业绩要求和资格条件。

了解岗位工作范围、任务和特点,基本掌握履行岗位职责所需的基本理论知识和管理方法;具有初步分析、解决问题的能力,能够解决本职岗位上一些实际问题;有较好的团队意识和协作精神,具有一定的业务水平和文字及口头表达能力;起草或参与起草与本职工作有关的报告、学校和所在单位的文稿、管理文件及信息稿件。

（一）十级职员岗位认定条件:大学本科毕业或大学专科毕业从事党政管理工作满 1 年以上。

（二）九级职员岗位认定条件:符合下列条件之一的人员,可认定为九级职员:

1. 在十级职员岗位上任职满 3 年。

2. 具有大学本科学历,从事党政管理工作满 1 年。

3. 具有硕士学位的研究生,从事党政管理工作。

第十二条 中级职员岗位任职业绩要求和资格条件。

熟悉岗位工作范围、任务、特点,较好掌握履行岗位职责所需的理论知识和技术管理方法;具有一定的政策理论水平、业务研究能力和组织能力,能够独立解决本职岗位上各种实际问题;有良好的团队意识和协作精神,被群众公认取得良好的工作业绩;有较好的文字、口头表达能力,能够撰写或起草较高水平研究报告、学校和所在单位政策性文稿、管理文件。

（一）八级职员资格条件。

符合下列条件之一可申报八级职员:

1. 在九级职员岗位上任职满 4 年。

2. 具有硕士学位的研究生,从事党政管理工作满 2 年。

3. 具有中级职称的专业技术人员,从事管理岗位工作满 1 年。

4. 具有博士学位的研究生,从事党政管理工作。

（二）七级职员资格条件符合下列条件之一可申报七级职员:

1. 在八级职员岗位上任职满 5 年。

2. 具有博士学位的研究生或具有中级职称的专业技术人员,从事党政管理岗位工作满 2 年。

3. 具有副高职称的专业技术人员,从事党政管理岗位工作满 1 年。

第十三条 高级职员岗位任职业绩要求和资格条件。

系统掌握履行岗位职责所需的理论知识和管理方法,具有较高的政策理论水平和较强的组织协调能力;分析问题和解决问题的能力强,履职工作核心作用明显;有良好的团结协作精神,创造性地开展工作,在本职岗位上为学校和本单位事业发展做出了涉及面广、影响面大的贡献,被群众公认工作业绩突出;有较强的文字、口头表达能力和研究能力,撰写或起草高水平研究报告、重要政策性文稿、重要管理文件、工作总结等。

（一）六级职员资格条件。

1. 担任正科职领导职务满 10 年；在七级职员岗位上任职满 12 年、原则上需担任过一届及以上正科职领导职务。

2. 具有较高的理论与政策水平、较强的组织协调能力、系统分析能力和创新开拓能力。

3. 岗位业绩明显，在现职务（级）任期内作为主要执笔人撰写较高水平的工作报告、学术论文和相关管理文件。

4. 任现职级以来至少 1 次获年度考核优秀或获校级及以上奖励。

（二）五级职员资格条件。

1. 担任副处职领导职务满 10 年；在六级职员岗位上任职满 12 年、原则上需担任过一届及以上副处职领导职务。

2. 具有较高的理论与政策水平，较强的统筹协调与驾驭全局能力，工作经验丰富，思路清晰。

3. 岗位业绩突出，在现职务（级）任期内作为主要执笔人撰写高质量的管理文件、工作总结、学术论文和相关研究报告。

4. 任现职级以来至少 1 次获年度考核优秀或获校级及以上奖励。

第六章　聘　任

第十四条　聘任组织。学校成立职员聘任工作委员会，全面负责职员岗位设置与聘任工作。职员聘任工作委员会下设职员聘任工作组，负责职员聘任有关具体工作。各学院级党委（党工委、党总支、直属党支部）成立职员聘任工作小组，负责本级组织范围内职员资格初审、推荐等相关工作。

第十五条　职员晋升聘任工作原则上每两年进行一次，具体时间、评定办法等按当年工作通知执行。

第十六条　聘任程序。

（一）学校公布当年拟聘任的职级职数。

（二）个人申报。

（三）各单位职员聘用小组对申报人员进行初审、考核，并提出本单位推荐意见。

（四）初级职员由各单位职员聘任工作小组组织评审，报学校职员聘任工作委员会审批。

（五）中级职员和高级职员由学校职员聘任工作委员会组织评审。

（六）学校党委常委会审定所有职级的评审结果。

第七章 聘期考核与管理

第十七条 管理职员制中的各职级职员,不属于领导干部序列,其现担任的领导职务仍按干部管理有关规定执行。

第十八条 职员实行聘任制,聘期按学校相关聘期管理规定执行。在聘期内达到法定退休年龄的受聘职员,聘期到其法定退休之日止。

第十九条 职员的考核,分为年度考核和聘期考核。考核结果分为优秀、合格、基本合格和不合格 4 种。

年度考核和聘期考核依据学校相关考核办法,按照职员任职岗位职责和职员的德、能、勤、绩、廉进行全面考核。

第二十条 年度考核结果作为聘期考核和晋升薪级工资的依据,聘期考核结果作为续聘和解聘、职级变动的依据。

第二十一条 职员职级晋升须在本职级任期内年度考核均达到合格及以上。年度考核基本合格者,职级晋升申报年限推迟 1 年;年度考核不合格者,不得晋升薪级工资,下年度按低一级职员职级聘任;聘期内有两个年度考核不合格者或聘期考核结果为不合格者,予以解聘。

第二十二条 在本职级任期内出现重大工作失误、或有违纪行为造成不良影响等行为不得聘任或晋升高一级职员。

第二十三条 校外或校内调（聘）入管理岗位的人员,原有任职资格和年限等由学校职员聘任工作组认定,满足任职资格和申报条件后,方可参加晋级申报。

第二十四条 职员的工资、福利等待遇按照国家、江苏省有关文件和学校相关规定执行。

第八章 附 则

第二十五条 专任教师担任负责教学、科研管理工作的院（部）领导后,仍从事教学、科研业务工作的,执行教师管理的有关规定,不纳入职员管理范围。财务、审计、卫生、编辑、图书、基建、网络等岗位上工作人员在岗位设置中已选择专业技术岗位的,不纳入职员管理范围。

第二十六条 本办法未尽事宜按上级文件和学校有关规定执行。

第二十七条 本办法自发布之日起施行,由人事处负责解释。

附录 18 《浙江大学管理人员职员职级聘任实施办法》(2017 年)

根据《〈事业单位岗位设置管理试行办法〉实施意见》(国人部发〔2006〕87号)、《高等学校岗位设置管理的指导意见》(国人部发〔2007〕59号)、《教育部直属高等学校岗位设置管理暂行办法》(教人〔2007〕4号)等文件精神,结合学校党政管理人员队伍建设需要,制定本办法。

一、指导思想

1. 通过健全管理人员的职业发展通道,促进管理人员成长与发展,引导和激励管理人员恪尽职守,积极进取,努力提升业务能力,不断提高管理水平和服务工作的质量,打造一支适应学校建设世界一流大学和一流学科发展战略目标要求的高水平管理队伍。

二、适用范围及岗位设置

2. 根据国家人力资源和社会保障部、教育部的要求,我校专职从事党政管理工作的事业编制人员纳入国家规定的职员制度管理。

3. 四级及以上职员岗位数,按照干部人事管理权限和从严从紧的原则由教育部设置。三级、四级职员岗位聘任工作按照《浙江大学三级、四级职员岗位聘任实施办法》(党委发〔2012〕70号)实施。

4. 五级至十级职员岗位数,由学校按教育部相关要求合理设置。五级至十级职员岗位聘任工作按照本办法实施。

三、聘任方式及任职基本要求

5. 职员职级的聘任分为确定和晋升两种方式。对于新进入或新任命的学校管理岗位的人员,根据其具体情况确定为相应等级的职员;纳入职员职级通道的管理人员,根据相应条件采用晋升方式聘任。

6. 任职基本要求:

(1) 聘任人员应热爱学校管理工作,爱岗敬业,公正廉洁,依法办事;具有良好的职业道德和岗位所需的能力条件,能够切实履行所聘任岗位的职责任务;身心健康。

(2) 聘任人员一般应具有大学本科及以上学历。未满足基本学历要求的,学历每降低一个层次,确定为相应职级时,该职级及以下每一职级的相应任职年限要求均需增加 3 年。

(3) 参加晋升聘任的人员,近三年年度考核均须达到合格及以上等次,新进入学校管理岗位人员须在管理岗位工作满 1 年且考核为合格及以上等次。

(4) 管理人员应按照要求参加相关培训活动,并达到以下培训要求:

① 初次晋升七级及以下等级职员的,须完成学校组织的党政管理人员入职教育培训。

② 晋升六级职员,50 周岁(不含)以下人员须完成管理能力专项培训 5 门课程,其中 40 周岁(不含)以下人员还须参加 1 期管理人员国际化能力专项培训。

四、职员职级的确定

(一) 具有行政职务级别的人员

7. 学校现行的部级副职、厅级正职、厅级副职、处级正职、处级副职、科级正职、科级副职、科员、办事员,以及相应级别的非领导职务或行政职级的,分别确定为管理岗位二至十级职员。

(二) 新进入学校管理岗位的人员

8. 新参加工作的党政管理人员,按以下情形分别确定相应等级的职员:

(1) 具有全日制大学本科学历的,确定为十级职员。

(2) 具有硕士研究生学历的,确定为九级职员。

(3) 具有博士研究生学历的,确定为八级职员。

9. 校内转入及校外调入学校管理岗位的无行政职务级别人员:

(1) 具有国家规定事业单位职员职级的新进校人员聘用到管理岗位,具有七级及以下职级者可直接认可相应的职员职级;具有六级及以上职级者根据岗位需要,由学校审定其职员职级。

(2) 校内转岗及校外非国家规定事业单位的调入人员,在转岗或进校时,根据其实际工作年限,确定为相应的职员职级,最高确定职级为八级。具体规则见《实际工作年限与职级确定表》。

实际工作年限与职级确定表

确定职级	年限要求		
	大学本科毕业后 工作年限	取得硕士学位后 工作年限	取得博士学位后 工作年限
十级	直接确定	—	—
九级	满3年且不满7年	直接确定	—
八级	7年及以上	4年及以上	直接确定

校外调入人员的实际工作年限,根据个人档案中的相关证明材料进行认定。

(3) 因工作需要并经批准由校内专业技术岗位转入管理岗位的具有专业技术职务的人员,以及具有学校认可的专业技术职务的校外调入人员,也可根据其专业技术职务为基础,确定相应的职员职级。一般情况下,具有正高级专业技术职务者可确定为五级职员,具有副高级专业技术职务者可确定为六级职员,2007年12月31日及以前已具有中级专业技术职务者可确定为七级职员、具有助理级初级专业技术职务者可确定为九级职员、具有员级初级专业技术职务者可确定为十级职员;在职员职级的晋升聘任时,原专业技术职务任职时间可视同为相应职员职级的任职时间。

2008年1月1日及以后取得中级及以下专业技术职务的人员,根据实际工作年限按照《实际工作年限与职级确定表》进行相应职员职级的确定。

五、职员职级的晋升

(一)申报条件

10. 申报晋升五级及以下职员职级,除必须达到本办法第6条规定的任职基本要求外,还应分别具备各职级晋升聘任的申报条件(申报条件所列各项需同时满足),其中任职年限从任现职级或正式任命职务之月起计算至申报当年年底,以实足年限为准;正式发表论文或调研报告(调研报告指被教育部或学校采纳并在内部刊物或通讯上正式刊登的建议意见)要求为第一作者,论文或调研报告内容为与本职工作相关的高教管理研究,发表时间截至申报当年的9月30日。

晋升时优先考虑工作业绩优秀、考核结果突出、任职年限较长的人员。

11. 五级职员申报条件:

(1) 担任六级职员5年及以上。

(2) 任六级职员以来,担任过现职副处2年及以上或现职正科5年及以上。

(3) 任六级职员以来,正式发表论文或调研报告 2 篇及以上。

12. 六级职员申报条件:

(1) 担任七级职员 4 年及以上。

(2) 任七级职员以来,担任过现职正科 1 年及以上或现职副科 4 年及以上,或无管理职务的担任七级职员 10 年及以上。

(3) 任七级职员以来,正式发表论文或调研报告 2 篇及以上。

13. 七级职员申报条件:

(1) 担任八级职员 4 年及以上,或担任过现职副科的任八级职员 3 年及以上。

(2) 任八级职员以来,正式发表论文或调研报告 1 篇及以上。

14. 八级职员申报条件:担任九级职员 4 年及以上。

2018 年 12 月 31 日前申报八级职员者,同时满足以下条件者也可申报:

(1) 大学本科学历,担任九级职员 3 年及以上;硕士研究生学历,担任九级职员 2 年及以上。

(2) 正式发表论文或调研报告 1 篇及以上。

15. 九级职员申报条件:

担任十级职员 3 年及以上。

(二) 晋升聘任程序

16. 职员职级晋升聘任工作原则上每年开展一次。管理人员职员职级晋升聘任需经过个人申请、单位推荐、岗位设置管理及聘用工作小组审定或推荐、岗位设置管理及聘用委员会评审聘任等程序,具体程序要求如下:

(1) 个人申请:符合各级职员岗位晋升申报条件人员向单位提出申请,并提交相应证明材料。

(2) 单位推荐:各单位审查个人申报资格及材料,对申请人进行单位民主测评、考核,并征求所在单位党支部意见。

(3) 学校民主测评:申报晋升五级至七级职员的,学校在一定范围内统一组织述职、测评。

(4) 学校评审聘任:学校岗位设置管理及聘用工作小组召开会议,推荐五级职员晋升人选,审定六级至九级职员晋升人员。学校岗位设置管理及聘用委员会召开会议,审定五级职员晋升人员。审定通过后的人员名单公示 5 个工作日无异议后,由学校聘任。

六、相关规定

17. 对各级职员进行职级分档,各职级内实行宽带细分,设置起点档级和上限档级。同一职级内,年度考核均为合格的,每2年升2个档级,至上限档级后每2年升1个档级。相应档级津贴在绩效工资中予以体现。现学校管理岗位和校内转入管理岗位的人员根据宽带细分纳入相应的档级,校外新进入学校管理岗位的人员对应相应职级的起点档级。

18. 职员职级晋升不包含当年退休人员。

19. 对于即将退休,以及任现职级年限较长,符合任职要求且工作表现优秀的下述人员,学校可在其职员职级晋升时予以适当放宽条件或名额倾斜,具体如下:

(1) 对于任现职级15年及以上,退休前一年的申请人,学历可放宽至大专;如任现职级以来获校级先进工作者、省级劳模等荣誉的,学历可放宽至中专。学校对以上人员在核定晋升名额时予以适当倾斜。

(2) 任六级职员20年及以上或担任过现职副处且任六级职员18年及以上人员,或任七级职员18年及以上或担任过现职正科且任七级职员16年及以上人员,或任八级职员10年及以上人员,申报晋升高一等级职员的,学校在核定晋升名额时予以适当倾斜。

20. 学校成立职员职级聘任仲裁异议小组,由分管纪检监察工作的校领导担任组长,成员由党委组织部、人事处、监察处、信访办公室、法律事务办公室等部门负责人组成。仲裁异议小组负责受理申诉、投诉及举报,并经调查研究后,根据不同情况提出处理意见。向仲裁异议小组提出申诉、投诉及举报的期限为学校在行政办公网站发布职员职级公示之日起5个工作日内,超出期限后的申诉、投诉和举报,仲裁异议小组不再受理。

七、其他

21. 学校将根据每年晋升各职级通过人员的平均任职时间及各级岗位聘任情况,适时调整聘任条件的年限等要求。

22. 对学校现有已纳入职员职级通道的八级以下职员职级管理人员,如现聘职级低于本办法可确定的职级的,可按照本办法统一做一次重新确定,新职级的聘任时间以重新确定日期为准,不往前追溯。

23. 学历的认定以教育部学历认证为准。

24. 医学院各附属医院编制从事党政管理工作人员可参照本办法执行。

25. 本办法由人事处负责解释。

26. 本办法自印发之日起实施,《浙江大学管理人员职员职级晋升办法》(浙大发人〔2010〕56 号)同时废止。如学校原有规定与本办法规定有不一致的,以本办法为准。

附录 19 《中南大学职员制度管理办法》（2021 年）

第一章 总　　则

第一条　为深入贯彻落实习近平总书记关于教育的重要论述和全国教育大会精神,落实《中共中央国务院关于全面深化新时代教师队伍建设改革的意见》(2018 年 1 月 20 日),深化学校人事制度改革,充分调动管理人员的工作积极性和创造性,提高管理水平和工作效率,根据高等教育法、《事业单位人事管理条例》(国务院令第 652 号)及国家人力资源与社会保障部、教育部有关岗位设置与聘用管理文件精神,结合学校实际,制定本办法。

第二条　指导思想

以习近平新时代中国特色社会主义思想为指导,遵循高校教育管理工作的特点和规律,以国家法律、法规和相关文件精神为依据,立足于管理人员现状,着眼于队伍长远建设,坚持以人为本,着力建设一支结构合理、精干高效、素质优良的管理人员队伍。

第三条　基本原则

(一) 优化结构,精干高效。以学校"双一流"建设目标为导向,以满足教学、科研、医疗、学科建设等需要为依据,以增强学校的运转效能、提高工作效率为目标,科学合理地设置职员岗位,优化管理队伍结构,提升管理水平。

(二) 公平公正,择优聘任。根据职员岗位层次、类别的不同,明确各级职员岗位的基本职责和任职条件。职员岗位的聘任在全校范围择优进行,切实将一批德才兼备、群众公认的优秀管理人员聘任到相应职级的职员岗位。

(三) 统筹兼顾,分级管理。考虑管理人员现状,进一步扩大基层单位聘用职员的自主权,充分调动基层单位在管理人员聘用机制改革方面的积极性和主动性,充分发挥岗位管理的基础作用。

第四条　本办法适用于学校(含附属医院)专职或主要从事党政群团工作的

在编在岗管理人员(含辅导员)。

第五条 职员职级岗位分为高级职员、中级职员、初级职员三个层次 9 个等级。其中,高级职员岗位分为 5 个等级,分别对应二至六级职员岗位;中级职员岗位分为 2 个等级,分别对应七级、八级职员岗位;初级职员岗位分为 2 个等级,分别对应九级、十级职员岗位。

领导职务职员职级对应关系是:校领导正职、校领导常务副职、校领导副职、处级正职、处级副职、科级正职、科级副职、科员、办事员依次分别对应职员岗位二级至十级职员。

职员职级岗位总数按教育部核定我校总编制的 15% 设置,高级职员岗位按职员职级岗位总数的 35% 设置。

三级、四级职员管理按教育部有关要求执行。

第二章 基本职责与任职条件

第六条 高级职员(以下指五级、六级职员)岗位的基本职责是:主持或是分管二级单位某一方面管理工作;负责或协助拟定学校或本单位发展规划、工作方案;负责或协助审定、起草本职管理工作中的重要文件、文稿等;对分管或负责的工作有创新的思路、举措,有较强的组织协调能力、管理能力、工作执行能力;负责指导中级、初级职员开展工作。

第七条 中级职员岗位的基本职责是:负责或协助主管领导承担本单位某一方面的日常管理工作;协助或配合主管领导创造性地开展工作;起草或参与起草本职工作中有关文件、规章制度、工作总结等;完成领导交办的各项工作任务;对承担的工作有创新的思路、举措,有较强的日常管理工作能力;负责指导初级职员开展工作。

第八条 初级职员岗位的基本职责是:承办具体管理工作和事务性工作,完成领导交办的各项具体工作任务;协助或配合科室领导或本部门领导开展工作;参与起草本职工作中一般性公文或文稿。

第九条 职员岗位任职须符合以下必备条件:

(一)认真贯彻、执行党的教育方针,忠诚党的教育事业,在思想上、政治上、行动上同党中央保持高度一致,遵守国家法律、法规和学校各项规章制度。

(二)热爱本职工作,努力钻研业务;顾全大局,严于律己,公正廉洁,勇于担当;能较好地履行职员岗位职责。

(三)身心健康。

（四）具有大学本科及以上学历（其中五级职员应具有研究生学历），或者具有学士及以上学位。男性年满 55 周岁、女性年满 50 周岁可放宽到大专学历，其中七、八级职员可放宽到中专学历。

第十条 高级职员岗位任职须符合以下业绩条件：

（一）较系统地掌握了履行本职岗位工作所需的理论知识和管理方法，具有较高的政策水平和理论水平，组织能力强，分析问题和解决问题的能力强，群众认可度高。

（二）有良好的团结协作精神，创造性地开展工作，在本职岗位上为学校和本单位事业发展做出了涉及面广、影响面大的贡献，被群众公认工作业绩突出。

（三）撰写或起草了高水平研究报告、重要政策性文稿、重要管理文件、重要信息稿件。

（四）任职条件年限内年度考核结果均为合格及以上等次，且至少有 1 次年度工作考核结果为优秀。

第十一条 中级职员岗位任职须符合以下业绩条件：

（一）较好地掌握了履职岗位所需的理论知识和技术管理方法，有一定的政策理论水平，承担部门重要岗位的管理工作，能够独立解决本职岗位上各种实际问题。

（二）有良好的团队意识和协作精神，被群众公认取得良好的工作业绩。

（三）撰写或起草了较高水平研究报告、学校和所在单位政策性文稿、管理文件、信息稿件。

（四）任职条件年限内年度考核结果均为合格及以上等次，其中七级职员需至少有 1 次年度工作考核结果为优秀。

第十二条 初级职员岗位任职须符合以下业绩条件：

（一）掌握了履职岗位必需的基本理论知识和管理方法，能够解决本职岗位上一些实际问题。

（二）有较好的团队意识和协作精神，被群众公认具有一定的业务水平和较好的执行力。

（三）起草或参与起草了与本职工作有关的研究报告、学校和所在单位政策性文稿、管理文件、信息稿件。

（四）任职条件年限内年度考核结果均为合格及以上等次。

第十三条 晋升五级职员岗位任职年限条件为：在副处职岗位任职年限满 6 年，或任六级职员满 9 年。

第十四条 晋升六级职员岗位任职年限条件为:在正科职岗位任职年限满5年,或任七级职员满9年。

第十五条 晋升七级职员岗位任职年限条件为:在副科职岗位任职年限满5年,或任八级职员满7年,或符合下列条件之一:

(一)中级职称任职满10年,从事管理工作满5年。

(二)副高职称任职满5年,从事管理工作满5年。

(三)统招博士研究生毕业后从事管理工作满3年。

第十六条 晋升八级职员岗位任职年限条件为:在九级职员岗位任职年限满5年,或符合下列条件之一:

(一)中级职称任职满5年,从事管理工作满5年。

(二)副高职称任职满3年,从事管理工作满5年。

(三)统招博士研究生毕业从事管理工作;或统招硕士研究生毕业后从事管理工作满3年;或统招本科毕业后从事管理工作满6年。

第十七条 晋升九级职员岗位任职年限条件为:十级职员任职满2年;或统招硕士研究生毕业从事管理工作;或统招本科毕业后从事管理工作满2年。

第三章 聘任组织与管理

第十八条 学校成立由校领导、相关二级单位负责人代表组成的职员聘任工作领导小组(以下简称领导小组),负责全校职员聘任的组织领导工作,具体职责如下:

(一)研究、拟定学校职员制度的政策。

(二)审议拟聘的高级职员名单。

第十九条 各二级单位成立由党政领导、教师(医务工作者)代表组成的职员聘任工作组,具体职责如下:

(一)负责职员职级晋升申报材料的收集与审查工作。

(二)负责向学校推荐高级职员人选。

(三)负责本单位中初级职员的直聘工作(包括资格审查、民主测评、公示等环节)。

(四)负责领导小组安排的与职员聘任、考核等有关的工作。

第二十条 领导小组下设办公室,办公室设在人事处,其主要职责如下:

(一)负责学校职员岗位设置、职员职级晋升、职员的聘任与考核的组织实施等相关具体事宜。

（二）负责高级职员人选资格及相关材料复审工作,中初级职员人选审查备案工作。

（三）负责高级职员任职条件民主测评的组织工作。

（四）负责组织高级职员职级晋升的评审工作,向领导小组报告职员晋升与聘任相关情况。

（五）完成领导小组布置的其他工作。

第二十一条 职员职级晋升实行逐级晋升,每年开展一次职员职级的晋升与评聘工作。

第二十二条 职员职级晋升的聘任程序

（一）领导小组制订当年职员职级晋升方案,报校党委常委会审定。

（二）个人提出申请,填报《中南大学职员职级晋升审批表》,并向所在单位报送相关支撑材料。

（三）申请人所在单位进行资格审查,并将高级职员推荐人选资格审查情况连同支撑材料报领导小组办公室审核。

（四）领导小组按部门属性相同、工作职能接近的原则对二级单位进行分组,下达五级和六级高级职员职级晋升推荐指标。

（五）领导小组办公室审查申请人员资格条件,组织相关部门和申请人员所在单位按高级职员、中初级职员分两个层次进行民主测评:学校组织高级职员职级晋升民主测评;二级单位组织中初级职员职级晋升民主测评。

（六）二级单位将本单位审议通过的中初级职员晋升人员名单和有关材料报领导小组办公室审查、备案和存档。

（七）领导小组向校党委常委会报告职员职级晋升工作总体情况,校党委常委会审定高级职员职级晋升人选。

（八）校院两级分别对晋升人选进行公示。

（九）发文公布职员岗位聘任人员名单。

第二十三条 职员实行聘任制,每个聘期为 4 年,在聘期内达到法定退休年龄的受聘职员,聘期到其法定退休之日止。

第二十四条 晋升五至九级职员岗位的人员,享受相应的职员职级待遇,其相应职员职级不作为对应实职级别领导管理,担任的职务仍按干部管理权限有关规定执行。在职的职员解聘、辞聘后,其待遇即自行取消。降低职级聘任的职员,同时下调相应的待遇。

第二十五条 职员考核与个人年度考核合一,考核结果作为续聘和解聘、职级变动的依据。聘期内年度考核均为合格及以上档次的,自动续聘;年度考核出现合格以下(不含合格)档次的,可视情况实行降档聘用,直至解除聘用关系。

第二十六条 有下列情形之一者不得晋升职员职级:

(一)正在接受纪检监察立案调查或司法刑事调查尚未作出结论。

(二)受党纪、政纪处分,尚在处分期内。

(三)不能履行岗位职责,或不能坚持正常工作。

(四)未上岗或不服从组织安排。

第二十七条 学校、受聘人员双方经协商一致,可以解除聘用合同。

第二十八条 受聘人员因违法违纪、师德失范等原因,达到《事业单位人事管理条例》(国务院令第652号)中可以解除聘用合同条款的,学校可以随时单方面解除聘用合同。

第二十九条 受聘人员有下列情形之一的,学校可以单方面解除聘用合同,但需提前30日以书面形式通知拟被解聘的人员:

(一)受聘人员患病或者非因工负伤,医疗期满后,不能从事原工作也不能从事由聘用单位安排的其他工作。

(二)受聘人员连续两个年度考核不合格的,应进行岗位调整,不服从单位岗位调整的。

第三十条 有下列情形之一的,受聘人员可以随时单方面解除聘用合同:

(一)考入普通高等院校。

(二)被录用或者选调到国家机关工作。

(三)依法服兵役。

除上述情形外,受聘人员提出解除聘用合同未能与学校协商一致的,受聘人员应当坚持正常工作,继续履行聘用合同;6个月后再次提出解除聘用合同仍未能与学校协商一致的,即可单方面解除聘用合同。

第三十一条 受聘人员经学校出资培训后解除聘用合同,对培训费用的补偿在聘用合同中有约定的,按照合同约定补偿。受聘人员解除聘用合同后违反规定使用或者允许他人使用学校的知识产权、技术秘密的,依法承担法律责任。涉密岗位受聘人员的解聘或者工作调动,应当遵守国家关于涉密人员管理的有关规定。

第四章 其他规定

第三十二条 晋升中、初级职员,在认定工作业绩的基础上主要考虑任职年限,不限制晋升指标;晋升高级职员,重点考察工作业绩并考虑任职年限,设置晋升指标。

第三十三条 由专技系列岗位申请转入管理岗位人员,其职员职级确认原则为:初级职称可聘为十级职员;任初级职称满 6 年、中级职称满 4 年或副高级职称可聘为九级职员;中级职称满 8 年、副高级职称满 4 年或正高级职称可聘为八级职员;中级职称满 12 年、副高级职称满 8 年或正高级职称满 4 年可聘为七级职员。

因学科、专业调整、机构调整等原因,由专技系列岗位转入管理岗位人员,其职员职级确认年限参照第十四条、第十五条、第十六条执行。

第三十四条 在管理岗位上工作满 10 年,具有硕士学位,业绩优良的工勤人员,在聘期内符合职员上岗条件,可申请按职员聘任。聘任人员工人身份不变,退休事宜按学校相关政策执行。

第三十五条 外单位调入并聘任管理岗位工作的新进人员,其职员职级及任职时间确认原则为:聘任到副处级及以上领导职务管理岗位的人员的职员职级及任职时间,由党委组织部认定;未聘任到领导职务管理岗位的人员,由人事部门结合其原单位任职履历按照学校职员任职条件确定相应职员职级和参与职级晋升。

第三十六条 军队(含军事院校)转业干部聘任到管理岗位工作的人员,其职员职级确认原则为:聘任到领导职务管理岗位的人员,认定相应的职员职级;未聘任到领导职务管理岗位的人员,由人事部门结合其在军队任职履历按照学校职员任职条件确定相应职员职级。

第三十七条 因特殊情况纳入职员管理的人员,其任职年限要求、职级和待遇认定由校党委常委会讨论决定。

第五章 附 则

第三十八条 本办法由人事处负责日常解释。

第三十九条 本办法自 2021 年 1 月 5 日起施行。原《中南大学职员制度管理办法(试行)》(中大人字〔2017〕48 号)同时废止。

参 考 文 献

[1] 董彦霞.高校人力资源与行政改革研究[M].西安:世界图书出版西安有限公司,2018.

[2] 湛中乐.高校行政权力与学术权力运行机制研究[M].北京:北京大学出版社,2018.

[3] 奥尼尔.S.L.激励管理[M].北京:中国劳动社会保障出版社,2006.

[4] 黄建."双一流"背景下普通地方高校行政管理队伍建设探讨[J].办公室业务,2021(18):104-105.

[5] 许国兴,吴文秀."双一流"建设背景下高等学校行政管理人员对职员制改革的认知分析[J].智库时代,2019(19):194-195.

[6] 何淑通.高校管理人员专业发展研究[D].南京师范大学,2017.

[7] 孙绪敏.深化高校教育职员制改革路径研究[J].高等理科教育,2016(06):52-57.

[8] 洪家芬.高等学校教育职员制度发展述评[J].湖南科技学院学报,2016,37(12):129-130.

[9] 王平,郑成良.我国高校办学自主权运行逻辑与未来展望[J].上海交通大学学报(哲学社会科学版),2021,29(04):53-62.

[10] 翟芮.创新教育理念下的高校教育管理研究[J].现代职业教育,2021(50):200-201.

[11] 梁青青."双一流"背景下教师职称与工作绩效关系的实证研究——基于全国60所高校2160名教师的调查[J].当代教育理论与实践,2021,13(06):108-114.

[12] 赵景超.高校管理人员专业化浅议[J].人力资源管理,2016(07):189-190.

[13] 成义.高校管理队伍教育职员制改革研究[J].辽宁教育行政学院学报,2016,33(03):18-20.

[14] 冯莎.我国教育职员制的问题审视与建构策略[J].教育探索,2016(02):123-125.

[15] 陈浩.高校行政管理人员的专业化建设[J].亚太教育,2016(02):211-212.

[16] 奚晓霞.美国高校职业化管理对我国教育职员制改革的启示[J].中国成人教育,2015(22):133-135.

[17] 梁宇.探析高校行政人员面临的困境及对策[J].太原城市职业技术学院学报,2015(11):67-69.

[18] 倪乐一.高校行政管理队伍专业化发展对策探索[J].产业与科技论坛,2015,14(16):252-253.

[19] 贺蓓蓓.高等学校职员制度体系分析[J].高教探索,2015(06):29-32.

[20] 尤佳.高校发展与管理岗位专业化研究[J].常州信息职业技术学院学报,2015,14(02):48-52.

[21] 苏秋斌,张征.高校职员制改革的理论与实践研究[J].中国成人教育,2015(01):30-32.

[22] 杨瑛.论高校知识型行政管理人员激励机制[J].南华大学学报(社会科学版),2014,15(04):73-78.

[23] 冉屏,穆婕.基于职业生涯管理的高校管理队伍建设研究[J].人力资源管理,2014(05):300-301.

[24] 孙凤华.中国高校的教育职员制度和优化对策研究[J].通化师范学院学报,2014,35(03):110-113.

[25] 齐涛.高校职员制背景下的管理队伍建设[J].河北农业大学学报(农林教育版),2014,16(01):1-3.

[26] 孙凤华.中国高校实行教育职员制度存在的缺失及其成因[J].通化师范学院学报,2013,34(09):121-123.

[27] 路兴.新时期高校管理干部职业发展路径探究——基于教育职员制的思考[J].黑龙江高教研究,2013,31(05):98-100.

[28] 杨春.我国高校管理人员专业化建设研究[D].兰州大学,2013.

[29] 许永华.新时期高校教育职员制度改革初探[J].辽宁省交通高等专科学校学报,2012,14(06):49-51.

[30] 郭姝,马坤,张广文.高校职员制政策实施过程中的利益博弈研究[J].北京航空航天大学学报(社会科学版),2012,25(05):109-112.

[31] 凌晓辉.高校职员制下"双肩挑"岗位设置的思考——与美国、日本大学相关规定比较的角度[J].才智,2012(23):258-259.

[32] 吴正洋.我国高校教育职员制的实施现状与改进研究[J].佳木斯教育学院学报,2012(07):30+32.

[33] 于海琴,胡婷婷.高等教育职员管理的改革与发展趋势——基于胜任力的研究[J].青岛科技大学学报(社会科学版),2012,28(02):85-90.

[34] 熊艳.高校教育职员制:现状、必要性与制度设计[J].求实,2012(S1):257-259.

[35] 王思婷.问题与对策:我国高校去行政化研究[D].湖南师范大学,2012.

[36] 刘曜.高校去行政化后的管理模式研究[D].兰州大学,2012.

[37] 田虎.建国以来高校与管理人员法律关系的回顾与展望[J].现代教育管理,2012(02):96-100.

[38] 赵志鲲.对高校管理人员实行聘用制的思考[J].教育探索,2011(12):96-97.

[39] 狄文婕.关于高校"去行政化"过程中"契约制"运用的思考[J].新课程研究(中旬刊),2011(12):8-10.

[40] 熊艳,郭平.高校教育职员制改革简论[J].学校党建与思想教育,2011(28):75-76.

[41] 靳秋萍.高校教育职员制的对策研究[J].江苏科技信息,2011(09):37-38.

[42] 汤兆武,曹南山.高校去行政化与高校管理者职业化探索[J].现代教育论丛,2011(09):55-58.

[43] 刘幸菡,志伟.高校管理人员职业定位与教育职员制度改革初探[J].北京教育(高教),2011(09):65-67.

[44] 邹银凤,孟倩.完善高校教育职员制度的思考[J].中国高教研究,2011(06):65-67.9.

[45] 王进才.高校基层教育职员培训研究[D].北京:北京交通大学,2011.

[46] 陈钰.我国高等学校干部管理制度存在的问题以及改革路径[J].商业经济,2011(09):37-38+67.

[47] 肖兴安.近30年我国高校人事制度研究历程与特点[J].高教发展与评估,2011,27(02):86-96+123.

[48] 王有存,张树青.高校行政人员专业化必要性可行性探讨[J].白城师范学院学报,2010,24(06):106-109.

[49] 王海彬,田虎.中日大学与管理人员法律关系变迁的比较[J].现代教育管理,2010(11):43-46.DOI:10.16697/j.cnki.xdjygl.2010.11.020.

[50] 叶艳,孟晓军,王昌利.基于胜任力的高校教育职员培训体系构建[J].中国管理信息化,2010,13(18):107-110.

[51] 毕开颖.高等教育"行政化倾向"改革的路径探讨[J].安徽职业技术学院学报,2010,9(03):64-68.

[52] 陈伟芬.高校管理人员工作满意度研究[D].上海:华东师范大学,2010.

[53] 邹海.高校职员制研究[D].济南:山东大学,2010.

[54] 刘咏梅.高校管理队伍专业化建设的对策研究[J].甘肃科技纵横,2010,39(04):142-143.

[55] 李凤艳.高校管理人员专业化建设研究[D].兰州:兰州大学,2010.

[56] 王晨.推进高校教育职员制度的原则及改革初探[J].吉林工程技术师范学院学报,2010,26(04):31-33.

[57] 郭赛玉.浅谈高校教育职员制改革[J].宁德师专学报(哲学社会科学版),2010(02):107-111.

[58] 滕超.我国高等学校教育职员制度改革问题研究[D].重庆:西南大学,2010.

[59] 陈小明.对高校行政管理人才资源能力提升的几点思考[J].长春工业大学学报(高教研究版),2010,31(01):33-35.

[60] 吴春华.中国高校推行教育职员制的实践与思考[D].兰州:兰州大学,2010.

[61] 李旭.论德国大学内部行政权力与学术权力的关系及启示[J].中国成人教育,2017(14):121-124.

[62] 张帆,张蓓.德国大学的内部管理结构及特点——以马堡菲利普斯大学为例[J].大学(学术版),2010(06):69-74+68.

[63] 张强.美英日与我国高校行政管理模式之比较分析[D].西安:西安工业大学,2012.

[64] 任慧.国外高等教育管理体制对我国高校管理的启示[J].内蒙古教育,2018(02):15-16.

[65] 刘铁军.关于英国高等教育内部治理模式改革的思考[J].科教导刊(中旬刊),2019(23):9-10.

[66] 廉军,陈通.英国大学内部管理制度的研究与借鉴[J].辽宁教育研究,2008(08):111-114.

[67] 黄丹凤,杨琼.英国高校内部绩效管理模式探析[J].复旦教育论坛,2015,13(02):87-93.

[68] 张凯.英国高校人力资源管理的创新经验及对我国的启示[J].南昌师范学院学报,2021,42(03):100-103.

[69] 史习红.英国高校人力资源管理及启示[J].天津市教科院学报,2008(02):42-44.

[70] 袁庆林,林新奇.英国高校人力资源管理经验初探[J].外国教育研究,2012,39(10):79-87+120.

[71] 高明.英国政府对高校的绩效管理及启示[J].世界教育信息,2016,29(03):23-27.

[72] 石晓丽.中英大学管理体制比较研究[D].秦皇岛:燕山大学,2015.

[73] 华奕曦.法国大学管理体制的特性及其启示[J].黑龙江高教研究,2015(09):88-90.

[74] 胡兴.法国高校的内部管理及其特点[J].学校党建与思想教育,2000(11):46-48.

[75] 白晓宁.法国高校行政管理公共参与对我国高校的启示[J].科学咨询(科技·管理),2010(12):58-59.

[76] 范文曜,马陆亭,杨秀文.法国和意大利高等教育管理体制调研报告[J].理工高教研究,2005(05):6-13.

[77] 陶琳琳,杨艳红.日本:教师轮岗制度的"前世今生"[N].中国教师报,2021-11-24(003).

[78] 林农.论高校教育管理人员人事制度改革[J].闽南师范大学学报(哲学社会科学版),2019,33(04):111-113+121.

[79] 马传良.关于新时期高校职员职业道德教育的若干思考[J].记者观察,2018(14):93.

[80] 陈梦迁.中国大学教育职员职位分类研究[D].武汉:武汉大学,2018.

[81] 陈霄.高校编制改革对教育职员专业化发展影响[J].北京教育(高教),2018(01):34-36.

[82] Say, Brett H. When All Is Said, What's Done? How Office and Administrative Support Staff Contribute to Public University Missions[J].ProQuest LLC, 2019.

[83] Chaudhry, Shamaila A. Leaders, Faculty, and Administrative Staff Perceptions of the Role of Shared Governance at Public Sector Universities in the USA[J]. ProQuest LLC, 2015.

[84] Duncan, David. Valuing Professional, Managerial and Administrative Staff in HE[J]. Perspectives: Policy and Practice in Higher Education, 2014.

[85] Olorunsola, E. O. Job Performance and Gender Factors of Administrative Staff in South West Nigeria Universities[J]. International Education Research, 2012.

［86］Ablanedo-Rosas, Jose Humberto; Blevins, Randall C.; Gao, Hongman; Teng, Wen-Yuan; White, Joann. The Impact of Occupational Stress on Academic and Administrative Staff, and on Students: An Empirical Case Analysis［J］. Higher Education Policy and Management, 2011.

［87］Gu, Jianmin; Feng, Shujin; Huang, Futao. How Do Chinese Faculty Members and Administrative Staff Participate in Governance Arrangements?［J］. Studies in Higher Education, 2020.

［88］Gladys, Diedong; Adams, Abdulai; Alhassan, Eliasu. Attitude and Perception of Academic and Administrative Staff towards Progression in Higher Institutions of Learning in Ghana［J］. Asian Journal of Contemporary Education, 2019.

［89］Thelen, Anja. University ERP Implementation in Germany: Qualitative Exploratory Case Study of Administrative Staff Experiences［J］. ProQuest LLC, 2015.

［90］Asiedu, Mercy Asaa; Anyigba, Hod; Ofori, Kwame Simpe; Ampong, George Oppong Appiagyei; Addae, John Agyekum. Factors Influencing Innovation Performance in Higher Education Institutions［J］. Learning Organization, 2020.

［91］Aboramadan, Mohammed; Albashiti, Belal; Alharazin, Hatem; Dahleez, Khalid Abed. Human Resources Management Practices and Organizational Commitment in Higher Education: The Mediating Role of Work Engagement［J］. International Journal of Educational Management, 2020.

［92］Filippelli-DiManna, Leslie P. Exploring Opportunities for Conflict Resolution in Higher Education［J］. ProQuest LLC, 2012.

［93］Baltaru, Roxana-Diana; Soysal, Yasemin Nuhoglu. Administrators in Higher Education: Organizational Expansion in a Transforming Institution［J］. Higher Education: The International Journal of Higher Education Research, 2018.

［94］Issah Mohammed. Perception of Fit and Job Satisfaction Among Administrative Staff in a Mid-Western University in the United States of America［J］. SAGE Open, 2021, 11(2)

［95］Salifu, Inusah; Mantey, Philip P. K.; Warlanyo, Emile K. Optimizing Employee Efforts: The Implications of Job Design for Administrative Staff Performance in Higher Education［J］. Interdisciplinary Studies in Education, 2021.

［96］Llurda, Enric; Cots, Josep M.; Armengol, Lurdes. Views on Multilingualism and Internationalisation in Higher Education: Administrative Staff in the Spotlight［J］. Multilingual and Multicultural Development, 2014.

［97］Jung, Jisun; Shin, Jung Cheol. Administrative Staff Members' Job Competency and Their Job Satisfaction in a Korean Research University［J］. Studies in Higher Education, 2015.

后　记

教育兴则国家兴,教育强则国家强。高等教育是一个国家发展水平和发展潜力的重要标志。教育是对中华民族伟大复兴具有决定性意义的事业,高素质的人才是办好高等教育的根本。如何能真正调动教育职员工作的积极性与主动性,是现代高校人力资源管理的一个核心任务。随着高校的改革与发展,如何建立一套适应高校教育职员的管理方法,是我们要面临的重要问题。

要重新审视高校教育职员管理创新意义,处理好高校教育职员管理问题可以提高教育职员工作的积极性和主动性,促进高校行政工作的水平和效率的提高。通过本次研究,笔者认为其意义还不仅于此。其意义更在于这是对高校人本管理的一种探索。对于人本管理,松下幸之助的一段话给了笔者一些启发。一次,松下幸之助问他的员工:我们公司是做什么的? 员工回答:做电子产品的。松下幸之助说:不对,是培养人才,顺便做一点电子产品的生意。这看似有违常理,细想倒也有道理。笔者认为,人本管理是一种更关注人的需要和发展的管理理念,高校尤其需要这个理念。人们往往把高校看成一个培养学生的地方,而对高校肩负的对教育职员培养的使命认识不足。事实上,高校在这个方面一直发挥着重要作用,现在有必要更为深刻地认识到这一点,只有这样,才能在完善教育职员管理创新上,更贴近教育职员的需要,关注教育职员的发展,体现人本管理的理念。

本书结合教育职员制改革的背景,研究教育职员的管理问题。我国的教育职员制度自2000年试行至今,已有20余年,积累了一些经验,也存在不少问题。对此,要加强调研,从实际出发提出对教育职员管理可行的措施。本书围绕教育职员自我发展的需求、社交的需求、物质的需求和公平的需求,从营造高校和谐的人际环境、加强教育职员职业生涯开发管理、建立教育职员培训机制、完善教育职员薪酬管理体系和规范教育职员竞争机制等五个方面探索了教育职员的管理机制,还讨论了如何保障教育职员管理机制的有效运作,从促进教育职员管理的法制化进程、强化教育职员的绩效考核、实施战略性人力资源管理和建立教育职员职务晋升制度化的保障机制等三个方面提出了配套措施,并在最后一个部分从权力运行的角度,对高校教育职员管理的创新作了展望。本书的观点既是对一些高校成功经验的总结,也是对加强教育职员管理的一些初步设想,希望能对教育职员管理的研究起到一点作用。

笔者在本书的写作过程中,吸收了众多学者关于高校人事制度改革和教育职员管理的丰硕研究成果。这些都使笔者增加了学识,开拓了思路。对本书中所引学者及虽未注明但亦对本书观点有重要贡献的学者,在这里一并表示衷心的感谢!由于笔者理论水平和客观条件所限,研究还存在一定的局限性。一是在对比国内、外高校教育职员管理的理论和实践方面,还没有构建完整的体系,需要以后做进一步的研究。二是在高校教育职员管理问题的对策研究上,尚存在诸多不成熟之处,有待进一步检验,期望得到读者们的指导和帮助!

陈志军